미래를 준비하는 사장님들을 위한

골목식당

우문현답 episode 90

우리의 문제는 현장에 답이 있다

박진우

Must-Read
A Small Restaurant Operation Excellency 90

형설출판사
www.hyungseul.co.kr

Prologue

나는 '지적인 낭만주의자인가'를 생각한다.

음식점을 운영하면서 살아온 지 벌써 23년이 되었다. 학업까지 연결하면 30년을 음식과 경영으로 시름하면서 살아온 것이다. 23년 동안 20개가 넘는 브랜드를 운영했고, 7개의 브랜드를 기획하고 론칭했다. 때론 부진한 브랜드들을 맡아 턴어라운드하는 작업도 시도했으며, 훌륭한 선배님들의 브랜드를 넘겨 받아 운영을 한 적도 수차례다. 시도하다가 미래가 없는 브랜드는 철수전략이라는 미명 아래 폐점을 한 기억도 아련히 남겨져 있다. 그럼에도 불구하고 단 한차례도 음식과 경영을 떠나 살겠다고 마음을 먹은 적이 없으니 이는 필히 '하늘이 내게 준 소명적 직업'이라 인식했다. 그렇게 버티고 즐기는 시간 동안 나는 '음식점을 하는 사람'이 되어 버린 것이다. 그래서 '소명적 직업'이라 부른다.

지난 '코로나19'의 시간 동안 '지옥훈련'을 했었다. 적자를 버텨내는 기술도 연마했고, 골목식당을 운영하는 사장님을 보면서 마음의 근육을 키우는 훈련도 했다. 초라하기 그지 없었다. 더 비루해지는 모습은 '어떤 것도 할 수 없다'는 긴 절망감에서 오는 자책감이었다. 모든 일들이 내 범주에 있는 것과 내 범주를 벗어나는 것은 차원이 다른 문제다. 낙관과 비관 사이가 선택의 문제가 아니라 주어진 것이라면 아마도 비관이었을 것이다. 하지만 내가 선택할 수 있는 문제라면 분명히 나는 낙관을 선택했을 것이다. 그렇게 나는 '선택의 문제'로 시간을 정의하고 낙관주의를 선택하기로 했었다. 그리고 많은 이들에게 2가지의 메시지를 던졌다.

"현실에는 비판적이지만, 목표에 대해서 늘 긍정적이다."
"현실은 비관주의자일 수 있으나, 미래는 낙관주의자가 되어야 한다 ."

이 메시지를 주위 사람들에게 화두로 던졌지만 오히려 나를 각인 시키는 메시지였다. 어차피 시간과 현실은 삶을 대하는 태도의 문제이며, 선택의 문제이다. 그래서 어려웠지만 미래를 바라보는 내 안목은 '우아하고 지적인 낙관주의자'가 되기로 한 것이다. 그래서 버틸 수 있었고 버티고 있다. 지난 23년간 그러했고, 코로나19가 세상을 억누를 때도, 나를 짓밟을 때도 그러했다. 현명한 선택이었다.

함부르크 대학교수 옌스 바이드너(Jens Weinder)는 "미래는 어차피 좋을 것이라고 믿는 사람만이 그 결과를 처리할 의욕을 낼 수 있다"고 했다. 또한 '현실감각을 소유하고 겸비한 성공지향적인 사람'을 '지적인 낙관주의'라 정의하며 그런 사람이 되었을 때 미래에 성공할 확률이 더 높아진다는 설득력이 있는 이론을 제시하기도 했다.

음식점을 운영한다는 것은 어떻게 보면 비관과 낙관 사이를 오가는 일일 수 있다. 하루 하루의 매출에 일희일비하는 시간도 견뎌야 하며, 단기적 이익과 장기적 이익 사이의 많은 갈등적 요소를 극복하는 일이기도 할 것이다. 무수한 관리 포인트가 있고, 무수한 이벤트가 속출되는 사이에서 마음을 다듬는 시간일 수도 있다. 잘못된 선택과 잘된 선택 사이에서 울고 웃기를 반복하는 시간일 수도 있다. 이런 것들이 잘 다듬어져야 '롱런 비즈니스', '롱런 음식점'을 만들 수 있는 것이다.

골목식당을 운영하는 사장님 그리고 음식점을 하고 있는 스스로에게도 '우아하고 지적인 낭만주의자'를 권한다. 또 '현실은 비판적이면서 미래를 희망과 긍정으로 바라보는 자'가 되기를 권한다. 그런 사람들만이 '희망의 음식점'을 만들 수 있다.

그리하자고 그리할 수 있다고 우리 스스로에게 다짐을 하자.

고민을 풀어내는 과정에 많은 내용을 담고자 했으나 그러지 못한 것 같아 아쉬움이 크다. 그동안 큰 기업들과 외식업을 공부하는 분들을 위한 책을 썼다면 이 책은 순수하게 골목식당 사장님들을 위해 썼다. 골목식당 사장님들의 모든 미소를 담고자 했다.

모두가 웃을 수 있는 골목식당을 기대해본다.

2022년 7월 1일
'우아하고 지적인 낭만주의자'가 되고 픈
박진우 씀

차례

제 1장

미래의
골목식당

제1장 미래의 골목식당

골목길에 대한 반추

젠트리피케이션(Gentrification)이 도시 골목길의 문제로 대두된 지 오래다. 도시가 사는 것은 골목길이 사는 것이고 골목길이 사는 것은 골목을 지키는 주인장들의 철학과 개성이 살아나는 것이다. 도시를 사는, 현대를 사는 우리가 지켜야 할 것과 버려야 할 것을 정확한 판단을 할 줄 알아야 한다. 소비주의, 상업주의, 자본주의의 마음으로 골목길을 바라보지 않았으면 좋겠다.

| 골목길이 주는 애환과 정

재즈를 들었다. 긴 골목을 따라 올라 마지막에 이르렀을 때 있었던 공간. 허름한, 리뉴얼이라고 한번 하지 않은, 어떻게 보면 레트로라 표현할 만한 공간에서 그렇게 재즈를 들었다. 그 공간에 애환이 있었고, 감성이 존재했다. 어두운 조명, 몽환적인 눈빛을 가진 4인조 혼성 그룹은 그렇게 우리에게 아름다운 음악을 들려주었다. 테이블에는 가볍게 맥주 한잔과 커피 하나 정도만이 자리를 지켰고 음악에 심취했다. 10년이 넘었다. 그 공간이 삼청동이었다. 재즈스토리는 재즈카페였다. '재즈스토리'라는 음악을 파는, 레트로를 파는, 문화를 파는 공간이었다. 재즈스토리는 삼청동 골목의 제일 끝자락에 위치해 있었다. 몇 년 전 대학로에 옮겼는데 대학로도 다시 다른 곳으로 이전을 했는지, 폐업을 했는지 자취를 감췄다.

삼청동은 몇 안되는 보석과 같은 서울의 골목길이다. 아니 '서울골목길'의 출발이었는지 모르겠다. 경복궁 왼편을 서촌이라 하고, 경복궁 오른쪽을 북촌이라 한다. 북촌의 한옥은 너무 유명해서 관광으로 몸살을 앓을 정도다. 삼청동은 북촌과 인근으로 연결되어 있다. 경복궁 오른편을 끼고 올라가면 2키로 가량 긴 골목이 나온다. 이곳이 '삼청동 골목길'이다. 가는 길에 현대미술박물관도 있다. 현대미술박물관을 지나면서 세련된 옷이 구색을 갖추고 있는 옷가게, 작가의 숨이 녹여진 공방과 갤러리, 핸드드립 커피를 내려주는 골목카페, 조용히 책을 읽을 수 있는 북카페, 오너쉐프가 운영하는 맛집도, 주인장이 철학이 녹아든 음식점도 있다. 유명한 수제비집도 그렇게 긴 골목을 차지하고 있었다. 10년 전의 풍경이다. 많은 서울시민이, 전국 각지에서 오는 관광객이, 외국인 관광객이 좋아하는 그런 서울의 골목길이었다.

▲ 서울의 대표적인 골목길이었던 삼청동

수 해 전부터 대형 프랜차이즈들이 이 골목에 하나 둘 등장하기 시작했다. 슈퍼마켓 대신 대기업의 편의점이 들어오고, 작은 카페 대신 대형 프랜차이즈 카페가 들어오기 시작했다. 오너쉐프가 운영하는 맛집 대신 기업에서 운영하는 음식점들도 들어오기 시작했다. 그러는 와중 개성을 가진 점포가 비워지기 시작했다. 젠트리피케이션의 시작이었다. 삼청동은 고유의 색깔을 잃기 시작했다. 주인장의 개성과 철학이 있던 가게가 비워지면서 골목길이 가지고 있는 색깔은 죽어갔다. 더 무서운 것은 사람들의 발길이었다. 특색을 잃기 시작한 골목길에 사람들이 표시날만큼 떠나갔다. 더 이상 평범해진, 어느 곳에서나 볼 수 있는 대형 프랜차이즈와 음식점들이 늘어선 골목길에 사람들이 모일 리가 만무했다. 그렇게 삼청동은 서서히 죽어가고 있었다. 서서히 골목길이 병들어 가고 있었다.

일년에 서너 번씩 삼청동을 거닌다. 한두 번은 북촌한옥마을을 오가며 이곳의 정취를 느끼곤 했다. 가을 낙엽이, 가을 은행나무잎이 아름다운 몇 안되는 서울의 명소다. 작년 가을 역시 이곳을 두 번이나 거닐었다. 그렇게 아름다울 수가 없다. 골목의 아름다움과 대조적으로 이미 삼청동은 무너져 있었다. 수 년 전부터 특색을 잃었던 골목이 '코로나19'를 맞이하면서 완전히 초토화되었다. 거니는 사람은 드물었다. 세 집에 한 집 꼴로 임대를 붙어 놓고 애달픈 호소를 하고 있다. 일 년 이상 비워진 채로 그대로 있는 점포도 제법이나 있다. 그렇게 가을은 겨울보다 더한 추위로 엄습해왔다. 지금 2021년 삼청동 골목길의 모습이다.

| 개성과 철학으로 일궈낸 우리의 골목길

골목길은 소상공인, 자영업자, 예술가들이 만들어 놓은 소중한 길이다. 이들의 취향과 개성과 철학을 담아서 어렵게 일구어 놓은 공간이다. 그들의 삶이 있고, 그들의 이야기가 있고, 그들의 애환이 담긴 곳이다. 그 공간을 일구기 위해 숱한 시간을 담아 놓았다. 사람들은 그들의 취향과 개성과 철학과 이야기, 애환에 환호하며 골목길을 사랑했다. 그렇게 어렵게 일구어 놓은 공간을 대기업과 대형 프랜차이즈들이 들어오면서 도시의 동질화로 이끌어 가버린다. 골목길이 경제논리에 무너져 버리는 것이다. 누구 한 기업의, 한 사람의 잘못이 아니다. 기업도 문제고, 상권을 지키는 자들의 단합도 문제였고, 임대업자들의 문제이기도 하며, 골목을 지켜야 하는 지자체의 문제이기도 하다. 또 우리 모두의 문제이기도 하다. 누구의 잘못을 따지기 전에 우리가 지키고, 후손들에게 물려줘야 할 것이 무엇인지를 생각하면, 또 그 공간이 주는 의미를 생각하면 지금 우리들의 행동은 반성을 넘어 시대에 석고대죄해야 하지 않을까?

우리가 사는 시대, 우리가 사는 공간이 모두 동질화 되어 버리면 안된다. 하나의 도시 속에도 다양성이 공존해야 조화로운 도시가 되고, 도시 안에 삶을 꾸리는 사람들은 다양한 삶이 어우러진다. 그런 도시의 다양성을 잘 대변하는 곳이 바로 골목길이다. 골목길마저 동질화의 대상이 되어 버리면 우리 도시의 삶은 피폐해진다. 다양성을 인정하고, 다양성을 지킬 줄 아는 시대적 사명이 필요한 시점이라 생각한다. 다양성을 잃은 공간에 시민들도, 관광객도, 외국인 관광객도 올리 만무하다. 그러면서 골목길만 무너지는 것이 아니라 도시가 무너진다. 그래서 도시의 과제 중에 다양성을 지키는 일은 큰 숙제다.

신토불이 '우리 것은 좋은 것이다.'
'가장 한국적인 것이 가장 세계적인 것이다.'
'가장 아름다운 서울길은 골목길에 있다. 가장 사랑스러운 길은 골목에 있다.'

우리가 지켜야 할 다양성과 골목길, 오늘 많은 반성을 하게 된다. 다시 예전의 삼청동으로, 도시의 골목길로 돌아오길 바란다.

우리 시대가, 우리 시민이 피맛골의 아픔을 벌써 잊어버린 것은 아닐까? 버려야 할 것과 지켜야 할 것에 대한 구분, 골목길에서 답을 찾아야 할 것이다.

제1장 미래의 골목식당

코로나19 이후 골목식당의 미래

이제 바이러스와 함께 살아가는 시대가 도래했다. 생각했던 것보다 빨리 찾아왔다. 도시는 이제 15분 도시, 생태공원 조성, 탄소제로 운동 등 본격적인 '도시 바꾸기 운동'과 '도시재생 사업'이 활발하게 진행될 것이다. 그런 의미에서 골목길은, 골목식당의 미래는 밝다고 생각한다. 작은 이야기들로 꾸며진, 주인장의 개성과 철학이 묻어나는 '도시 골목식당'의 밝은 미래를 기대한다.

| 15분 생활권이 주는 희망의 메시지

미래의 도시는 어떻게 바뀔까? 그리고 거니는 골목길은, 우리가 존재하고 생존해야 하는 근거지인 골목식당의 미래는 어떻게 될까? 코로나19 이후 끈임없이 질문하는 습관이 생기고 걱정도 함께 공존하며 스스로에게 질문한다. 여타 논의를 제외하더라도 우리가 거주하는 도시의 미래는 변화되고 변해야 하는 당위성은 모두가 인정할 수밖에 없다.

탄소제로 운동, 생태공원 조성, 15분 생활권 도시는 이미 유럽을 중심으로 퍼지고 있고 국내에서 빠르게 움직임을 보이고 대처하고 있는 모양새다. 이 중 가장 마음을 끄는 것은 15분 생활권이다. 외식인으로 어쩔 수 없는가 보다. 15분 도시는 역세권을 중심으로 해서 고용과 편의시설을 집중하도록 해서 이동거리를 짧게 하는 생활도시권을 의미한다. 팬데믹 상황에서 강한 생존력을 가지는 모델이 될 수 있다. 특히 발달한 도시는 이런 짧은 도시 형성을 위한 기반 시설이 잘 갖춰져 있어서 이후 발달의 가능성을 높게 볼 수 있다. 다시 팬데믹이 온다고 해도 15분 거리에서 업무, 구매, 위락 등 의식주를 비롯한 편의까지 추가한 생활모델이 올 수 있다는 생각이다. 이미 코로나19로 이 부분은 경험학습을 충분히 했다는 판단이다. 코로나19가 지나가더라도 이전과 같은 완전히 생활이 오지 않을 것이고, 또 다른 바이러스에 노출될 가능성이 높아 코로나19이 상황 정도는 아니더라도 비슷한 경험을 재차 하게 될 것이라는 것이 학자들의 논리다. 이런 연유로 골목길에, 골목식당의 희망은 과거보다 더 밝다고 할 수 있다.

그렇다. 코로나19로 이후로 주춤했던 골목길이 오히려 살아나고 있다는 생각이다. 동네를 거닐다, 동네 음식점을 들리다 보면 너무 많은 이야깃거리들이 있다. 직영 농장에서 키운 쌀로 김밥 등을 파는 할머니의 김밥집, 산지에서 직배송 해산물로 요리하는 해물 칼국수 가게, 직접 재배한 차를 가지고 딸과 운영하는 티하우스 등 그 가치가 출중한 골목식당들이 너무 많다.

이와 반대로 음식점에서 하지 말아야 할 행위를 하는 음식점들도 즐비하다. 한가한 시간에도 1인 1주문을 고집하는 스시집, 우리는 꼭 2인분 이상 주문해야 한다고 우기는 사장님의 찌개집, 셀프서비스를 적어 두고 서비스를 해주거나, 서비스를 해야함에도 셀프서비스로 하라고 불편을 초래하는 분식점, 핸드폰에 정신을 빼앗겨버린 아르바이트생이 근무하는 돼지갈비집, 음식의 맛은 보는지 안보는지 헷갈릴 정도로 형편없는 음식을 내어놓는 음식점 등도 즐비하다. 음식점을 왜 하는지, 왜 하려고 하는지 궁금해질 때도 많다.

| 기회는 준비하는 자의 몫

기회는 왔다고 생각하는데 우리는 준비가 되어 있는지 점검해야 한다. 흔한 말이지만 준비된 자에게 기회는 온다. 코로나19 이후 동네의 골목식당의 음식점별로 매출이 양극화됨을 많이 느낀다. 코로나19가 오자 너도 나도 포장과 배달에 올인하는 듯한 모습에 다소 당황했다. 임시방편적인 조치였지만 포장과 배달 역시 가장 중요한 것은 음식점의 본질인 QSC와 브랜딩이 된 상황에서 승리할 수 있는 방편이다. 이런 모든 방편을 무시하고 포장과 배달에 올인하는 모습은 롱런해야 할 음식점의 모습으로 보기 어렵다. 이제 골목식당도 잘 브랜딩 해야 살아남을 수 있는 시대가 되었다. 음식점의 본질인 QSC에 열광하고, 골목식당의 스토리에 환호하고, 색다른 경험을 제공하는 음식점에 반응한다. 평범함을 벗어난 비범함은 바로 브랜딩에 있다고 할 수 있다.

스스로에게 질문해야 한다. '우리는 어떤 혜택과 가치를 제공하는 음식점인가?

브랜딩은 고객에게 어떤 가치와 혜택을 제공할 것인가에 대해서 명확히 정의 지우는 것이다. 고객에게 제공되어져야 할 가치가 무엇이고, 그 가치가 다른 브랜드와 어떻게 차별화되는 것인가를 명확히 해주는 것이 바로 브랜딩이다.

또 브랜딩이란 요약하자면 해야 할 것과 하지 말아야 할 것들을 정리해 놓은 정신이라고 생각한다. 브랜드가 되려면 정확히 어떤 행위를 하고, 어떤 행위를 하지 말아야 하는지를 명확히 구분하여 원칙을 세우는 것이고, 그 원칙을 준수하는 것이 브랜드가 되는 바로미터이다. 이를 브랜딩이라 한다. 대부분의 음식점들이 행위에 대한 기준을 만들지 못하고 운영하고 있는 것이 현실이다. 골목식당들은 특히 그러하다.

음식점을 하는 우리는 이 2가지를 항상 염두에 두고 운영해야 한다.

동네음식점도 이제는 브랜딩을 해야 할 시대라 생각한다. 브랜딩이 막연히 큰 기업에서 행하는 마케팅적 요소라고 생각하는 것을 멈춰야 한다. 그리고 우리 스스로에게 질문해야 한다. '고객들이 왜 우리 매장에서 음식을 구매하는가?'라는 질문 말이다. 고객들은 단순히 음식을 주문하는 것이 아니라 음식점에서 제공하는 분위기와 경험과 인테리어와 느낌 등 전반적인 경험을 구매하는 것이다. 따라서 우리의 사고는 '무엇을 파는가?'에 집중하지 말고, '고객들이 왜 사는가?'로의 사고를 전환할 필요성이 있다. 원칙, 가치, 혜택에 대한 정의가 바로 브랜딩이다.

| 작은 요소와 이야기가 모여서 브랜드가 된다.

'고객들이 어떤 것을 구매하고, 왜 사는가'에 대해서 위의 사례로 생각해보자.

매일 아침 이른 시간인 6시 오픈하는 분식점, 대한민국 아주머니의 친절함의 극치를 제공하는 감자탕집 아주머니, 젊은 청년들이 모여 청년창업을 일군 스시집, 자신의 집과 장사하는 공간을 일치시켜서 이웃주민 모임을 가능하게 한 카페, 이태리음식을 한국적 인테리어로 녹인 파스타집, 강원도 사는 지인에게서 공수해온 해산물로 해물볶음집을 운영하는 부부, 협동조합의 도움으로 맛난 칼국수집을 하고 있는 부부의 이야기도 모두가 브랜딩의 요소들이다.

직장인들의 시간을 고려한 운영, 친절함에 반하게 하는 아주머니, 청년창업의 이야기, 청년창업의 성공스토리, 넉넉한 인심으로 공간을 재창조하는 카페, 생각지도 못한 독특한 인테리어, 진정성이 담긴 식자재를 활용한 음식점들. 이것이 바로 브랜딩의 요소이고, 고객이 기대하는 가치들이다. 이런 요소와 가치가 합쳐져서 고객들에게 혜택이 되어서 돌아갈 때 우리는 브랜딩이라 말한다.

동네 음식점도 이제는 브랜딩해야 하는 시대가 도래했다. 그냥 그렇게 음식을 내어놓다가 망하기가 부지기수다. 그냥 다른 음식점과 차이를 구분 짓기 위해서 걸어 놓은 간판으로는 살아남기가 힘들다. 다시 한번 돌아보고 생각을 가다듬어야 한다.

이런 질문을 우리 스스로 해보아야 한다.

'고객들이 왜 우리 음식점을 이용하는가?'

'고객들에게 제공되어야 할 가치와 혜택은 무엇인가?'

'우리 음식점이 해야 할 일과 하지 말아야 할 일은 무엇인가?'

'우리는 어떤 경험적 가치를 고객에게 제공하고 있는가?'

이런 질문을 던지고 답할 수 있어야 진정한 음식점의 브랜딩이 완성된다.

오늘도 그런 저런 음식과 그런 저런 서비스를 제공하면서 왜 손님이 없을까를 고민하는 사장님과 이 생각을 나누고 싶다.

기회는 왔고, 브랜딩 해야 할 시간도 왔다. 수평적이고 관계지향적인 골목식당들이 성공할 시간의 여명이 다가왔다. 어떻게 논의하고 준비해야 할지 우리 각자에게, 우리 모두에게 질문해봐야 할 시간이다.

제1장 미래의 골목식당

Post 코로나, 언컨텍트, 언텍드, 언컨텍트 이코노미

사람과의 대면접촉이 아닌 비대면접촉을 언컨텍트, 언텍트라고 한다. 비대면 접촉은 이제 일상이 되어버렸다. 그 강도는 더 강해지리라 본다. 그래서 우리는 '언컨텍트 이코노미'(언컨텍드 기술과 언컨텍트 문화가 만들어 내는 새로운 경제를 말함)의 생태계를 준비해야 한다. 마음은 무겁지만 우리가 받아들여야 할 현실이다.

"거듭 말씀드립니다만. 코로나 19 발생 이전의 세상은 이제 다시 오질 않습니다. 이제는 완전히 다른 세상입니다. 생활 속에서 감염병 위험을 차단하고 예방하는 방역활동이 우리의 일상입니다."

중앙방역대책본부의 브리핑 내용 중의 일부분이다. 우리는 이제 코로나19 이전의 세상을 볼 수 없을지도 모른다는 불안감과 그러한 사실을 인정해야 하는 현실에 직면하고 있다. 받아들이기 너무 힘든 말이나 받아들일 수밖에 없는 현실이다. 이제 코로나19 이전의 시대는 잊어버리고 이후의 세상을 준비해야 하지 않을까?

| 사회 시스템에 대한 새로운 시각이 대두되다

바이러스 하나가 세상을 변화시키고 있다. 변화는 방향뿐만 아니라 속도 또

한 엄청난 기세다. 역사를 기원전과 기원 후 선사시대와 역사시대로 가르듯 현대의 사회는 코로나 이전과 코로나 이후로 나누어 보게 될 것이다. 일부에서는 코로나19 사태 이후 자본주의의 허망함을 이야기하기도 한다. 지금껏 진실인양 최고의 시스템인양 받아들였던 자본주의 시스템에 대한 회의적인 시각도 있다. 바이러스 하나로 자본주의 시스템이 처참히 무너지는 과정을 보고 있기 때문이다. 그래서 자본주의 시스템이 인간에게 가장 적합한 시스템인가? 세계를 구원할 새로운 시스템은 없는가에 대한 논의는 필요해 보인다. 또 새로운 세계질서를 만드는 시스템을 갈망하는 표현으로 보인다.

글로벌로 묶여져 있는 국가시스템에 대한 의문도 제기된다. 다르게 말하면 글로벌밸류체인시스템에 대한 회의적인 시각이다. 이제 바이러스는 세계 어느 곳에서나 일어날 수 있고, 어떤 시간에도 일어날 수 있다. 그렇다면 지금의 글로벌체인시스템이 적합한가에 대한 의문이 있는 것은 부인할 수 없는 사실이다. 자급자족의 시대, 자급자족의 국가시스템이 논의가 대두되는 이유이기도 하다.

| 음식점의 비즈니스 생태계도 다시 점검해야…

좁혀서 우리 외식시장을 들여다보자. 코로나가 한참이던 시간 동안 매출은 전년비 마이너스 90%까지 역신장한 음식점들로 즐비했다. 바이러스 전파로 인해 외식업계는 속수무책이었다. 대응할 방법도 없었다. 휴점을 한 점포들도 부지기수였고, 폐점에까지 이른 점포들도 즐비했다. 자영업자들이라면 버틸 재간이 없었다. 문제는 여기에 그치지 않는다. 향후 코로나19와 같은 바이러스는 또 다르게 일어날 것이다라는 것이 전문가들의 견해다. 그렇다면 우리 외식업의 비즈니스 생태계를 변경하는 것 외에는 달리 방법이 없다. 오프라인 음식점들의 매출이 무너지는 것과 반대로 반사이익을 누렸던 곳이 온라인 매장과 배달 매장이다. HMR상품, 딜리버리, 새벽배송 등 반사이익을 누린 곳들도 많다. 눈여겨볼 대목이다.

▲ 코로나19로 한산해진 서울의 명동길

사람과의 대면접촉이 아닌 비대면접촉을 언컨텍트, 언텍트라고 한다. 비대면접촉은 이제 일상이 되어버렸다. 그 강도는 더 강해지리라 본다. 그래서 우리는 '언컨텍트 이코노미'(언컨텍드 기술과 언컨텍트 문화가 만들어 내는 새로운 경제를 말함)의 생태계를 준비해야 한다. 마음은 무겁지만 우리가 받아들여야 할 현실이다. 언컨텍트 이코노미에서 우리 오프라인 음식점들은 어떤 준비를 할까?

단편적으로 이런 생각들을 해본다. 개인의 안전거리를 위한 좌석의 간격과 넓이, 개별 칸막이의 구성, 시간대별 집객수 조정으로 인한 음식점의 컨디션 조정이 필요해 보이고 새로운 식사형태를 위해 혼밥족의 식사 공간, 개별 룸의 활성화, 스타벅스의 사이렌 오더처럼 온라인 주문 시스템의 활용, 식자재와 음식점의 안전에 대한 욕구를 충족시켜 주기 위한 식자재와 주방의 안정성에 대한 검증 시스템 구축, 위생에 대한 필증 시스템, 매출 확보를 위한 음식의 딜리버리에 대한 시스템 구축, 테이크아웃 메뉴의 정착, 인샵과 딜리버리의 복합 매장 시스템구축 등 다방면의 검토가 있어야 할 것으로 보인다.

업계의 이런 숙의 과정을 거쳐서 바이러스에 대한 자구책과 언컨텍트 이코노미에 대한 시스템을 구축하지 못한다면 오프라인 음식점의 미래는 암담하기 그지 없다. 단지 이런 노력들이 개별 음식점의 논의로만 그쳐서는 안되고, 각 지자체와 정부 및 관련 부처와의 협의를 통해서 강력한 대응책을 만들어야 한다. 그래야 국가 경제시스템이 무너지지 않는다. 시스템 구축없는 지원대책은 '언발에 오줌누기'일 뿐이다.

세상이 완전히 달라졌다. 우리가 만든 세상이다. 누구를 원망할 수도 없다. 코로나19 이전의 상황이 그리워지기도 할 것이다. 일상의 행복도 이제는 그리움으로 남겨둬야 한다. 하지만 살아가야 할 이유와 살아가야 할 목표가 있기에 우리는 다시 다음을 대비하면서 또 음식을 만들어 가야 한다.

포스트 코로나, 언컨텍트, 언텍드, 언컨텍트 이코노미 이제는 우리의 숙제이기도 하다.

제1장 미래의 골목식당

혼밥에서 언택트 밥으로 외식 생태계의 변화

대형 음식점을 운영하는 사업주는 이제 대형음식점에서 매출을 창출하기보다 대형 음식점은 이미지를 구축하는 작업을 하고, 이 구축된 이미지를 통해서 배달과 HMR 상품을 만들어 매출을 만들어 가는 구조에 대한 생각, 언택트 소비가 일상화된 시점에서 포장을 전문적으로 하는 매장 운영에 대한 생각으로 새로운 비즈니스 모델을 구축해가야 한다.

퇴근 길에 "그냥 주문해서 먹자."라는 말이 은근히 많아지는 요즘이다. 주말도 예외가 아니다. 복잡하고 사람이 몰리는 곳은 피해 집에서 하루 종일 지내게 된다. 또 집에서 해먹자니 한 주 고생했는데 밥의 노동에 대한 미안함도 있어 "그냥 주문해서 먹자."라는 말이 그냥 편안히 나온다. 그게 지금 현 상황이다.

| 배달과 HMR이 일상화되어가는…

최근 외식업계의 식사 소비는 혼밥, 편도락(편의점 도시락)이었다. 혼밥이라는 단어가 생소해서 익숙해지기도 전에 이제는 언택트 밥(대면 접촉없이 배달 등을 통해서 식사하는 것)이 떠오르고 있다. 이런 현상이 오프라인 음식점의 매출을 급감했던 이유다. 이 정도의 심각함의 고통은 어떻게 표현할 방법이 없다. 언택트 밥이 지금의 대세로 자리잡은 듯 하다.

코로나 19로 인한 오프라인 매장의 매출 감소에 반해 반사이익을 누리고 있는 것이 바로 HMR(Home Meal Replacement)과 배달이다. 반사이익이라고 보기보다는 경영자들의 선견(先見)이 적중했다고 볼 수 있다. 또 언제나 예기치 못한 천재지변이 오면 라면의 사재기는 일어난다. 흔한 현상이다. 최근 라면의 매출은 전년비 75%까지 증가했고, 즉석밥 매출도 전년비 150%까지 상승했다고 한다. HMR 상품 매출 역시 전년비 40% 이상, 배달 역시 전년비 15% 이상의 증가를 보인다고 한다. (2020년 2월 기준)

외식업의 환경은 그동안 숫한 어려움 속에 봉착하면서 성장해왔다. 사스, 메르스, 광우병, 신종플루, 세월호, 외환위기 등 각종 이슈가 생길 때마다 우리 외식업이 가장 큰 타격을 받아왔지만 그래도 꾸준한 성장세를 보이며 건강한 성장을 해왔다.

하지만 코로나19 사태는 그동안 보아왔던 각종 위기보다 그 크기가 사뭇 다른 것 같다. 어떤 사회적, 천재지변적 이슈에도 잠시의 어려움은 있었으나 생태계 플랫폼을 완전히 바꾸지는 못했다. 하지만 이번은 다른 것 같다. 외식업의 비즈니스 생태계를 완전히 바꾸어 놓을 듯하다. 그래서 이후 빠르게 이에 대한 대비를 해야 할 것으로 보인다.

가장 마음이 아픈 것은 내가 통제할 수 없고, 내가 예측할 수 없는 그런 놓여진 환경이다. 노력하면 가능하리라 판단했던 모든 것이 무용지물이 된 것이다. 지금 마케팅도, 공부도, 메뉴 개발도, 서비스 교육도 모두가 필요가 없게 된 이런 상황의 무기력은 이루 말할 수 없다. 그래서 이제는 비즈니스를 바라보는 관점을 전환할 필요가 있다. 이런 위기는 앞으로 얼마든지 올 수 있는 상황이다. 모든 음식점을 하는 우리 사장님과 종사자들은 '외식업을 새로운 시각으로 바라봐야 하지 않을까?'라는 생각을 한다.

| 이제 음식점의 비즈니스 생태계에 대한 고민이 필요한 시점

오프라인 매장으로 비빔밥을 운영했던 모브랜드는 오프라인 매장에서 손실을 보면서도 브랜드 이미지를 잘 구축해서 HMR 상품 판매로 매출이 1조 5천억을 돌파했다는 기사는 우리에게 시사하는 바가 크다. 하남 인근에 있는 모 복국집은 매장 매출이 50%, 포장이 50%라고 했다.(포장에는 택배도 포함된다.) 또 코로나19가 발발하자마자 모브랜드는 갈비와 탕 등 포장판매 행사를 통해서 40%까지 매출을 극복했다고 한다.

이런 비즈니스 모델은 어떨까?

대형 음식점을 운영하는 사업주는 이제 대형 음식점에서 매출을 창출하기보다 대형 레스토랑은 이미지를 구축하는 작업을 하고, 이 구축된 이미지를 통해서 배달과 HMR 상품을 만들어 매출을 만들어 가는 구조에 대한 생각, 언택트 소비가 일상화된 시점에서 포장을 전문적으로 하는 매장 운영에 대한 생각으로 비즈니스 모델을 만들어가야 한다. 소형 음식점도 마찬가지다. 어떻게 언택트 소비에 근접하기 위해서 맞춤형 도시락, 배달 등에 대한 다양한 아이디어를 접목해야 하리라 생각한다.

생각보다 사태는 심각하다. 그래서 발빠르게 움직여야 한다. 늘 생각하지만 51%의 가능성만 있으면 바로 실행으로 옮겨야 한다. 조금 늦은 실행력은 우리 음식점의 몰락으로 몰고갈 가능성이 농후해졌다.

잠시 바쁨이 멈추고 시간이 정지된 지금, 바로 다음 비즈니스 생태계를 선점하는 그런 아이데이션의 시간을 가지시길 바란다. 내가 못하면 다른 사람의 생각을 빠르게 빌려와야 한다.

코로나19 사태가 빠르게 진정되길 바란다. 잘하고 있지만 우리 정부의 강도 높은 대응도 바란다.

제1장 미래의 골목식당

철학과 영감을 주는 골목식당이 살아 남는다

골목상점의 생명력은 개성과 독창성, 우연성으로 말할 수 있다. 결국 골목상점이 성공하는 포인트도 개성과 유대관계, 주인장의 개성과 철학이 묻어 나는 매장을 만드는 것이라 할 수 있겠다. 줄어든 외식횟수만큼 개성과 철학이 묻어나는 식당으로 발걸음을 옮길 가능성이 그만큼 커졌다고 할 수 있다.

| 골목음식점을 찾는 이유 바로, 개성과 철학

저자는 줄곧 향후 골목길의 시대가 도래할 것이라 주창하고 있다. 감히 단언하건데 지금의 시대는 골목길의 시대다. 경제의 성숙화가 진행될수록 소비자들은 자신의 스타일에 맞는 가게나 상품을 찾는다. 또 사회의 성숙화가 진행될수록 감성적, 정서적 가치의 중요성이 커진다. 독창성, 전문성, 개성화, 품질 등은 지역의 골목 식당에서 볼 수 있는 특징이다. AI 시대에서 아날로그의 감성을 찾고, 1대多의 관계가 아닌 1대1의 관계를 요구한다. 평범과 보통의 시대에서 개성과 감성을 중요시하는 시대가 되었다. 즉 전문성과 특별한 것을 원하시는 시대가 도래한 것이다. 바로 골목식당을 찾는 이유가 되기도 한다.

전국의 소비자 1천 명을 대상으로 '골목가게의 강점'을 조사했는데 결과가 위의 사실을 다시 한번 증명해주고 있다. 골목길의 식당과 상점을 찾는 이유로 1위가 '개성(216명)', 2위가 '서비스(74명)', 3위가 '독창성(59명)'으로 나타났다. 약 30%가 골목길의 상점을 찾는 이유로 '개성과 독창성'을 말했고, 획일화되고 매뉴얼화된 일관된 서비스보다 개성있는 서비스를 선호하는 경향도 7.4%가 되었다. 결국 골목상점의 생명력은 개성과 독창성, 우연성으로 말할 수 있는 것이다. 결국 골목상점이 성공하는 포인트도 개성과 유대관계, 주인장의 개성과 철학이 묻어 나는 매장을 만드는 것이라 할 수 있겠다.

| 코로나19 이후 오프라인 음식점의 변화

코로나19 이후 외식의 동향을 보면 오프라인 매장을 방문해서 먹은 소비자는 44%에서 19%로 줄어든 반면 배달은 33%에서 52%로, 포장은 23%에서 29%로 성장세가 뚜렷하게 증가했고 계속 성장세를 보이고 있다.(코로나19 임팩트 보고) 오프라인 매장들의 고민이 깊다. 의료진과 시민들 사이에서 어느 정도 코로나19를 인정하는 방향으로 흐름을 잡고 있다. 얼마전까지 '포스트 코로나(post corona)'를 주창했으나 이제 '위드 코로나(with corona)'로 인식하며 코로나와 함께 일상을 보내려 하는 양상을 보이고 있다. 이런 흐름을 사람들이 받아들이기 시작한다면 외식의 횟수는 지금과 같은 양상 정도를 보일 것으로 판단한다. 홈코노미, 홈오피스, 혼밥, 혼술 등과 포장, 배달 등의 흐름과 겹치면서 외식의 횟수는 당연히 줄어들 수밖에 없다. 계속 언급되어 오는 현상으로 1인 가구의 증가, 맞벌이 가구의 증가, 고령 사회로의 변화 등이 합쳐지면서 오프라인 음식점들은 과거와 같은 호황을 누리기 어렵다는 게 전문가들의 의견이다. 그렇다고 외식을 안 할 수는 없다. 다만 줄어들 뿐이다. 외식이 일상화되었을 때와는 다르게 외식 장소를 선택할 때는 더 깊은 관여의 태도를 보이게 된다. 음식점에 대한 소비자들의 관여도가 높아짐으로써 완벽하게 차별화된 공간을 찾을 가능성이 높다. 이런 완전하게 차별화된 매장을 '특화매장'이라고 칭한다. 가끔 있는 외식, 좀 더 독특한 곳, 좀 더 나를 알아주는 곳, 완전히 차별화된 곳을 찾으려는 노력도 할 것이다. 이 부분이 위드코로나 시대에 오프라인 음식점들이 고민해야 할 부분이다. 자금의 많고 적음의 문제는 분명히 아니다. 일부의 자금과 아이디어로 충분히 차별화할 수 있고, 특화매장으로 진화할 수 있다. 시대는 메뉴만 제공하는 일반적인 매장이 아니라 특별함을 주는 특화매장을 원하고 있다.

사당동의 즉석떡볶이전문점 '가정떡볶이324'는 떡볶이와 프리미엄 분식을 메뉴로 제공하지만 공간은 '80년 부자 가정집'을 그대로 재현했다. 나무와 타일, 레트로한 소품과 인테리어까지 모티브를 80년대라는 시간과 가정집이라는 공간으로 해석한 것이다. 이렇듯 개인 오프라인 음식점들이 특화매장으로 진화하고 있다. 을지로의 '장만옥'이라는 중식 음식점은 홍콩에 와 있는 착각이 들 정도로 홍콩을 그대로 재현해서 고객들로부터 사랑을 받고 있다.

▲ 80년대 가정집을 모티브로 한 사당동의 '가정떡볶이324'

줄어든 외식의 횟수만큼 특별한 공간에서의 식사를 경험하려고 할 것이다. 어쩌다 있는 외식이, 가끔 있는 외식이 색다른 공간으로 이동하게 만들 것이다.

색다른 경험이 없는 그저 밋밋하다고 표현되는 음식점으로의 방문은 줄어들고 퇴색될 것이다. 우리 오프라인 음식점의 공간이 나아가야 할 방향을 보여주고 있다. 포장과 배달, 밀키트는 지금보다 더 발전할 것이고, 온라인으로 언텍트한 방식도 진화할 것이다. 이에 발맞추어 오프라인 음식점의 방향은 특화매장, 이색적인 매장, 다른 곳에서 경험할 수 있는 요소가 있는 곳으로 진화되어야 할 것으로 보인다. 오프라인 매장이 생존할 수 있는 방법이다. 시간과 공간을 활용한 '모티브 전략'은 이후 오프라인 음식점의 생존력에 지대한 영향력을 미칠 것으로 판단된다.

| 모티브, 음식점에 시간과 공간의 의미를 부여하는 작업

그런 의미로 보면 특화매장의 출발점은 모티브(motif)라고 생각한다. 모티브는 어떠한 이야기를 구성하고 있는 여러 개의 화소(話素), 즉 이야기의 구성원을 일컫는다. 다시 말하자면 어떤 하나의 이야기를 구성하는데 중요한 요소가 되는 단위를 가리키는 말이 바로 모티프라고 할 수 있다. 또 모티브(motive)라는 것은, 어떤 행동에 대한 동기나 원인 내지는 어떠한 글에 대한 출발점을 의미한다. 만일 신화에서의 모티브를 따진다면 해당 민족의 기원을 찾고 자신들의 우월함을 뽐내고자 하는 것이 모티브라고 말할 수 있다. 모티브에 의미와 스토리(story)가 더해지면 철학과 개성으로 이어지게 된다. 동시 모티브라고 하는 것은 공간과 시간의 의미를 불어넣는 작업이다. 이 작업이 바로 골목상점을 찾는 이유가 된다. 다중이용시설의 획일화된 브랜드와 차별화하는 지름길이 될 수 있는 것이다.

고객들이 선택받을 수 있는 특화매장이 되는 지름길은 바로 모티브에서 출발한다고 생각한다. 즉 음식점에 모티브를 입히는 작업, 즉 시간과 공간에 의미를 부여하는 작업이 바로 미래 오프라인 생존의 바로미터가 되리라 생각한다.

모티브, 철학과 영감을 주는 시작점인 것이다.

제1장 미래의 골목식당

골목식당 브랜드의 성공 Key-word Safety, Trust

과거 음식점의 성공 키워드는 QSC+V(Value)였다. 위드코로나 시대, 팬데믹의 시대, 음식점의 성공 키워드는 QSC를 바탕으로 한 Safety가 Trust로 변해가는 형태가 될 것이다. QSC와 Value, Trust와 Safety를 모두 갖춘 공간이 미래에 성공할 음식점의 모습이다. 이 모두가 성공의 상수인 시대가 되었다.

| 음식점의 성공 Key-Word, Safety&Trust

국내에서 음식점이 활발하게 성장하면서 내세웠던 성공의 키워드들은 QSC였다. 특히 맛만 있으면 어느 정도의 성공은 보장할 수 있었고, 여기에 Value(가치) 한가지만 추가하면 보란듯이 성공 방정식을 쓴다고 외식인들은 이야기했다. 실제 그랬다. 'QSC+V'는 맥도날드의 가치였으며 외식업의 지고지순한 가치가 되었다. 지금도 여전히 그 방정식은 통하고 있고, 많은 외식경영자와 외식인들이 성공의 키워드로 채택하고 있는 부분이다. QSC는 외식업 성공 방정식의 상수다. 반드시 필요한 요소다. '맛만 있으면 되지, 서비스만 잘하면 장사 잘되는 거 아닌가?'를 연신 외치고 있다. 이 말은 '위드 코로나' 시대에 여전히 상수는 아니라는 생각이다. 대부분의 음식점에서 QSC는 평준화되어 가고 있기 때문이기도 하고, 팬데믹으로 인한 시대적 상황이 미래를 너무 빨리 당겨 버렸다. 이제 음식점의 본질인 QSC를 바탕으로 Trust가 Safety로 변해가는 형태로 음식점이 변모할 때 음식점은 성공할 수 있다는 판단을 한다. 그게 미래 음식점의 모습,

2022년 음식점이 갖춰야 할 모습이다.

| 오프라인 음식점의 미래, 신뢰와 안전

저자는 '오프라인 음식점의 미래'에 대한 생각으로 성공 키워드를 Safety, Space, Sensibility, See, Story(안전, 공간, 감성, 경험, 이야기)로 규정한다.(골목식당의 성공전략에서 상세히 언급함) Safety는 위생과 바이러스로부터 안전하고, 식자재로부터 안심하는 음식점의 모습을 Safety로 규정했다. 과거 좌석배치의 효율성, 면적당 생산성으로 평가받던 음식점의 공간이 고객들이 안전하게 식사할 수 있는 구조로 변경이 되어야 하고, 공간 자체가 분리와 띄우기, 비대면으로 바뀐 상황을 Space로 설명했다. Sensibility는 차별화가 존재하는 음식점으로 고객이 음식점을 통해서 감성을 느낄 수 있는 포인트를 가지고 있는 것을 말했다. 그 요소는 음악, 기물, 외관, 소리, 비주얼 등 육감의 요소로 고려해야 한다는 것이다. 육감으로 감성을 터치할 수 있는 음식점이 되어야 성공할 수 있다는 의견이었다. 네 번째가 See이었다. 생산에 참여하는 소비자를 뜻하는 프로슈머와, 자신의 방식으로 결합을 통해서 재창조하는 모디슈머의 결합은 결국 과정의 경험이며 소비자들의 이런 성향은 강해져 가고 있다. 미래 오프라인 음식점 또한 프로슈머와 모디슈머의 경험을 할 수 있도록 하여야 하며, 메뉴와 서비스의 생산에 직접 참여함으로써 고객이 아닌 생산자로서의 역할과 책임, 재미를 느끼게 해줘야 함을 말했다. 이색적인 조합으로 재창조할 수 있도록 기회를 부여함으로써 직간접적인 경험을 느낄 수 있을 때 오프라인 음식점으로 찾을 이유를 갖게 될 것이다. 마지막으로 Story다. 이제 고객들은 흔한 음식점, 배고픔을 채울 음식점을 선호하지 않는다. 감동이 있는 이야기와 재미있는 이야기가 공존하는 음식점을 선호한다. 이것이 '오프라인 음식점의 미래'라 칭하며 글을 기고하였다.

코로나19가 제법 긴 시간 우리를 괴롭히고 있다. 자영업자들, 특히 음식점을 운영하는 자영업자들도 버티기에는 금전적 손실이 한계치에 달하고 있다. 막다른 골목길에 접어든 느낌이다. 그럼에도 창업의 열기 또한 식지 않고 있다. 창업과 폐업의 사회적 흐름이 과거와 같이 지속되고 있는 상황이다. 코로나19 시기를 지나고 있는 지금 순간 음식점의 성공 키워드는 무엇인지를 고민하게 된다. 단연코 Trust, Safety(신뢰, 안심)를 꼽았다. 이제 오프라인 음식점이 성공은 Trust를 통해서 Safety를 전할 때 성공할 수 있다는 판단이다. 상수는 변하지 않지만 Trust, Safety는 시대상 상수이자 변수가 된 모양새다.

Trust는 3가지로 설명할 수 있다. 첫 번째는 사업의 철학과 고객과의 관계에 대한 신뢰이다. 그동안 매체를 통해서 적잖이 보아왔지만 오너의 철학과 생각에 동의를 하면 돈쭐을, 오너의 철학과 생각이 비도덕적이거나 비인간적이면 불매운동까지를 불사한다. 물론 음식점의 본질인 QSC에 기반해서 고객들이 방문하지만 그 방문이 1회성으로 그치지 않기 위해서는 오너의 경영철학과 사고와 행위에 대한 신뢰가 있어야 한다. 그 철학과 사고, 행위에 동의했을 때 고객들은 환호하기 시작한다. 또한 고객과의 관계 문제다. 고객과의 관계에서 1차원적인 관계의 시대는 이미 지나갔다. 고객들이 생산 과정과 소비 과정에서 진정성 있는 참여를 통해 관계를 맺고, 오너십과 패밀리십을 가질 수 있도록 해야 한다. 이에 오너십/패밀리십을 느낄 수 있는 프로그램을 통해서 고객과의 관계를 진정성으로 이끌어야 성공할 수 있다. 이가 바로 첫번째 신뢰이다. 동네 자주 가는 음식점 중 한 곳은 영업 시간이 변경이 되거나, 메뉴가 바뀌거나, 가격이 조정되면 늘 문자를 통해서 알려준다. 그리고 원하는 취향과 스타일까지도 기억했다가 대화속에서 그 마음을 녹여준다. 관계에 대한 오너의 진정성을 느끼게 해주는 요소이다.

두 번째는 식자재에 대한 신뢰이다. 바야흐로 '셀프 메디케이션'의 시대가 왔다. '셀프 메디케이션'이란 가벼운 질환이나 만성 질환을 예방하거나 건강 상태를 개선시키기 위해 구입 가능한 약을 구입해 자체 처방하는 것이다. (김용섭, 라이프트렌드 2021에서 인용) 음식점에서도 자신의 건강을 챙기고, 건강을 위한 약품과 식자재의 소비는 더욱 더 발전할 것으로 판단된다. 음식의 본질은 건강이다. 미래의 음식점은 지금보다 더 강한 식자재에 대한 신뢰를 전달해야 할 것이다. 낙원동에 있는 '배터져숯불갈비'라는 고깃집은 '전남 영암에서 재배한 친환경 유기농 쌀과 국내산 김치를 제공한다. 높지 않은 가격으로 고기를 제공하면서도 좋은 식자재를 쓰면서 사랑받고 있다. '원가가 조금 오르더라도 좋은 식자재를 써서 고객들의 건강을 생각해야 한다.'는 주인장의 마음이 그대로 담겨져 있다. 구기동의 '미인과 자연'이라는 음식점은 식자재에 대한 신뢰감을 주는 공간이다. 음식점 앞에 지인들로부터 공수해온 야채 박스를 그대로 두고 고객들에게 알리고 있다. 밀양에서 온 꽈리고추, 강원도에서 온 산나물 등 지인들로부터 받은 식자재로 메뉴를 내어 놓아 고객들로부터 사랑을 받고 있다. 이런 부분이 바로 식자재에 대한 신뢰인 것이다.

▲ 구기동의 '미인과 자연'은 지인들로부터 공수해온 식자재를 활용해 음식을 하고 있다.

세 번째가 공간에 대한 신뢰이다. 음식점을 찾을 때 위생적인 것은 기본이 되었고, 안심할 수 있는 공간인지를 먼저 생각하는 소비자가 늘고 있다. 최근 부스석과 룸을 선호하는 경향이 뚜렷해졌고, 또 좌석과 좌석이 넓은 음식점을 선호하고 있다. 또 식약처에서 진행하는 '위생등급제'의 마크도 필수적이며, 믿을 수 있는 업체로부터 방역을 하고 있는가에 대한 부분, 지자체에서 제공하고 있는 모범식당과 안심식당의 인증 마크 또한 고객이 공간에 대해서 신뢰할 수 있는 표식이 되었다. OO업체에서는 이미 바이러스 케어 제품이 나와서 호응을 얻고 있다. 아닌 듯 하지만 분명 고객들은 이런 공간을 선호하고 신뢰를 보낼 것이다.

▲ 세스코의 '바이러스 케어 제품

Safety는 믿음이 가는 음식점으로 표현될 수 있다. 앞서 언급한 3가지 철학과 사고, 행위 또 식자재, 공간에 대한 신뢰가 확보되어 고객의 인지 속에 음식점에 대한 믿음이 생겼을 때를 Safety가 생겼다고 할 수 있다. 물론 음식점의 성공 요인은 이 외에도 QSC와 가치가 항상 상수로 놓여 있다. 하지만 Safety 또한 오프라인 음식점의 성공방정식의 상수임에는 틀림이 없어 보인다.

미래 음식점 브랜드의 핵심 키워드는 바로 Trust, Safety …

즉 신뢰가 안심으로 고객의 마음속에 Positioning 되었을 때 바로 성공을 그릴 수 있다.

제1장 미래의 골목식당

오프라인 음식점의 미래, QSC + 5S(上)

미래 오프라인 음식점의 성공은 QSC + 5S라 할 수 있다. 5S는 Safety(안전), Space(공간), Sensibility(감성), See(경험), Story(이야기)이다. 고객들에게 5S를 전달하는 음식점만이 미래에 성공할 담보할 수 있을 것이다. 미래 고객들은 5S의 패키지를 구매할 것이다.

코로나19로 인한 오프라인 음식점들의 매출액은 반토막이 났고, 반면 배달과 HMR의 성장은 고공행진을 이어가고 있다. 2020년 O2O(온라인과 오프라인의 결합의 의미) 서비스플랫폼은 29.6% 증가한 것으로 나타났다. 그중 배달을 하는 배달업의 경우 123개가 증가한 678개로 집계되었으며 전년 대비로 22.6%가 증가했다. 각 대표 업체별의 매출액을 보아도 배달의 성장을 알 수 있다. 맥도날드의 경우 2020년 한 해 9천 8백억원의 매출을 기록했으며 전년 대비 7%의 성장을 보였다. 오프라인 매장의 약세에 비해서 배달과 드라이브 드루(DT)의 매출이 각각 23%, 36% 성장에 기인한 것이다. 파리바게트 역시 배달 매출은 전년비 7% 증가하였고, 한식브랜드를 주로 운영하는 놀부 역시 111.5%의 성장을 기록했다. 대부분의 음식점들이 홀 매출은 반토막이 나고, 배달 매출로 연명하는 형태로 변모한 것이다.

| 변화하고 있는 외식업

HMR(가정 간편식, Home Meal Replacement) 시장 역시 3년새 63% 성장하였으며 규모로 보면 5조원에 육박한다. 냉동만두, 컵밥 등으로부터 시작한 HMR 제품들이 탕, 찌개, 국, 야식메뉴, 안주 등 메뉴의 다양성을 추구하면서 발전하고 있다. 또한 유명한 레스토랑의 레시피를 그대로 접목한 RMR(레스토랑 간편 대체식, Restaurant Meal Replacement)으로 출시되어 시장이 커지고 있다. HMR, RMR과 더불어 간단하게 조리할 수 있도록 레시피를 동반한 밀키트도 고공 성장을 하고 있다.

배달, HMR, RMR, 밀키트 발전 배경에는 코로나19가 큰 몫을 차지한 것은 부인할 수 없는 사실이나 이와 더불어 1인 가구의 증가, 맞벌이 세대수의 증가, 고령사회로 진입한 것이 원인이 되고 있다. 국내 1인 가구의 수는 6백 40만에 이르렀다. 2019년 기준 맞벌이 세대수 566만으로 약 46%에 해당한다. 또한 2017년 기준으로 한국사회는 이미 고령 사회(65세 이상 인구가 14%~20%)로 진입했고, 곧 초고령 사회로 진입할 것으로 예측된다. 이런 사회적 현상이 코로나19와 접목되면서 배달, HMR, RMR 산업을 발전시켰다. 이런 사회적 현상은 앞으로 배달과 HMR 산업의 성장이 더 가속화시키리라 생각한다. 반면 이런 상황은 오프라인 음식점의 위기로 보인다. 오프라인 음식점의 직접 경쟁 상대가 바로 배달과 HMR, 편의점, 동네 마트가 될 것이다.

오프라인 음식점의 미래는 어떻게 될 것인가? 1년을 겨우 버티고 왔지만 암울하기 그지 없다. 하지만 반드시 방법을 찾아야 한다. 비대면은 대면을 전제한 것이며, 언텍트는 컨텍트를 전제로 한 것이다. 배달과 HMR로 사람의 생활을 지속적으로 이어갈 수 없다. 반드시 오프라인 음식점에서 사람을 만나야 하고, 오프라인 음식점으로 와서 식사를 할 동기가 있다. 음식점의 입장에서 보면 오프라인 음식점으로 와서 식사를 해야 할 이유를 제공해줘야 한다. 그 이유가 향후 오프라인 음식점의 미래를 결정짓는 요소가 될 것이다.

저자는 이를 QSC와 5S로 정리했다. 음식점의 QSC는 기본이다. 과거 음식점의 성공요소로 QSC + V(Value, 가치)로 규정했다. 기본적으로 QSC에 한가지의 가치만 더하면 성공한다는 성공 방정식이었다. 하지만 코로나19가 엄습한 세상에서 가치 하나로 오프라인 음식점을 찾을 이유를 제공하지 못한다. 따라서 저자가 제시한 5S로 오프라인 음식점의 성공요소로 재 정리할 필요가 있다.

| 오프라인 음식점의 미래 Key-Word, QSC + 5S

5S는 Safety, Space, Sensibility, See, Story(안전, 공간, 감성, 경험, 이야기) 다섯 가지다.

Safety(안전)은 오프라인 매장이 고객들에게 전달해야 할 가장 우선적인 모습이다. 이를 Safety First로 칭하자. 위생으로부터 안심하고, 바이러스로부터 안전하고, 식자재로부터 안심하고 먹을 수 있는 공간이 바로 Safety의 규정이다. 안심식당, 위생등급제, 방역에 기준 역시 안심과 안전을 제공하는 하나의 방법이다.

과거 레스토랑의 Space(공간)은 사실 좌석 배치의 효율성, 면적당 생산성의 기준으로 운영이 되었다. 하지만 이제 공간은 재배치되어야 한다. 좌석의 효율성과 생산성을 우선 고려하는 것이 아니고 고객들이 안전하게 식사할 수 있는 구조로 변경이 되어야 한다. 생각지도 못한 코로나19로 인해서 급한 마음에 칸막이, 좌석 띄우기 등으로 응급조치를 하였으나 미래의 오프라인 음식점은 안전을 우선으로 하는 공간으로 배치가 되어야 한다.

다음은 Sensibility(감성)이다. 이는 특화 음식점, 차별화가 있는 음식점으로 명명할 수 있으며, 특화 음식점에 고객이 감성을 느낄 수 있도록 감성 터치를 해주는 포인트가 있어야 한다는 것을 의미한다. 감성을 터치할 수 있는 요소로는 음악, 기물, 외관, 소리, 비주얼 등 육감의 요소를 고려해야 한다. 육감으로 감성을 터치할 수 있는 음식점이 되어야 고객들이 오프라인 음식점으로 발걸음을 옮길 것이다.

네번째는 See(경험)이다. 생산에 참여하는 소비자를 뜻하는 프로슈머(Prosumer)가 트렌드가 된 지는 오래되었고, 자신의 방식으로 결합을 통해서 재창조하는 소비자를 모디슈머(Modisumer)라 한다. 프로슈머와 모디슈머의 경험을 할 수 있도록 마련해야 한다. 메뉴와 서비스의 생산에 직접 참여함으로써 고객이 아닌 생산자로서의 역할과 책임, 재미를 느끼게 해줘야 하며, 이색적인 조합으로 재창조할 수 있도록 기회를 부여함으로써 직간접적인 경험을 느낄 수 있을 때 오프라인 음식점으로 찾을 이유를 갖게 될 것이다.

마지막으로 Story(이야기)다. 음식점을 찾는 고객들 뿐만 아니고 모든 브랜드와 기업의 고객들에게도 마찬가지다. 감동이 있는 이야기와 재미있는 이야기가 있는 음식점을 선호한다. 최근 홍대의 철인치킨7호점의 사연도 그랬다. '돈쭐낸다'는 표현도 이야기로부터 시작되었고, 감동적인 이야기가 화제의 연속성을 부여했다.

이와 같이 5S는 미래 오프라인 음식점의 성공에 밀접한 관련이 있는 키워드이다. 이번호에는 5S에 대한 언급을 하였고, 다음호에 구체적인 사례와 방향에 대해서 말씀드리려고 한다.

제1장 미래의 골목식당

오프라인 음식점의 미래, QSC + 5S(下)

새로운 시대를 살고 있다. 새로운 오프라인 음식점이 필요한 시대에 살고 있다. 오프라인 음식점은 이제 특별함을 제공하는 공간으로 거듭나야 한다. 나머지는 평범함을 제공하는 배달과 HMR, RMR 등이 제공할 것이다. 마트와 편의점이 음식은 제공할 것이다. 배달과 HMR, RMR, 마트와 편의점이 줄 수 없는 것을 제공해야 한다. 안심을 기본으로 하고, 공간은 믿음을 주며, 직원과 공간이 감성을 터치해주고, 재미와 감동이 있는 스토리가 있는 음식점, 바로 고객들이 방문하게 하는 요소가 된다.

오프라인 음식점의 미래에 대해서 저자는 QSC와 5S로 정리했다. 과거 음식점의 성공 요소로 QSC + V(Value, 가치)로 규정하였으며 한 가지의 가치가 더해짐으로 음식점은 성공한다는 이론을 펼쳤다. 하지만 코로나19(팬데믹) 이후의 오프라인 음식점은 다양한 요소가 결합되어야 성공의 이론을 쓸 수 있을 것으로 생각한다. 관리 요소와 고객들의 니즈가 그만큼 높아졌고 깊어졌다고 할 수 있다.

| 변화하는 세상에서 오프라인 음식점으로 살아 남으려면

음식점의 QSC는 기본이다. 이 사실은 누구나 안다. 하지만 미래의 오프라인 음식점은 더 많은 요소가 결합되기를 희망하고 있다. 그게 바로 5S다. 5S는 Safety, Space, Sensibility, See, Story(안전, 공간, 감성, 경험, 이야기) 다섯 가지다.

가장 우선시되는 것이 Safety(안심)이다. 안심은 바이러스, 위생, 청결, 사람과의 거리에 대한 안심이다. 안심에 대한 담보가 있어야 고객들은 오프라인 음식점을 찾을 것이라는 생각이다. 안심 때문에 오프라인 음식점을 꺼렸다. 사람과의 접촉으로 인한 부담감, 바이러스에 대한 부담감과 음식의 위생과 청결에 부담감을 가지고 있다. 고객들에게 이러한 문제를 해결해줘야 한다. '우리 식당은 안전합니다.'라는 메시지는 어떻게 전달할까? QR체크와 온도 체크, 좌석간 칸막이는 기본이 되었다. 안전에 대한 기본으로 장착이 되었다. 기본 위에 공인인증서가 필요하다. 오프라인 음식점의 공인인증서로 안심식당, 위생등급제, 방역표시 등을 제시한 바 있다. 이런 마크를 인증하는 것은 위드코로나 시대를 살아가는 오프라인 음식점의 필수가 되었다.

농림축산식품부에서 2020년 6월 22일 안심식당에 대한 지정방안을 마련해서 발표했다. 안심식당이란 코로나19 위험 없이 안심하고 외식할 수 있는 식사문화를 만들기 위해 외식업체 대상으로 지정하는 식당이다. 안심식당 지정 요건은 덜어 먹기 가능한 도구 비치, 제공, 위생적인 수저 관리, 종사자 마스크 착용 등 3대 과제를 필수로 하고 있다. 이에 대한 준비와 인증도 필요하다. 식약처에서 마련한 위생등급제도 마찬가지다. 음식점의 인증으로써 강력한 수단이다. 위생상태를 '매우우수', '우수', '좋음'으로 지정 받을 수 있는 제도로 오프라인 음식점의 안전에 대한 인식을 어필할 수 있는 수단이다. 그리고 방역업체를 통해서 매월 방역을 실시하고, 방역의 표시를 해 두는 것 또한 필수적이다. 안심마크, 방역마크 등은 고객들의 위생에 대한 의심을 불식시켜 줄 것이다. 물론 가장 기본적인 것은 덜어 먹기, 식탁문화, 식자재의 안심, 서빙 방법의 변화 등 일상의 위생에 대한 관리임을 잊지 말아야 한다. 안심할 수 있는 식당이 오프라인 음식점의 가장 우선시되는 기본이 된다.

공간(Space)에 대한 고찰이다. 효율성만을 강조하던 음식점에서 안심의 공간으로 변화하고, 새로움의 공간으로 탈바꿈해야 한다. 이제 좁게 붙은 좌석을 선호할 리가 없다. 또 새로움과 색다름을 주지 못하는 공간도 고객들에게는 의미가 없어 보인다. 앞으로 부스석을, 룸을, 공간의 넓음을 선호할 줄 모른다. 어쩌면 입점을 한정해서 제한함으로써 안전에 대한 신뢰를 확보해야 할 수 있고, 예약제로 전환이 급히 진행되어야 할 사항일 수도 있다. 또 공간이 주는 새로움이 있어야 한다. 새로움은 모티브로 해결할 수 있다. 어떤 시간, 어떤 공간을 나타내는 그리고 뷰가 주는 의미를 볼 수 있는 공간으로 바꿔야 한다. 인테리어의 모티브, 인테리어의 색다름으로 차별화를 시도해야 할 것으로 보인다.

세번째가 감성(Sensibility)이다. 음식점의 기능과 품질이 거의 평준화된 시대에 차별화할 수 있는 포인트가 바로 감성이다. 최근 레트로, 옛 것, 나만 가지고 있는 특별함, 감정이 묻어나는 것에 열광하는 이유가 바로 감성에서 기인한 것이다. 새로움을 전하는 굿즈 또한 이런 맥락으로 해석할 수 있다. 식사를 즐기는 동안 좋은 음악이 흐르고, 기물 하나에도 이야기가 담기고, 음식을 담은 비주얼도, 직원들의 서비스도 감성이 묻어나야 한다. 그런 감성이 전달되어야 하는 시대다. 우리 음식점에서 행할 수 있는 감성은 어떤 것들이 있는지 기물, 음악, 비주얼, 뷰, 인테리어 등 모든 것을 살펴봤으면 한다.

경험(See) 또한 필요한 시대다. 셀프바를 운영해서 고객들이 가져다 먹게 하는 것도 경험을 하게 하는 요소다. 제품을 생산할 때 직접 참여한 제품에 대해서 더 많은 애착을 가지는 연구 결과가 나왔다. 음식점 또한 고객들이 실제로 참여하게 하고, 경험하게 하는 요소가 절실해지고 있다. 일정 부분만 조리하고, 나머지는 고객들이 직접 제조해서 만들어 먹게 하는 것, 요리나 메뉴에 요소를 첨가해서 제조하게 하는 것 등 직접 참여해서 제조하게 하는 방법도 경험의 요소다. 또 평가회, 시식회 등에 고객들을 참여시킴으로써 음식점에, 브랜드에 애착을 가지게 하는 것도 하나의 방법이다. 색다른 경험을 하게 하고, 색다른 방법으로 참여하게 함으로써 오프라인 음식점이 고객과 함께한다는 존재감을 느끼게 해야 한다.

어떤 메뉴와 서비스와 음식점에 스토리가 입혀짐으로써 특별함이 재탄생한다. 하나의 짜장면이 짜장면일 때는 5천 원의 짜장면일 뿐이지만 어머니의 이야기가, 우리의 아픈 이야기가 투여되면 특별함이 있는 짜장면이 된다. 강풍에도 떨어짐이 없었던 아오모리사과가 합격 사과로 스토리텔링되면서 고가의 사과가 된 이야기, 타이타닉호의 홀로 떠 사람의 생명을 구했던 루이비통의 이야기가, 하루 삼백그릇의 콩나물국밥을 팔았던 삼백집의 이야기 모두가 스토리가 되어 성공한 브랜드다. 평범함에 스토리만 넣어주면 비범함으로 탄생한다. 이제 철학과 스토리가 없는 음식점에 열광하는 시대는 지났다. 음식점의 스토리를 쓰고, 스토리가 고객들에게 재미와 감동을 전해줄 때 오프라인 음식점에 방문할 이유를 제공해주는 것이다. 스토리는 힘이 세다. 우리 음식점에 불어넣을 스토리를 작성할 필요가 있겠다.

새로운 시대를 살고 있다. 새로운 오프라인 음식점이 필요한 시대에 살고 있다. 오프라인 음식점은 이제 특별함을 제공하는 공간으로 거듭나야 한다. 나머지는 평범함을 제공하는 배달과 HMR, RMR 등이 제공할 것이다. 마트와 편의점이 음식은 제공할 것이다. 배달과 HMR, RMR, 마트와 편의점이 줄 수 없는 것을 제공해야 한다. 안심을 기본으로 하고, 공간은 믿음을 주며, 직원과 공간이 감성을 터치해주고, 재미와 감동이 있는 스토리가 있는 음식점, 바로 고객들이 방문하게 하는 요소가 된다.

memo

제 2장

골목식당의

인문경영

제2장 골목식당의 인문경영

장기불황에서의 외식경영자의 역할과 책임

문제는 반드시 내부에 있고, 문제는 반드시 해결할 수 있다. 경영자가 답을 가지고 있고, 고객이 그 답을 알려주기도 한다. 외부의 탓과 핑계로만 일관한다면 장기불황을 이겨 나갈 수 없다. 기본을 지키고 실천하는 것, 먼 안목으로 미래를 내보다고 하나씩 실천하는 것이 외식경영자의 책무이다.

외식경기가 좋다는 말을 들어본 지가 너무 오래되었다. 외식업 생활을 하는 동안 늘 불경기라는 말을 듣고 산 것 같다. 지금이나 예전이나 그래도 승승장구하는 브랜드나 기업이 있는 것을 보면 돌파구는 있는 듯 하다. 여기에 희망을 걸고 산다.

대한민국 자영업자 6백만 명의 시대, 그 중 음식점으로 자영업을 하고 있는 인구 비중이 60만 명 또 3년 이상 음식점을 영위하는 인구수는 10만 명이 고작이다. 이것도 억지로 억지로 버티는 음식점 자영업자의 수를 합한 것이니 참담할 지경이다.

| 외식업은 사람사업이다

외식사업이 인력사업이고 사람사업이라 그런지 인력에 관한 얘기들은 과거와 현재 미래에도 업계의 화두임에 틀림이 없다. '사람 구하기 어렵다', '인건비가 너무 올랐다' 등등 현실적 어려움에 봉착한 것도 어제오늘의 일은 아니다. 외식업이 3D 업종이라 얘기가 나온 지도 한참 되었다. 힘들고 어렵고 그리고 미래는 있는가에 대한 사회의 대답이 그러하다. 의식주의 문제는 사람이 살아가는데 반드시 필요한 부분이다. 특히 음식의 경우는 더욱 그러하다. 이런 기본적인 음식의 문제는 사실 예민하기보다 일상적이어야 하는데 세상의 흐름만큼이나 그 변화가 빠르다. 외식업이 어려운 것 중 하나가 여기에 있다.

한국의 경우 비싼 임대료, 치솟는 식자재 원가와 최근 논란의 중심에 있던 최저 임금까지 어느 것 하나 쉬운 것이 없다. 먹고 살기 위해서는 이를 업으로 삼고 살아가야 하는데 만만치가 않아서 포기하고 싶은 심정이 들기도 하다. 그리고 최근 일에 대한 청년세대의 특징이 힘들고 어려운 일은 기피하는 현상이 더해져 인력난까지 겹쳐지면서 힘겨운 싸움을 하고 있다. 이런 와중 외식업의 매력에 빠지거나 직장에서 퇴직한 자영업자들이 음식점업에 대한 선호도가 가세, 대기업의 외식업 진출이 활발이 이루지면서 외식업의 경쟁구도는 말할 수 없을 만큼 심화되고 있다. 이런 모든 요소들이 외식업을 참으로 힘들고 어렵게 한다. 이를 두고 사면초가, 첩첩산중이라 한다.

하지만 우리가 버릴 수 없는 천직이 외식업이라면 방법을 찾아가야하지 않을까? "즐기는 자는 이길 수 없다."고 했다. 우리는 외식이라는 업을 즐겨야 한다. '즐기려고 하는데 과연 돌파구는 있을까?'라는 의문을 던지기도 하지만 반드시 돌파구는 있다. 나의 경영자 마인드를 돌아봐야 한다는 것이다. 제대로 하고 있는지 살펴봐야 한다는 것이다.

| 기본을 지키는 것에서부터 출발

외식업의 경쟁으로 우리에게 익숙한 대기업들도 외식사업을 철수하거나 축소하고 있다. 하지만 호황을 누리고 있는 음식점과 기업도 함께 존재하고 있는 실정이다. 빈익빈, 부익부 현상에 대한 부분을 살펴볼 필요성이 대두된다. 이유를 찾아야 한다.

첫 번째가 기본에 충실하는 것이다. 고객들이 음식점을 선택하는 이유는 바로 음식의 맛과 서비스, 인테리어, 분위기, 청결 등 다양하다. 이런 다양한 요인에 대해서 기본기를 가지는 것이다. 그래서 우리는 QSC(메뉴 품질, 서비스, 위생과 청결)에 집중해야 하고, 기본에 집중해야 한다. 이것이 첫 번째다. 불황일수록 고객들은 기본에 충실한 음식점을 찾는다.

두번째는 경영자의 마인드다. 경영자가 갖춰야 할 덕목은 무수히 많지만 말하고자 하는 것은 경영자가 조직을 바라보는 관점이다. 함께 근무하는 구성원들을 소중히 하고 그들이 만족하게 하는 우수한 조직문화, 고객의 소리에 귀기울이며 기본에 충실한 조직을 만들고 다양한 마케팅 활동들을 하면서 고객에게 최선을 다하는 것이다. 이런 모습을 갖춘 조직은 무너지지 아니한다.

오늘 같이 근무하는 동료들에게 "우리 힘들지만 파이팅합시다.", "내가 당신 덕분에 그래도 즐겁게 일합니다.", "고생이 많지요."라는 말 한마디를 건네면서 생활하도록 해보자. 그들이 고객들을 위해서 메뉴를 만들고, 서비스를 한다.

그 중심에 경영자가 있다. 모든 것을 외부로 돌리면 돌파구는 없다. 이렇게 어려운 경제상황 속에서도 성장을 거듭하는 음식점이 있다. 그건 기본에 충실한 것과 경영자의 마인드에서 비롯된다.

문제는 반드시 내부에 있고, 문제는 반드시 해결할 수 있다. 경영자가 답을 가지고 있고, 고객이 그 답을 알려주기도 한다. 외부의 탓과 핑계로만 일관한다면 장기불황을 이겨 나갈 수 없다.

오늘부터 바로 시작하자. 우리 기물은 깨끗한지? 주방은 청결한지? 음식은 먹음직스럽게 담겼는지? 음식의 온도와 맛은 좋은지? 고객들에게 진심어린 마음으로 대하는지? 이런 기본이 장기불황을 이겨내는 방법이다.

우리 모두가, 음식점을 하는 외식업을 하는 우리 모두가 웃는 그날을 기대해 본다.

제2장 골목식당의 인문경영

회사후소(繪事後素, 본질에 대하여)의 정신

음식점의 가장 본질인 메뉴의 퀄러티가, 구성원들의 서비스가, 고객에게 전달되는 음식의 위생이 최상인 그런 음식점. 그래서 QSC가 완벽하지 않으면 근무하지 못하는 음식점. 이런 본질에 충실한 음식점을 만들어야 한다. 그래야 롱런할 수 있다.

문득 '프로 축구의 열기가 뜨겁지가 않을까'란 생각으로 아침을 맞이했다. 2002는 월드컵 이후로 대한민국 프로축구 열기는 없어진 것 같다. 과거의 월드컵을 돌아보면 월드컵의 열기는 늘 대단했고, 2002년도 대한민국 월드컵의 열기는 세계사에서도 한국의 역사에서도 찾아보기 드물 정도로 그 열기와 관심은 대단했다. 그 이후로 잠시 프로 축구가 반짝 인기를 끌었지만 시들해졌다.

프로 축구 열기는 왜 떨어질까? '그 이유가 뭘까'를 생각해보면 그 정답이 바로 나온다. (물론 축구와 관계된 협회나 기관에서 운영, 마케팅도 부족했다고 생각한다.) 여러 가지 원인이 있겠지만 한국 내의 축구의 관심도가 떨어지는 원인 중 가장 중요한 것은 바로 본질에 있다. 축구에 있어서 본질은 바로 축구를 잘하는 것이다. 프로 축구에 대한 관심이 이렇게 시들해져 버린 이유는 프로 축구가 2002년과 같이 축구를 잘하지 못하기 때문이다. 축구를 못하는 이유가 유소년, 청소년, 고교축구, 실업축구 등의 육성시스템과 축구 저변에 있는 인프라, 축구를 알리고 보급하는 마케팅 활동 등 다양하겠지만 결국 결론은 축구를 잘하지 못하는 한국 축구의 본질 때문에 국민들의 관심이 멀어진 것은 아닐까 생각한다.

음식점으로는 눈을 돌려도 이와 같다. '고객들은 우리 음식점에 열광하지 않는가?' 내부적으로는 '우리는 지금 본질에 충실하고 있는가'에 대해서 생각해봐야 한다. 음식점의 본질은 맛있는 메뉴와 서비스 그리고 기타 음식점을 둘러싼 환경들이다. 그 중 가장 핵심은 메뉴와 서비스에 있다. 우리는 이를 QSC라 부르며, QSC를 음식점의 본질이라고 한다. 본질과 더불어 인테리어, 마케팅, 브랜드의 가치 등이 더해져서 음식점의 가치가 매겨지게 된다.

| QSC is All

음식점은 결국 QSC가 고객 가치로 승화되어야 한다고 생각한다. 완전한 QSC를 가지는 것이 어렵지만 완벽한 QSC를 구현하기 위해서 노력해야 한다. 우리가 바라는 가장 이상적인 QSC가 고객에게 전달될 수 있도록 노력을 기울여야 한다.

내가 이렇게 QSC에 대해서 강조를 하고, 사람이 중요하다고 강조하면 이렇게 말을 한다.

"그거 누구나 다 할 수 있는 소리 아니에요? 다 듣기 좋은 소리만 하는 거지." 라고 말이다.

그런데 그렇지가 않다는 것을 인정하는 음식점이 되어야 하고, 리더가, 경영자가 되어야 한다. 음식점에 가보면 '음식, 너무 형편없다'는 얘기가 절로 나오고, '서비스가 형편없다'는 얘기가 절로 나온다. 그런 음식점이 주변에 너무 많다. 그리고 장사가 안된다고 좋은 마케팅이나 방법이 없냐고 물어본다. 이게 현실이다. 우리의 상황이 파악 안되는 그런 상황.

사람이 소중하다는 것은 누구나 안다. 하지만 소중하게 다루고 있고 그 소중한 사람들에게 어떻게 하고 있는지 다시 한번 물어봐야 한다. 생각했던 것보다 훨씬 더 심각하다. 많은 이론이 그러하듯 현실 속의 정치도, 현실 속의 이상도, 현실 속의 상상도 실천이 뒷받침되어야 한다. 실천은 반성에서 나오고, 현실 직시에서 나온다.

음식점의 가장 본질인 메뉴의 퀄리티가, 구성원들의 서비스가, 고객에게 전달되는 음식의 위생이 최상인 그런 음식점. 그래서 QSC가 완벽하지 않으면 근무하지 못하는 음식점. 이런 본질에 충실한 음식점을 만들어야 한다. 그래야 롱런할 수 있다.

누군가 또 내게 얘기하겠지만.
"그런 거 누구나 다 하는 소리에요."라고 말이다.

하지만 누구나 다 하는 거 우리가 못하고 있다고 생각해야 한다.

다시 이 말을 마음속에 새긴다.
회사후소, 본질이 있은 연후에 꾸밈이 의미가 있다.

제2장 골목식당의 인문경영

팬심이 팬덤으로, 관계와 가치가 성공으로

음식점을 운영할 때 '거래가 아닌 관계'로 또 '이익중심이 아닌 가치중심'으로 움직여야 한다. 최근 '관계'에 대한 말도 회자되고, '가치'에 대한 말도 회자되고 있다. '관계와 가치'를 중심으로 운영하는 음식점이 성공할 확률이 월등히 높다고 하겠다.

| 팬심과 팬덤이 꼭 필요한 음식점

"일단 유명해지면 똥을 싸도 박수를 친다."는 화가이자 영화감독인 앤디워홀(Andy Warhol)의 말이다. 요즘 와서 이 말이 왜 이렇게 와 닿을까? 최근 팬심과 팬덤이라는 단어가 '깊은 관계를 맺는 고객을 뜻하는 대명사'로 사용되고 있다. 팬심은 팬(fan)과 마음(心)이 합쳐진 말로 '어떤 사람이나 대상을 열광적으로 좋아하는 마음'을 뜻하고, 팬덤은 팬(fan)과 '영지나라'를 뜻하는 접미사 덤(dom)의 합성어로 '특정한 사람이나 분야를 좋아하는 사람들 또는 문화현상'을 말한다.

음식점을 운영하는 우리가 깊게 새겨야 할 말이다. 많은 모든 현상과 업종이 그러하겠지만 가장 많은 대안과 대체재가 있는 음식점을 놓고 보면 음식점이야말로 팬심과 팬덤이 가장 필요한 업종이 아닐까 생각한다.

돌아보면 저자도 많은 팬심으로 음식점의 운영에 도움을 받았던 것 같다.

우연하게 단체 회식을 하러 왔던 대학병원 과장과의 인연으로 줄곧 병원회식은 우리 매장에서 해줬던 고마운 고객, 아이가 6살때부터 몇 년동안 성장하면서 관계를 유지했던 참 친했던 어린이 고객과 그의 부모님들, 매장에 오면 그렇게 불평불만이 많았던 한 아주머니가 진심 우리의 팬이 되어주었던 기억, 이물질이 나오는 등 큰 클레임 속에서 잘 해결되어 나의 팬이 되어준 고객들. 일일이 열거하기에도 너무 많은 고객들이 내가 운영하는 음식점에서 때로는 질책으로, 때로는 사랑으로 팬이 되어주었다. 그 고객들은 시간이 지나면서 팬을 넘어서 정말 팬덤을 형성해준 고객이 되어주었으니 그 고마움은 잊지못할 것 같다. (당시는 몰랐지만 지금에서야 이를 팬덤으로 생각하게 된다.)

| 거래보다는 관계, 이익보다는 가치 중심으로

당시에 나는 그 고객들과 이해타산적이지도 않았고, 관계공학적 의미도 부여하지 않았다. 단지 고객들에게 맛있는 메뉴와 서비스를 주고받고 또 이런 저런 생활 이야기도 하고, 자주 방문하니 하나라도 더 챙겨주려고 하는 관계중심적 사고가 전부였다. 그러다 보니 서로의 관계가 고객과 종업원에서 하나의 인간관계로 형성되었고 형성된 관계는 또 다른 의미를 부여하게 된 것이다.

지금 정리를 하니 음식점을 운영하면서 생활을 '거래가 아닌 관계'로, 또 '이익중심이 아닌 가치중심'으로 움직였다고 평가하고 싶다. 최근 관계에 대한 말도 회자되고 있고, 가치에 대한 말도 회자되고 있다. 이 2가지 사고가 음식점 운영에 있어서 깊은 깨달음을 주는 철학적 사고라 생각한다. 작금의 시대 음식점은 거래가 아니라 고객의 관계에 초점을 맞추고, 이익적 사고에서 벗어나 고객의 가치에 중심을 두는 운영을 해야 한다.

이런 관계를 어떻게 만들어 나갈까?

오늘부터 우리 매장에 오시는 고객들에게 따뜻한 말 한마디 건네자. 어린이 고객들에게 이름을 불러주면서 서비스 음식을 하나 더 내어주자. 가족들의 안부도 묻고, 날씨 얘기도 해보고, 입은 옷에 예쁘다고 칭찬도 해보자. 어린이 손도 잡아주고, 김장김치도 조금 내어서 드시게 해보자. 불만을 말한다고 미워하지 말고 불만을 해결해드리고자 최선을 다해보자. 추운 날씨 따뜻한 차 한잔 끓여서 대접도 하고, 흔하게 말하는 VIP 말고, 진짜 한 분, 한 분 특수성을 감안한 VIP로 만들어보자. 이렇게 하나하나 노력하다 보면 우리의 단골 고객이 되고, 우리의 VIP가 되어줄 것이다. 이런 단골고객과 VIP가 다시 팬심을 형성해서 팬덤을 이룰 것이다.

음식점의 성공은 정말이지 거래와 이익이 아닌 관계와 가치에서 결정될지 모른다. 너무 쉽게 알 수 있는 진리인데 우리는 이것을 간과하고 오늘도 다른 일들로 시간을 보내고 있지 않는지 점검해 보아야한다.

이렇게 말하고 싶다.

"일단 고객과 관계를 맺고, 가치를 전해줘라, 그러면 똥을 싸도 박수를 친다."

제2장 골목식당의 인문경영

고객생애가치 (CLV : Customer Lifetime Value)를 생각하는 음식점

고객생애가치(CLV, Customer Lifetime Value)란 특정고객이 특정기업이나 브랜드에 대해서 평생 기여할 것으로 예측되는 매출이나 금전적 가치를 뜻한다. 음식점은 만족한 고객의 재방문이 이루어져야 성공할 수 있다. 음식점의 매출은 Repeat Guest(재방문 고객)를 통해서 창출되어야 한다. 고객생애가치가 중요한 이유다.

| 고객생애가치는 얼마나 될까?

나는 통상적으로 아침에 출근하면서 차에 주유를 한다. 차를 몰고 출근길을 따라가다 보면 2군데의 주유소를 만나게 된다. 하나는 H브랜드, 하나는 S브랜드의 주유소이다. 처음에는 편리에 따라서 주유소에 들어갔다. 굳이 어느 브랜드를 가리지 않고서 말이다. 그러던 어느 날 사건이 발생했다. H브랜드 주유소의 직원이 너무 무성의하고 불친절하게 대응하는 것이다. 거의 반말에 가까운 말투와 갑의 위치에 선 듯 고객을 대하는 태도, 모두가 무성의했다. 그래서 H주유소는 가지 않기로 했다. S브랜드로 이동하여 주유를 했더니 직원들의 태도와 말투가 한결 다르다. 대단한 친절은 아니었지만 그래도 고객이 호감을 가질 정도의 친절함을 가지고 나를 대했다. 그래서 그 길로 나는 주유소의 변경을 결정했다. 그때부터 지금까지 S브랜드의 주유소를 이용하고 있다. 그 친절함이 없어지지 않는 한 나는 이 주유소를 이용할 것이다.

최근 주유소뿐만 아니라 모든 상품과 브랜드에 대해 '대안 브랜드'가 있는 시장상황이다. 경쟁이 치열한 상황에서 고객은 불친절과 하급품질에 대해서 가차 없이 브랜드를 전환해버린다. 이를 Switch Brand(브랜드 전환) 한다고 한다. 브랜드를 전환했을 때 우리에게 미치는 영향은 실로 크다. 그래서 우리는 한 분, 한 분 소중하게 생각하고 매장을 운영해야 한다. 위의 사례로 환산하여 보면 매월 40만 원 이상의 금액을 나는 주유한다. 이를 연단위로 보면 약 5백만 원 10년간 주유를 한다면 5천만 원이나 된다. 이런 불만족한 고객이 10명이 된다면 10년간 5억, 100명이면 50억이나 되는 실로 큰 금액이다. 앞으로 20연간 주유를 한다면 주유소에 대한 나의 생애가치는 5억 정도된다.

최근에는 품질과 서비스에 불만을 토로하는 고객이 작게 20명, 많게는 100명까지 전파한다고 한다. 또 SNS를 활용해서 전파를 한다면 그 수는 상상을 초월할 것이다. 그 피해를 매출로 환산하면 대단히 큰 파급효과임에 틀림이 없다. 여기서 우리는 고객의 CLV 즉, 고객생애주기가치에 대해서 생각해볼 필요가 있다. 고객생애가치란 특정고객이 특정기업이나 브랜드에 대해서 평생 기여할 것으로 예측되는 매출이나 금전적 가치를 뜻한다. 나는 10년간 주유소에 5천만 원, 20년간이면 1억의 금전적 손실이나 이익의 재산적 영향을 미칠 수 있다. 음식점도 이와 같다. 불만족한 고객 한 명의 생애가치는 제법 크다. 또 불만족한 고객이 전파하는 많은 다수의 피해까지 고려한다면 우리가 고객들에게 얼마나 잘 해야 하는지를 알 수가 있다.

방문했던 음식점의 사훈으로 이런 글이 부착되어 있었다.

'고객이 짜다면 짜다.'

재미도 있고, 주인장의 사고에 감탄을 했다. 고객을 향한 마음을 이해했다.

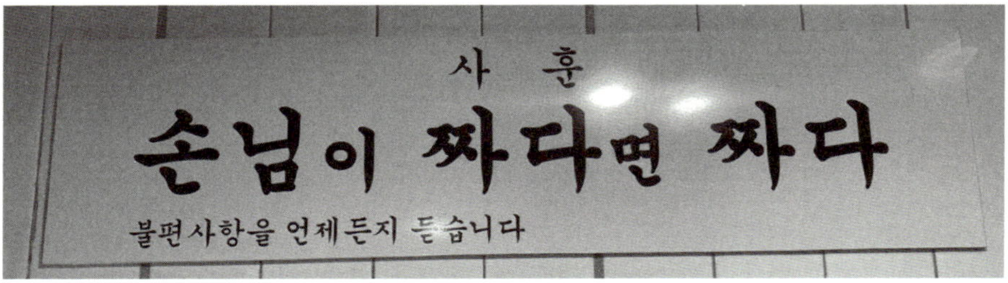

▲ 제주도 서귀포의 생선구이 전문점 '삼무호'에 붙어 있는 사훈

그리고 어느 음식점에 갔더니 '혹시 불편하거나 만족하지 못하셨다면 저에게 전화나 문자를 주세요.'라고 주인장의 전화번호를 넣어두었다. 정말 과감한 관리 방식이라 생각했다. 주인장이 없을 때에도, 평소에도 늘 고객의 소리에 귀를 기울이겠다는 주인장의 마음이 참으로 따뜻하다. '부탁드립니다. 명품집이 되고 싶습니다. 칭찬, 조언, 채찍을 블로그에 남겨 주십시요. 손님이 짜다면 짠 것으로 받아들이겠습니다. 블로그에 남기실 때 연락처를 남겨 주시면 식사로 대접하겠습니다.'

이런 주인장들은, 음식점은 절대 망하지 않는다. 망할 수가 없다. 이런 음식점은 고객에게 어떻게해야 하는지를 알고 있다. 고객의 생애가치에 대해서도 알고 있다. 그리고 음식점이 나아가야 할 방향에 대해서 명확하게 인지하고 있는 음식점들이다. 고객의 불편함에 대한 열정, 고객을 생각하는 진심 어린 마음 이런 것들이 모아져서 음식점이 완성된다. 우리가 제공하는 김밥 한 줄, 김치찌개 하나가 지금은 3천원, 7천원의 가치일지 모르나 고객의 생애가치를 생각한다면, 또 그 파급효과까지 생각한다면 3천만 원, 7천만 원이 되어 돌아올 줄 모르겠다. 그래서 지금부터 한 분, 한 분 정성스럽게 모시고, 메뉴 하나 하나 정성을 다해서 제공해야 한다. 이게 미래를 위한 음식점의 모습이고, 고객생애가치를 생각하는 주인장의 바람직한 모습이다.

제2장 골목식당의 인문경영

먹고 사는 이유 말고, 당신의 목표는 무엇입니까?

우리가 그냥 일하는 것 말고, '왜 일하는지', '무엇을 위해서 일하는지'에 대한 고민과 '우리가 왜 이 음식을 만들어서 고객들에게 서비스해야 하는지'에 대해서 명확히 하는 것, 이것이 음식점을 성공하게 하는 가장 밑거름적인 포인트이다. 직원들과 함께 우리의 꿈에 대해서, 우리가 가야할 길에 대해서 논의하는 시간을 가져봄은 어떨까 한다.

| 우리가 음식점을 하는 이유는…

10년 전 홍대에 있는 '테펜'이라는 이자까야에 간 적이 있는데 대단한 새로움을 발견했다. 점포 직원들의 인사소리와 서비스는 정말 대단했고, 서비스만으로도 그들은 외식인들에게 벤치마킹할 만한 성지가 되었다. 한번 더 크게 놀란 것은 점포의 벽에 붙어 있던 직원들 개인의 꿈을 담은 액자였다. 모두가 꿈을 꾸고, 모두가 꿈을 공유하는 그런 공간이었다. 직원들의 꿈과 목표를 작성해서 액자에 걸어 두었던 사장의 생각은 어떤 것이었을까? 바로 이를 벤치마킹했었다. 살아가는 이유를 공유하는 음식점, 너무 멋진 경험이었다. (지금은 다른 이유로 폐점을 했다.)

살아가는 모든 것에는 이유가 있다. 사람도, 동물도 그리고 식물까지도. 먹기 위해서 산다고 하지 않고, 잘 살기 위해서 먹는다는 말은 맞는 이야기이다. 만약 우리가 먹기 위해서 산다고 하면 인생은 가치도 명분도 없어진다. 가장 슬픈 현실이 된다. 죽지 못해서 산다는 이야기와 같다. 그래서 우리는 나름의 목표를 가지고 목표를 이루기 위해서 노력하면서 살아가고 있다. 목표를 이루려고 노력하는 와중에 나를 잘 표현하기 위해서 또 노력한다. 그런 생각과 행위가 뭉쳐져서 나만이 가지는 정체성을 이루게 된다. 정체성이란 나를 가장 잘 표현하는 색깔이다. 이를 페르소나, 아이덴티티라 명명하기도 한다. 나를 나타내는 정체성은 무엇일까? 나를 가장 잘 표현하는 정체성은 무엇일지 고민하다보면 나에 대한 목표가 보이기 시작한다. '정체성은 모든 것을 다 가지는 것이 아니다'는 생각을 한다. 한 가지를 가장 명확하게 나타내어야 한다. 한 가지를 잘 나타내고 표현할 때 우리는 정체성이 있다고 말한다.

| 나를 가장 잘 표현하는 정체성은 무엇인가?

내가 운영하는 브랜드의 매장 슬로건은 'QSC is All' 이다. 우리는 모든 현장의 역량을 QSC로 판단한다. QSC가 전부이고, QSC가 무너지면 모든 것이 무너지고 끝이다는 표현이다. 그래서 점포 운영의 가장 핵심은 QSC로 판단한다. 점포의 QSC 관리를 위해서 내부 모니터링, 미스터리 샤퍼, 고객평가단 등 다양한 활동을 통해서 QSC를 점검한다. 2중, 3중의 점검망을 통해서 최상의 QSC를 유지한다는 것이 우리의 목표인 것이다. 이를 우리 직원들 모두가 알고 있다. 우리는 이를 우리의 정체성이라고 표현한다. 우리의 문화라고 얘기한다.

완벽한 QSC를 바탕으로 한 국내 최고의 음식점을 만들자는 것이 목표다. 다른 건 다 용서해도 QSC는 용서가 없다고 서로에게 얘기를 한다. 위생의 문제, 서비스의 문제가 일정 수준을 벗어나면 모든 혜택에서 그 점포는 예외가 된다. 그만큼 QSC 관리가 철저하다. QSC는 우리의 생명이기 때문이다. 이를 우리 정체성으로 삼고 이런 문화를 공유하고 있다.

음식점의 라이프사이클 즉 수명연장은 QSC에 있다. QSC가 되지 않는 점포와 브랜드는 오래가지 못한다. QSC에 대한 엄청난 노력에도 불구하고 사라지는 점포와 브랜드가 얼마나 많은가? 그래서 우리는 'QSC is All'이라는 슬로건을 가지고 브랜드와 점포를 운영하고 있다. 우리의 슬로건이지만 우리의 목표이기도 하고, 우리의 정체성이기도 하다. 이런 생각이 점포의 직원과 지원부서의 직원들이 모두 인식하고 있다. 그래서 우리는 지금도 성장하고 있다.

| 목표를 가진 음식점, 서로의 꿈을 공유하는 음식점

우리의 음식점에는, 우리의 회사에는 어떤 정체성을 가지고 있는가? 목표는 가지고 있는가? 만약 없다면 지금부터 우리의 정체성은 무엇이고, 우리의 목표는 무엇인지를 정하는 것은 필요해 보인다. 더러는 직원들의 꿈도 적어서 액자에 끼워보자.

우리가 가야할 길을 직원들과 공유하는 것, 우리가 가야할 지점을 명시하는 것. 이것은 외식점포에서 반드시 필요하리라 본다. 그리고 서로의 꿈을 공유하는 것도 시도해보자.

우리가 그냥 일하는 것 말고, '왜 일하는지', '무엇을 위해서 일하는지'에 대한 고민과 '우리가 왜 이 음식을 만들어서 고객들에게 서비스해야 하는지'에 대해서 명확히 하는 것, 이것이 음식점이 성공하는 가장 밑거름적인 포인트이다.

'먹고 사는 이유 말고, 당신의 목표는 무엇입니까?'

'생계 수단의 음식점 말고, 우리 음식점의 목표는 무엇입니까?'

스스로 자문해보자.

제2장 골목식당의 인문경영

우문현답 (우리의 문제는 현장에 답이 있다)

음식점이 현장과 연결되지 않고서 어떤 것과 연결이 되어야 성공할 수 있을까? 현장은 바로 우리의 문제점을 살펴볼 수 있는 바로미터다. 그래서 모든 경영자와 본사 직원들은 현장형 리더가 되어야 한다. 현장의 소리와 고객의 소리가 바로 컨셉이다. 현장에 모든 답이 숨어 있다.

저자는 늘 이야기 한다. “현장으로 가라.” 함께하는 본사 직원들에게도 얘기를 한다. “일주일에 한번씩 현장으로 가라.” 오래된 저자의 지론이다. “현장을 파악 못하는 외식 본사 직원은 필요가 없다. 현장형 리더가 되어야 한다.” 이 지론은 지금도 계속되고 있다.

| 고객은 답을 가지고 있다

패밀리레스토랑에 근무할 당시 자주 오시는 여성 주부 고객님이 계셨다. 이 분은 우리의 단골이기도 하지만 우리의 매니저이기도 했다. 너무 자주 오시니 우리의 상황을 너무 잘 아시는 고객분이시고, 우리의 레시피를 너무 잘 아시는 고객이셨다. 더러는 우리의 방향성까지도 말이다. “오늘은 샐러드 퀄러티가 별루네.”, “매니저님 화장실 가봐 엉망이야.”, “오늘 저 여직원 컨디션이 안좋나? 미소가 없어.”, “옆 집에 신메뉴 프로모션하더라.” 등등의 말씀을 매번 30분간 저자를 데리고 다니면서 하셨다. 그래서 간혹 그 고객이 무섭기까지 했고, 한번은 두려움에 도망가기도 했다. 그렇다. 그 고객은 우리가 해야 할 모든 답을 가지고 있는 분이셨다. 우리가 가야할 모습도 그려주셨다. 어쩌면 고객들은 우리의 모든 답을 알고 계시지 않을까 생각한다. 고객이 컨셉이다. 고객이 컨셉을 결정 짓는다.

새로 오시는 고객들도 우리에게 바라는 니즈가 있고, 떠나간 고객들은 그 니즈를 충족시켜주지 못해서 떠나간 것이다. 그래서 우리는 고객의 소리에 예민해져야 한다. 미스터리 샤퍼를 운영해서 고객의 소리를 들어야 하고, 테이블에 방문해서 고객의 소리를 들어야 한다. 계산대에서 고객들이 진심으로 하는 소리를 듣고 이를 실행에 옮겨야 한다. 고객들은 우리가 해야 할 모든 요소를 가지고 있다. 그게 진정한 고객의 소리다.

음식점이 문을 열면 되리라는 상상을 버리시고 오늘부터 고객과 진심어린 대화를 나누자. 고객들은 우리가 가야할 답을 제시해줄 것이다.

| 현장에 답이 있다

음식점에 근무를 하면서 아이디어를 가진 무수한 공상가들을 보았고, 이론가들도 보았고, 훈수만 두는 사람들도 보았다. 한번씩 "이 분은 평론가인가?"라는 생각도 하게 된다. 무수한 이론가와 공상가, 평론가들의 가장 큰 문제점은 실행력이 없고, 현장에 가보지 않는다는 데 있다. 그래서 성공하지 못하는 것이다. 현장지향적이고 실행력을 갖춘 음식점과 브랜드만이 살아남는 시대다. 그래서 우리는 현장으로 가서 모든 문제점과 상황들을 파악해야 한다. 이것이 성공으로 가는 척도가 될 것이다. 음식점이 현장과 연결되지 않고서 어떤 것과 연결이 되어야 성공할 수 있을까? 현장은 바로 우리의 문제점을 살펴볼 수 있는 바로미터다. 그래서 모든 경영자와 본사 직원들은 현장형 리더가 되어야 한다.

| 현장의 소리와 고객의 소리가 컨셉이다

좋은 스펙, 좋은 연봉, 좋은 환경에서 음식점과 외식브랜드들이 성공하지 못하는 이유는 다양하겠지만 '현장지향적인 마인드와 고객의 소리를 멀리하면 저는 결코 성공할 수 없다'라고 생각한다. 지금 당장 현장으로 가서 현장의 문제점을 파악하고, 현장에 있는 구성원들의 얘기를 듣고, 고객들이 식사하는 모습과 고객들이 하시는 얘기들을 귀담아 들어보자. 현장에 모든 정답이 들어있다. 마케팅하지 말고, 현장에서 내부고객과 외부고객의 얘기를 진심 어린 마음으로 듣는 것이 성공의 지름길일 것이다.

성공하는 음식점을 기대해본다.

우문현답, 우리의 문제는 현장에 답이 있다.

제2장 골목식당의 인문경영

모두의 꿈을 이야기하는 음식점

'꿈'과 '목표'는 사람을 설레게 하는 원동력이 된다. 경영자가 해야 할 일 중 중요한 한 가지가 바로 구성원들이 꿈을 꾸게 하는 것이다. 우리 음식점의 구성원들과 함께 개인의 꿈과 우리 음식점의 꿈에 대해서, 목표에 대해서 이야기해야 한다. 바로 리더는 Visioning할 수 있는 능력을 가지고 구성원들을 설레게 해야 한다.

하루 하루의 매출, 일어나는 무수한 일들에 대한 스트레스, 감정을 자극하는 상황들 그래서 음식점 하기가 참 힘들다. 그럼에도 우리가 음식점을 하는 이유는 '음식을 통해서 고객들에게 사랑을 선사하기 때문'이 아닐까 한다. 음식점은 다른 말로 '식당(食堂)'이라고 한다. 밥 식(食), 집 당(堂)의 한자를 사용한다. '食'은 인(人, 사람)과 량(良, 어질다)이 더해진 한자이다. 이 말의 의미는 '사람을 좋게, 어질게, 바람직하게 해준다'는 의미이다. 다른 말로 '사람들을 행복하게 해준다', '사람들을 기쁘게 해준다'는 의미를 가지고 있다. 그렇다. 음식점은 사람들을 행복하게, 기쁘게 해주는 일을 하는 업이며 장소이다. 음식점은 내부의 직원에게도, 외부의 고객에게도 행복을 전해주며 가치를 전해주는 아주 좋은 일을 하는 곳이다. 사람의 가치를 인정하고, 행복을 키워가는 공간, 그 곳이 음식점이고, 식당이다. 과거 파고다공원 옆으로 사주를 보러 갔더니 사주를 보시는 어르신이 나에게 '아주 좋은 직업을 가졌네. 좋은 음식 만들어서 사람들을 기쁘게 하고, 돈도 버니 이보다 더 좋은 직업이 어디 있어?'라고 말해 주었다.

행복한 직업이다.

| 서로의 꿈을 이야기했던 음식점

점장 생활을 할 당시 나는 '직원들의 꿈'말고 매장의 꿈을 작성해서 게시판에 붙여 놓았다. 그리고 회사로부터 받은 매장의 상장과 매출/고객만족도/QSC점수 등 1등을 한 사례를 액자에 끼워서 붙여 놓았다. 좋은 의도였지만 일부의 실수였다. 직원들의 꿈은 아랑곳하지 않고, 오로지 조직의 꿈만 얘기를 했던 것이다. 분명한 실수였다. 돌아보니 후회스럽고 후배들에게 미안한 생각이 든다. 테펜을 벤치마킹한 후 후배들과 면담을 하면 꼭 '후배들의 꿈'에 대해서 물어본다. 그리고 '나의 꿈'도 얘기를 한다. 그리고 우리 조직, 우리 브랜드의 꿈에 대해서도 이야기를 해준다. 꿈에 대해 생각해본 적이 없다는 후배, 꿈을 생각할 여력이 없다는 후배, 미래의 꿈을 가진 후배 등 다양하다. 꿈이 없는 후배들에게는 '꿈'에 대해서 생각하고, '자신의 꿈'에 대해서 정리한 후 이메일로 내게 보내 달라고 요청한다. 이메일로 '꿈'에 대해서 보내오면 반드시 피드백을 주고 함께 이루어 가자고 서로 다짐한다. 또 음식점을 하는 나와 후배들에게 우리 음식점의, 우리 브랜드의 꿈에 대해서도 자주 이야기한다. 꿈이 없으면 지금 하는 일의 의미를 잘 모른다. 하루 하루를 살아갈 뿐이다. 꿈이 있어야 미래를 꿈꾸고 어려움이 있어도 참아 나간다. 이뤄야 할 목표가 있기 때문이다. 그래서 우리는 꿈을 이야기해야 한다. '하루 하루 살아가기 힘든 데 그런 걸 굳이 해야 하느냐'고 반문할지 모른다. 하지만 우리는 밥 먹기 위해서 살지 않고, 살기 위해서 밥을 이용할 뿐이다. 꿈은 먹고 살아야 할 이유를 제공한다.

직원의 숫자와는 상관이 없다. 우리 음식점에 2명~3명 있어도 할 수 있다. 5명, 10명 있어도 할 수 있다. 100명이어도 할 수 있다. 꿈은 직원의 수와 무관하다. 우리 개인의 꿈과 우리 음식점의 꿈에 대해서 이야기하고, 그 꿈을 적고 액자에 넣어서 하루에 한번씩 보면서 꿈을 꾸는 시간을 가져 보시기를 바란다. 꿈으로 뭉쳐진 사람과 조직은 흐트러지지 않는다. 뭉치게 된다. 꿈은 내가 살아야 할 이유를 분명히 알려주기 때문이다. 잘 하는 조직의 리더는 반드시 꿈으로 직원들을 설레게 한다. 그게 꿈이다.

꿈에 대한 생각을 늘 이렇게 했다.

'혼자 꾸는 꿈은 공상이 되지만, 함께 꾸는 꿈은 미래가 된다.'

제2장 골목식당의 인문경영

안심 보증의 시대

'안심'과 '안전'은 시대의 화두다. 음식점도 공간에 대한 안심, 식자재에 대한 안심, 위생에 대한 안심, 환경에 대한 안심을 제공해야 할 시대적 소명을 가지고 있다. 안심하고 방문할 수 있는 음식점만이 고객들로부터 사랑받을 수 있는 시대다.

2020년은 살면서 우리 모두가 처음 경험한 것들 투성이었다. 그동안 있어왔던 바이러스와 차원이 달랐다. 1968년 홍콩독감, 2002년 사스, 2009년 신종플루, 2012년 메르스 등 숱한 바이러스를 겪어왔지만 2020년 시작된 코로나19의 상황은 미처 준비하지 못한 세상에 강력한 위력을 과시했다. 세계보건기구 창설 이후 3번째의 팬데믹(Pancdemic) 선언이었다. 홍콩독감, 신종플루에 이은 3번째였다. 하지만 그 여파는 차원이 달랐다. 2~3개월이면 종식이 될 것이라는 기대와 달리 코로나19는 꽤 오래 지속되고 있고, 그 여파가 언제까지 머무를지 아직도 장담을 하지 못하고 있다.

| 팬데믹이 바꿔 놓은 일상과 음식점

팬데믹의 위기는 우리의 일상을 바꾸어 놓았다. 그 중심에 음식점이 자리해 있다. 2020년 2월~3월 처음 경험하는 코로나19의 상황은 음식점의 매출은 마이너스 80% 정도(2019년 대비)까지 하락시킬 만큼 강력했다. 지금도 현재 진행형이다. 외출을 꺼렸고, 외식을 꺼린 결과다. 최악의 상황은 모면했으나 아직도 코로나19의 위력은 여전히 기세가 누그러지지 않고 있다. 이런 상황에 음식점의 운영전략도 다방면 변모했다. 마스크 착용, 손 소독제 비치, 체온 측정계, 테이블 칸막이, 좌석 간격 띄우기 등 음식점의 생태계도 완전히 변모시킨 것이다. 대형, 소형 음식점 상관없이 모두 적용하는 눈에 띄는 큰 변화였다. 코로나19는 우리를 힘들게 하였으나 위생적인 측면에서 보면 발전을 도모하는 전화위복의 시기가 된 것이다. 고객들의 위생에 대한 개념도 한층 더 높아졌고, 음식점의 위생 관련한 대비도 한 차원 높아졌다. 살다 보면 의외의 상황이 의외의 결과를 만들기도 한다. 이번 코로나19가 그러했다.

| 안심에 대한 보증이 필요한 시대

위생에 대한 개념이 한층 성숙해진 지금의 시기에 고객들은 안심보증을 요구하게 되었다. 가장 안전한 음식점, 마음 놓게 먹을 수 있는 음식점을 선호하는 양상으로 이동하고 있다. 음식점의 선택 요소인 맛, 서비스, 청결 중 청결은 3위였다. 이제 맛, 서비스, 청결이 아닌 '위생에 대한 안심보증'이 음식점 선택의 1번 요인이 되는 시대가 되었다. 이런 시대적 상황은 음식점이 이렇게 변모해야함을 말해주고 있다. '안심 보증'이 첫 번째 '음식점 선택 요인'이 된 것이다.

음식점들이 급하게 준비해야 할 부분들에 대해서 몇 가지 정리를 하고자 한다. 정부의 시책으로 입장 시 QR코드 인증, 장부작성은 필수가 되었고(현재는 없어졌다), 온도계나 온도측정기계를 비치해서 체온을 측정하는 것은 기본이 되었다. 이의 구비는 필수다. 두번째, 음식점은 일정한 좌석 간격을 유지할(최소 테이블과 테이블 사이 1미터 이상) 필요성이 있다. 또 테이블과 테이블에 칸막이를 설치하여 안심에 대한 보장을 할 필요가 있다. 공용으로 사용되는 식기와 수저도 살균소독을 거치는 시스템으로 변모해야 한다. 1차 살균 소독과 2차소독, 수저는 개인용기를 씌우는 등의 변화도 해야 할 것으로 보인다. 대형 음식점이라면 홀의 좌석보다 룸을 구비해서 다른 고객과의 접촉을 최대한 줄이는 것을 전제로 시설을 해야 하겠다. 상황이 어렵다면 파티션을 구비하는 것도 하나의 방법이다. 주방과 홀 직원들 구분없이 마스크 착용을 의무화하고, 일별로 직원들의 온도를 체크해서 직원들의 건강상태를 살펴보는 노력 역시 필수적인 부분이라 하겠다.

음식의 관리에 대해서는 식약처, 지자체 점검, 자체 점검 등으로 많은 발전을 이루었으니 법적 요건에 해당되는 부분은 지금의 모습처럼 관리가 이어지면 된다.(식자재 관리, 건강진단증, 유니폼 관리, 원산지, 가격표시제 등)

이런 시스템적 관리 이외에도 고객들은 '안심 보증'에 대한 더 많은 요구를 할 것으로 보인다. 그 첫번째가 정기적으로 진행되는 정기소독과 살균 시스템에 대한 보증이다. 이미 개인용 핸드폰 소독기가 출시되었고, 각 가정마다 살균 옷장이 등장했다. 공유차량 업체와 항공기, 호텔 등은 살균 시스템을 이미 도입해서 진행하고 있다. 음식점도 이와 다르지 않다. 세스코 등 방역 업체에서 제공하는 정기소독을 시작하고, 정기소독 마크를 입구에 부착하는 등의 기본적인 고객 커뮤니케이션을 해야 한다. '세스코'에서 이미 '바이러스 케어'제품이 출시되어 판매되고 있다. 음식점은 '바이러스 케어'에 대한 안심을 고객들에게 전달하기 위해 이 시스템을 적용해야 하는 시점에도 왔다. 우리 음식점은 '정기 소독'과 바이러스 케어를 진행하고 있고, 안심해도 된다는 보증을 고객들에게 전달해야 한다.

두번째, 식약처에서 진행하고 있는 위생등급제의 등급 취득을 통한 '위생'에 대한 '안심'을 고객들에게 전달해야 한다. 2017년 식약처에서 진행한 '위생등급제'는 '음식점의 위생 상태(객석, 조리장, 화장실 등)을 평가하여 우수한 업소를 위생등급업소로 지정하는 제도'를 말한다. 등급은 '매우 우수, 우수, 좋음'으로 지정 받을 수 있다. 대부분 대형 음식점 위주로 '매우 우수' 등급을 취득한 곳이 많다. 대형, 소형 음식점과 상관없이 이제 '위생등급제'의 등급 취득도 필수가 된 시대가 되었다. 준비를 통한 위생에 대한 안심도 고객들에게 전달해야 할 시기가 되었다. 필요하다면 컨설팅을 받는 부분도 고려해야 한다.

세번째, 식자재에 대한 보증이다. 식자재가 논란의 핵심의 선 경우는 무수히 많았다. 이런 논란으로 식자재에 대한 안심이 없는 음식점의 방문을 꺼리는 것들도 흔히 볼 수 있는 지속된 모습이었다. 이제 고객들에게 '식자재에 대한 안심'도 전달할 필요가 있다. 우리가 모든 식자재를 가장 비싸고, 가장 좋은 식자재를 사용할 수 없다. 하지만 안심하고 먹을 수 있는 식자재, 또 식자재 중 핵심적으로 좋은 식자재를 고객들과 커뮤니케이션하면서 고객들에게 안심을 전달할 필요성은 있다. 어느 카페는 '어떤 정수기의 물'을 쓴다고 물에 대한 광고를 하고 있다. 어느 김밥집은 '무색, 무조미료'를 핵심으로 식자재를 커뮤니케이션하고 있다. 얼마 전 방문했던 한정식집은 우리나라 지방에서 농사 지은 좋은 제품으로 반찬을 담는다는 메시지를 고객들에게 커뮤니케이션하고 있다. 이렇다. 이제 식자재에 대한 안심 역시 고객들에게 제공해야 할 의무가 있다. 음식점의 사명이다.

네번째, 플라스틱에 대한, 1회용품에 대한 안전과 환경이다. 팬데믹 상황에서 다시 플라스틱과 1회용품의 사용이 예전의 모습으로 돌아가고 있다. 포장과 배달이 화두가 되면서 오히려 더 많은 플라스틱 제품과 1회용품을 사용하고 있다.

다만 음식점 내부에서는 적어도 플라스틱 제품을 최소화하고, 1회용품 사용을 자제해야 한다. 플라스틱이 인체에 유해하다는 것은 이미 알려진 사실이다. 따라서 음식점에서 제공되는 기물에 대해서 안심을 보증해야 하는 시기도 된 것이다.

팬데믹 상황에서 우리가 둘러볼 부분들이 많이 생겼다. 오히려 음식점이 고객에게 가정보다 더 안전한 공간으로 안심에 대한 확실한 보증이 있는 공간으로, 매력적인 식사가 제공될 수 있도록 그래서 이 팬데믹이 전화위복의 계기가 되어 줄 것으로 진심으로 바란다.

이미 벌어진 시간을 되돌릴 수 없다. 있었던 일이 없었던 일이 될 수 없다. 이제 음식점의 선택요인 1번은 '안심보증'이다.

제2장 골목식당의 인문경영

음식과 레시피는 고객과의 교감과 조율의 결과물이다

고객의 피드백을 잘 받고, 이를 경영자의 생각과 결합시킬 때 더 좋은 메뉴가 나온다. 메뉴의 가격도, 시그니처 메뉴도, 레시피도 고객이 정하는 것일 수 있다. 그래서 '음식은, 음식의 레시피는 고객과의 교감, 조율의 결과물'이라 생각한다.

음식점을 하면서 고집스러운 생각이 '레시피를 고집하지 않는다.'이다.

레시피는 '가장 보편적으로 좋아하는 사람들의 입맛을 사로잡을 수 있는 표준화된 조리법'이라 생각한다. 보편적인 만족감을 준다는 의미, 호불호가 작다는 의미가 있다. 물론 잘 만들어진 레시피라 하더라도 완벽하지 않다. 모든 메뉴가 성공하지 못하는 이유도 여기에 있다고 생각한다. 그래서 고객의 이야기를 잘 들어볼 필요성이 1차적으로 제기되는 것이다.

두 번째, '고객은 답을 가지고 있다'는 생각이다. 고객들은 정답을 가지고 있고, 정답을 제시해주는 경우가 많다. 비단 음식의 레시피뿐만 아니라 우리의 운영, 서비스, 기타 등등 많은 의견을 가지고 있고 실제 이 부분은 경험을 통해서 알고 있다. 그래서 늘 고객들에게 정말 감사하게 생각을 가지고 음식점을 운영하고 있다. 그런 이유로 고객과 관계를 맺고, 고객의 피드백을 들으며 매장운영에 적용한 결과 많은 성과를 볼 수 있었던 것이다. 대부분의 고객은 바른 말을 해준다.

세상에 다 맞고, 다 틀린 경우는 없다. 다만 정답을 찾아가는 과정일 뿐이다. 음식점도 마찬가지다. 우리가 생각했던 컨셉, 인테리어, 음악, 기물, 메뉴 레시피 모두가 좋을 것이라 판단하고 운영했지만 언제나 미흡하다. 이런 부분들을 '고객의 소리'로 채워야 한다. 고객은 정답을 가지고 있다. 메뉴의 문제도, 서비스의 문제도 방문하지 않는 이유도 모두 가지고 있다. 고객 한 분, 한 분의 의견이 소중한 이유인 것이다. 그렇다고 모든 고객의 의견을 다 반영한다면 경영자의 철학이 없어질 수 있다. 그렇기 때문에 경영자의 생각과 고객의 소리를 적절하게 믹싱해서 훌륭한 음식점을 만들어가야 한다.

그 중 한 부분이 바로 메뉴의 레시피다. 고객의 피드백을 잘 받고, 이를 경영자의 생각과 결합시킬 때 더 좋은 메뉴가 나온다. 메뉴의 가격도, 시그니처 메뉴도, 레시피도 고객이 정하는 것일 수 있다. 그래서 '음식은, 음식의 레시피는 고객과의 교감과 조율의 결과물'이라 생각한다.

제2장 골목식당의 인문경영

할 수 있는 것에 집중할 시간 1

바이러스와 팬데믹은 우리가 해결할 수 없는 부분이다. 컨트롤이 불가능한 부분이다. 하지만 잉여의 시간을 통해 고객과 관계를 만들기 위해 시간을 투자하고, 내버려 두었던 고객들의 이야기를 정리하고, 다가올 미래에 선보일 메뉴를 개발하고, 새로운 프로모션을 계획하는 일들은 우리가 컨트롤할 수 있는 부분이다. 컨트롤할 수 없는 일들은 버려두고, 컨트롤할 수 있는 것에 집중할 필요가 있다.

| 코로나19가 준 절망의 시간들과 준비하는 마음

성수기와 비수기는 음식점마다 다르겠지만 거의 흡사하거나 유사하다. 외식업의 성수기는 5월, 7월과 8월 그리고 12월이다. 연중 12월은 최고의 성수기다. 외식업을 하는 입장에서 1년간 지울 수 없는 고통과 상처를 주었다. 2020년 가을, 정부는 국민의 피로감과 경제를 고려한다며 일부 코로나비상단계를 조정해주었다. 하지만 조금 이른 감이 있다는 생각이 들었고, 짧고 굵은 방역을 통해서 회복세를 그려 주기를 바랬다. 가을 방역의 하향조정은 자칫 12월 성수기에 찬물을 끼얹을 수 있다는 판단이 들었기 때문이다. 염려는 현실이 되었다. 12월 최고의 성수기에 다시 단계를 상향조정하며 가장 많은 수익을 봐야 할 시기에 찬물을 끼얹었다. 피로감에 피로감을 더한 격이었다. 12월은 연중 가장 많은 매출과 수익을 확보하는 시기이며, 음식점을 하는 사람의 입장에서 가장 소중한 시간이다. 비수기에는 느슨한 방역을, 성수기에는 역행하는 방역단계를 상황조정하며 외식업 종사자들에게 심한 타격을 안겨주었다. 2021년 7월도 이와 같다. 정부는 7월 12일자로 다시 코로나비상상황 4단계를 발령하며 길게 기다린 성수기에 다시 한번 억장이 무너지게 하는 조치를 취한 것이다. 21년 7월부터 본격적인 4단계가 시행되어 11월을 제외하고 22년 4월까지 이어졌다. 음식점에 종사하는 사람으로서 생각의 반항을 주는 조치였다. 이런 상황이 비단 정부의 잘못된 인식에만 있는 것이 아니다. 정부의 대처와 국민의 피로감에서 시작된 안일한 행동의 결과물이라 할 수 있다. 결국 소상공인들은 피해는 예측을 불허한다. 그럼에도 또 어떻게 해볼 도리가 없다. 인재가 아니라 천재라 더 그렇다. 22년 5월, 드디어 대부분의 방역조치가 완화되었다.

| 해결할 수 있는 것들에 집중하고 준비해야

하지만 이런 상황에서도 우리는 희망을 봐야 하고, 미래를 준비해야 한다. 그렇게 희망을 그려 나가자. 희망은 준비된 자의 몫일 수 있다. 절망은 하지 않은 한 희망을 그릴 수 있다. 막연히 희망을 그리자고 하기에 너무 긴 시간 압박과 절망 속에서 살았다. 그래도 살아야 하니 희망을 그려 나가자. 외식업을 하고 있는 저자도 마찬가지다. 고객이 많이 줄었지만 오히려 더 많은 서비스를 할 수 있는 시간이 주어져 고객과 많은 이야기를 하고, 더 많은 관계를 맺을 수 있다. 그래서 더 좋은 기회로 삼으려고 하고 있다. 또 가을이라는 희망의 계절을 기다리며 신메뉴, 가을 메뉴 개편도 준비하고, 가을 프로모션도 준비하고 있다. 가을에 선보일 새로운 인테리어와 이야기 등 고객들에게 새로움을 줄 준비도 하고 있다. 또 그동안 밀린 청소도 하고, 지난 시간을 돌아보며 고객들의 이야기를 정리하며 브랜드에 입힐, 매장에 입힐 새로운 시도도 재미나게 준비하고 있다. 이러고 보니 아주 절망적이지는 않다. 지금보다 더 절망적이지 않다고 생각을 하며 시간을 보내고 있다. 절망을 하기에 아주 긴 시간이 우리에게 남아 있기 때문이다.

향후 또 다시 생길 바이러스와 팬데믹은 우리가 해결할 수 없는 부분이다. 컨트롤이 불가능한 부분이다. 하지만 잉여의 시간을 통해서 고객과 관계를 만들기 위해 시간을 투자하고, 내버려 두었던 고객들의 이야기를 정리하고, 다가올 미래에 선보일 메뉴를 개발하고, 새로운 프로모션을 계획하는 일들은 우리가 컨트롤할 수 있는 부분이다. 이 고통의 시간을 낙담하면서 보내지 말고, 희망의 시간으로 채워 나갔으면 한다. 절망을 쓰는 자에게 절망이 있고, 희망을 쓰는 자에게 희망이 있다. 적어도 저자는 그렇게 생각한다.

삶을 돌아보면, 지난 시간을 돌아보면 절망의 시간에 늘 할 수 있는 일에 집중했던 것 같다. 그리고 절망이 희망으로 바뀌는 순간을 위해서 부단히 노력했던 것 같다. 그렇게 압박과 고통의 시간을 잘 준비했으면 한다. 자칫 '아직도 배가 불렀네'라고 손가락질 할지 모르지만 건방진 생각을 전달한다. 잘 준비했으면 한다. 따뜻함은 준비한 자의 몫일 수밖에 없다. '어니스트 헤밍웨이'의 말을 옮겨 본다. '태양은 또 다시 떠오른다. 태양이 저녁이 되면 석양이 물든 지평선으로 지지만, 아침이 되면 다시 떠오른다. 태양은 결코 이 세상을 어둠이 지배하도록 놔두지 않는다. 태양은 밝음을 주고 생명을 주고 따스함을 준다. 태양이 있는 한 절망하지 않아도 된다. 희망이 곧 태양이다.'

우리는 반드시 답을 찾을 것이고, 희망찬 미래를 열어갈 것이다. 그렇게 믿는다. 희망은 소중하다. 희망은 전파되고 감염된다. 준비도 소중하다. 준비는 미래를 열어갈 원동력이 되기 때문이다. 나는 그렇게 믿고 있다.

할 수 있는 것에 집중하자. 희망은 준비된 자 된 몫임을 명심했으면 한다.

할 수 있는 것에 집중할 시간 2

절망 속에서 희망은 꽃핀다. 자영업자, 소상공인들은 최악의 시간을 보냈다. '자영업자는 죄인이 아닙니다.' 라고 피켓을 든 한 사장님의 눈빛에서 혈기를 느꼈다. 긴 고통의 시간이었던 만큼 또 긴 희망의 시간도 오리라 생각해본다. 할 수 있는 것들에 대해서 집중하고, 할 수 있는 것들을 더 잘함으로써 희망의 시간을 준비해보자. 다시 한번 결기를 다져보자.

현재의 상황에서 '할 수 있는 것들, 집중할 수 있는 것들'에 대해서 우선 말씀을 드렸다. 그리고 정부의 대응에 대한 피로감과 답답함을 토로도 했다. 그럼에도 불구하고 통제가 불가능한 일들에 대해서 답답해만 하기보다 미래를 준비하자고 말씀을 드렸다. 고객이 줄어 시간은 늘었으니 시간으로 할 수 있는 것들에 대해서 하자고 제안을 한 것이다. 이 시간 고객과 더 좋고 많은 관계를 만들어 가고, 기회의 시간을 위한 신메뉴와 프로모션도 준비하고, 내부적으로 변화를 줄 수 있는 인테리어와 이야기들을 준비하여 희망을 기회로 만들어가자고 했다.

피폐했던 지난 2년의 삶을 던져 버리고 준비해봤으면 좋겠다. 또한 소상공인들의 완전한 회복도 기대해 본다. 우리 외식업의 멋진 미래도 기대해 본다. 정부도 지자체도 많은 준비로 한참이다. 사실 리더의 말은 많은 팔로워들에게 희망과 믿음을 준다. 그런 의미에서 희망찬 가을을 기대해본다. 지금 너무 절망적이고 힘들지만 다시 희망찬 가을을 그려보도록 하자.

그럼에도 음식점을 영위하는 우리의 삶은 너무 힘겨운 과정을 겪고 있다. 폐업과 휴업, 1인사업장으로 전락한 음식점들도 너무 많아졌다. 자영업자 중 종사원을 둔 사업장은 약 1백 30만 명, 1인 사업장을 운영하는 곳은 4백 30만 명에 이르게 되었다. 하루에 2~3테이블 온다며 하소연하는 사장님들의 피 끓는 분노에 다 이유가 있다. 그래서 이 위기를 어떻게든 극복해야 한다. 어떤 방법으로 지금 이 시기를 극복할 수 있을까? 당장 할 수 있는 것들에 대한 대안도 필요하리라 본다. 미래를 기약할 수 없는 것도 현실이 팍팍하기 때문이다. 지금 할 수 있는 일들에 대한 대안들을 검토해보자. 또 다시 팬데믹이, 바이러스가 우리 곁에 왔을 때를 대비해보자.

첫째, 직원들과 함께 고통 분담하기다. 직원들도 상황에 대한 이해는 충분히 하고 있고, 고통에 대한 공감도 인정하는 편이다. 나도 2020년 직원들의 동의하에 무급휴직을 진행했다. 고통을 분담하자고 했다. 나 역시 이 부분에 동참했다. 밀린 휴무를 소진하거나, 휴무가 남아있지 않다면 미래의 휴무를 미리 사용하는 방법도 임시 방편적으로 좋은 대안이 될 수 있다.

둘째, 영업시간의 단축 운영과 탄력적 운영이다. 이는 상권의 상황에 따라 판단할 문제이지만 팬데믹 상황이나 사회적 이유가 생겼을 때, 영업시간을 축소하거나 단축 운영하는 것은 인건비, 수도광열비, 기타 비용 등을 절감할 방법이 될 수 있다. 이는 상권의 상황을 잘 판단해서 운영해야 할 것으로 보인다. 그리고 고객들과의 강한 소통을 통해서 컴플레인이 발생하지 않도록 하는 세심함도 갖추어야 한다.

셋째, 메뉴의 운영이다. 메뉴의 운영은 2가지 방법으로 접근할 필요가 있다. 현 코로나 대응 단계 또는 다른 팬데믹과 사회적 이유가 발생했을 때 인원에 대한 모임이 제한된다면 입점 고객수는 줄었으니 객단가 향상 전략이 필요하고,

또 하나는 인건비의 절감을 위해서 메뉴를 축소해서 운영하는 방법도 하나의 방법이 된다. 모임 인원수가 제한된다면 4인 세트와 2인 세트를 만들어서 객단가를 향상시키는 방법을 구사할 수 있다. 세트 메뉴를 잘 구성하는 것은 오퍼레이션의 안정적 운영과 원가절감, 객단가 향상 등에 많은 도움을 준다. 잘 구성해 볼 필요가 있다. 또 다른 상황임을 감안하여 판매량이 저조한 일부 메뉴를 제외하고 운영하면서 식자재관리를 통한 식자재비 절감, 인건비 절감을 이루어가는 것도 방법이다.

넷째, 포장 메뉴의 대한 세심한 관리 및 업그레이드로 고객들의 선택을 받도록 노력해야 한다. 또한 포장 메뉴와 패키지를 새롭게 개발해서 운영하는 것도 하나의 방법이다. 포장과 배달은 현 상황에서 어쩔 수 없는 선택이다. 이후에도 지속해야 할 것으로도 보인다. 포장지와 포장 방법, 포장에 대한 감사 등 포장만으로도 고객들이 감사의 마음을 느낄 수 있도록 해야 한다. 또 포장에 대한 홍보 방안에 대해서도 지역의 상황을 세심히 살피고 적극적으로 임해야 한다.

다섯째, 외식업의 기본인 QSC에 더욱더 집중하고, 고객과의 관계 향상을 위한 방안을 적극적으로 만들어 실천해 나가야 한다. 모든 업들이 기본을 놓치고 성공한 사례는 없다. 따라서 그동안 챙기지 못했던 것들에 대해서 더욱 세심히 보완, 점검하고 많지 않은 고객들과 관계 구축을 위해서 고객과 소통을 더욱 강화할 필요가 있을 것으로 보인다. 고객들의 의견을 청취하는 시간, 오신 고객들에게 피드백 받는 시간을 가지고 향후 매장 운영에 적극 반영하는 방법을 강구하면 좋겠다.

절망 속에서 희망은 꽃핀다. 자영업자, 소상공인들은 최악의 시간을 보냈다. '자영업자는 죄인이 아닙니다.'라고 피켓을 든 한 사장님의 눈빛에서 혈기를 느꼈다. 저자도 그렇다. 긴 고통의 시간임에는 틀림이 없다. 하지만 가장 큰 절망의 시간만큼이나 또 긴 희망의 시간도 오리라 생각해본다. 할 수 있는 것들에 대해서 집중하고, 할 수 있는 것들을 더 잘함으로써 희망의 시간을 준비해보자. 다시 한번 결기를 다져보자.

제 3장

QSC is All

제3장 QSC is All

메뉴와 서비스는 주연, 오감자극은 조연

음식은 오감의 자극을 통해서 전달된다. 음식점에서의 가장 주된 역할을 하는 것은 메뉴와 서비스다. 하지만 음식점의 완성은 결코 메뉴와 서비스에 의해서 완성되지 않는다. 메뉴와 서비스가 주연의 역할을 하고, 보조재가 조연의 역할을 한다. 주연과 조연이 완벽한 싱크로율을 보일 때 완성도가 높아진다.

패밀리 레스토랑에 근무할 당시 매주 주말은 전쟁과도 같았다. 끊임없는 웨이팅 고객을 맞이해야하는 주말, 준비를 해야 하는 금요일은 초긴장의 상태였다. 주말 하루 매출이 3천만 원을 족히 했으니 그 긴 웨이팅의 행렬은 보지 않아도 쉬이 짐작이 간다. 정말 전쟁이었다.

웨이팅 시간 속에서 하나 발견한 것이 있는데 그것은 웨이팅을 푸는 방법이었다. 고객들의 평균 식사시간은 정해져 있다.(레스토랑마다 시간은 다르겠지만) 그 당시 대략 120분 정도가 고객들의 평균 식사시간이었는데, 식사시간을 줄이는 것이 웨이팅을 푸는 방법이요, 회전율을 극대화해서 매출을 올리는 방법이요, 웨이팅 고객들의 불만을 최소화 하는 방법이었다. 그것이 우리의 역할이기도 했다.

당시 우리의 레스토랑에서는 '칵테일쇼'가 있었는데 칵테일쇼, 빠른 템포의 음악은 고객들을 흥분시키기에 충분했다. 바로 이 흥분 지점에서 발견한 것이 하나 있다. 칵테일쇼를 마친 고객들이 흥분한 상태로 퇴점을 하는 것이다. 고객들의 표정은 극도로 흥분되어 있었고 식사를 다 마치지기도 전에 고객들은 옷을 챙겨입고 한꺼번에 빠져나가는 것이다. 그리고 웨이팅은 일순간에 끝나버렸다. 그리고 우리는 웨이팅이 길어지면 바로 칵테일 쇼를 시작했고 칵테일 쇼는 웨이팅을 푸는 하나의 방법으로 자리매김했다. 단지 우리는 음악으로 고객의 행동을 조절했을 뿐이었다.

| 도구를 활용하는 방법을 모색해야

고객의 흥분된 감정을 유도하고 음악이 주는 효과를 활용한 것이다. 사람이 음악이나 색상이나 기타 보조재를 통해서 흥분된 상태 그리고 그 상태를 이용한 음식점의 운영기법에 대해 생각했던 기억이 난다. 그리고 아직도 유효하다. 음악은 사람을 차분하게 하기도, 흥분하게 하기도 한다. 음악과 함께 식사를 즐기기도 하고, 음악을 통해 음식의 맛을 배가시키기도 한다. 우리는 이를 청각이라고 하며 음식점의 운영기법으로 적극적으로 활용해야 한다. 5천 원 정도에 식사하는 분식집도 예외는 아니다. 우리 음식점과 가장 잘 어울리는 음악을 찾아서 들려주어야 한다.

음식점에서 가장 주된 역할을 하는 것은 역시 메뉴와 서비스이다. 이 메뉴와 서비스의 역할에 대해서 이의를 제기할 만한 외식경영자와 음식점 사장님은 없다. 하지만 음식점의 완성은 결코 메뉴와 서비스에 의해서 완성되지 않는다는 것이다. 메뉴와 서비스가 주연의 역할을 하고, 기타 보조재가 조연의 역할은 해야한다는 것이 저자의 지론이다. 보조재는 인테리어, 음악, 향기, 색상, 터치, 기물류, 조명들이라 할 수 있다. 음식점 경영에서 이런 보조재의 역할이 상당히 중요하다는 생각을 한다. 이제 메뉴만 맛있다고 고객들이 찾아오지 않는다. 서비스만 좋다고도 찾아오지 않는다는 것이다. TOP(Time, Occasion, Place)가 맞아야 하며 오감을 자극해야 완성되는 것이다. 진정한 음식점과 레스토랑은 이렇게 완성된다.

중요한 몇 가지만 언급해보자.

미국의 한 대학교의 연구결과 무거운 와인이 가격도 비싸고 고객들 역시 이를 그렇게 인지한다는 연구결과가 발표되었다. 벤츠를 타는 대다수 벤츠 이용자들은 다른 것이 아니라 벤츠의 무게에 중심을 둔다. 벤츠에 대한 신뢰와 믿음, 안전에 확신이 드는 것은 결국 벤츠의 무게감에 달렸다. 벤츠의 문, 벤츠의 운행 중의 무게감은 다른 차보다 월등하다. 그래서 벤츠를 선호하는 것이다. 이런 결과를 본다면 '무게는 가격과 신뢰에 영향을 미치는 것이다'라고 정의해볼 수 있다.

음식점의 기물 역시 마찬가지이다. 음식점에서의 기물은 주연인 메뉴를 돋보이게 한다. 같은 메뉴가 어떤 기물에 담기느냐에 따라서 메뉴의 맛이 달라 보인다. 메뉴의 맛은 눈으로 먼저 먹기 때문이다. 이것이 시각이다. 기물의 무게에 따라서 메뉴의 가격도 달라진다고 생각을 한다. 기물이 무거우면 메뉴가격을 얼마라도 더 올려받을 수 있다. 그래서 나는 기물을 선택할 때 무게에도 중점을 둔다. 젓가락의 무게에 따라서 메뉴의 가격도 달라진다고 생각한다. 어떻게 보면 기물의 무게는 음식점의 격식도, 레스토랑의 가격도 달라지게 하는지 모르겠다. 그래서 얘기한다. 기물의 무게를 높여라. 레스토랑의 격도, 메뉴의 가격도 달라진다.

이 무게를 대표하는 음식점 중 하나가 '제일제면소'와 '한국수'다. 국수의 품격을 한층 높였다. 품격은 기물의 무게와 투박함에서 온다. 이들의 기물을 보면 투박하고 무겁다. 그리고 그 투박함이 메뉴를 돋보이게 하고 있다. 직접 제일제면소와 한국수를 가보면 느끼게 될 것이다.

| 오감을 자극하는 상점들

한번씩 시장을 지나치다가 우연히 치킨 튀기는 냄새에 매료된 적이 없는가? 돼지갈비 냄새에 매료된 적이 없는가? 냄새는 우리를 자극한다. 음식을 먹고 싶게끔 동기를 유발하기도 하고, 그 향으로 과거를 추억하기도 한다. 이것을 음식점에서 향기 관리라고 한다. 교보문고를 가면 교보문고의 향이 난다. 교보문고는 '시그니처 향'이라는(The Scent of PAGE)라는 향기를 통해서 교보문고의 느낌을 주고 있다. '시그니처 향'은 사람을 편안하게 한다. 책을 읽고 싶게 한다. 나는 이 향기를 이기지 못하고 구매해서 내 방에 뿌리곤 한다. 교보문고가 그리워지면 '교보문고 광화문점'이 그리워지면 향기를 맡는다. 한남동의 '사운즈'에 가면 테라스에 '이솝'에서 뿌리는 우드톤 향이 참 좋다. 우드톤 향 역시 사람을 편안하게 한다. 싱가 폴항공은 '스테판플로리다워터스'의 향을 쓰고 있다. CGV에서는 '피톤치드 향'을 사용해서 고객들을 편안하게 해주고 있다. 이렇듯 향기는 우리의 심리상태와 브랜드 연상작용에 많은 영향을 끼치는 것이 사실이다. 이것이 후각이다. 보드람치킨은 치킨의 향을 가장 잘 이용하는 치킨브랜드다.

개인적으로 네이비 색상을 좋아하지만 개인적인 특성뿐만 아니라 일반적으로 네이비는 사람을 편안하게 해주는, 긴장 완화의 역할을 해주는 색상이다. 초록색도 마찬가지이지만 네이비가 주는 느낌만큼은 강하지 않다. 네이비와 더불어 우드톤 역시 나는 좋다. 우드톤도 사람을 편하게 해주는 역할을 하기 때문이다. 그래서 레스토랑에서는 네이비와 우드톤을 활용하는게 좋다는 음식점에 대한 저자의 생각이다. 많은 레스토랑들이 우드톤과 네이비를 많이 활용한다. 그래서 고급 레스토랑일수록 네이비와 우드색을 많이 활용하고, 퀵서비스 레스토랑일수록 빨간색을 많이 활용한다.

빨간색은 사람을 조급하게, 흥분되게 한다. 그래서 우리가 한정 판매를 하거나 스페셜 에디션으로 나온 것들은 빨간색을 활용해서 고객들에게 조급함을 주는 것이 좋다. 그래서 세트 메뉴나 한정 판매에는 빨간색을 많이 활용한다. 우리는 이것 또한 시각이라 칭한다. 음식점에서의 색상의 조화는 상당히 중요하다. 무작정 색상을 선택하지 않아야 한다. 색상이 곧 고객의 마음 상태가 된다. 일본에 있는 '츠타야 서점'에는 스타벅스가 많이 입점해 있다. 커피의 향을 고려한 부분이기도 하지만 사실 스타벅스의 로고색인 초록색이 주는 안정감을 츠타야가 잘 활용한 듯하다. 향과 색이 서점을 이용하는 고객들에게 편안함을 주도록 설계한 것은 아주 훌륭한 선택이다. 스타벅스의 로고와 초록색은 왜 이토록 사람을 편안하게 하는가? 꼭 커피를 마셔야 하고, 책을 읽고 싶게 한다. 나를 '카공족'으로 만들게 한다.

색상을 활용하라, 음악을 장르와 볼륨을 활용하라, 기물의 무게를 활용하라, 음식의 향기를 활용하라. 이 모든 것이 음식점의 보조재이다. 보조재로 음식점이 충분하지 않지만 충만하게 해준다. 물론 주연이 뛰어나야 하지만 조연이 그 완성도를 더 높여준다. 주연과 조연의 완벽한 조화는 흥행을 일으키는 힘이 된다.

사람의 부족함을 도구로 활용하는 방법을 생각해보면 어떨까 한다.

제3장 QSC is All

메뉴 이름 짓는 방법

한 아이가 태어나면 가장 먼저 이름을 지어준다. 아이와 아이의 미래에 의미를 부여해주는 작업이다. 메뉴가 태어날 때도 이와 같이 의미를 부여해줘야 한다. 의미가 부여되었을 때 메뉴는 새롭게 재탄생할 수 있다. 메뉴명은 어떤 메뉴임을 나타내는 정체성이기도 하고, 메뉴의 기능을 설명하기도 하고, 좋은 메뉴임을 강조하기도 한다. 또 메뉴에 대한 자신감도 부여한다.

대부분 음식점들의 메뉴 이름을 보면 단순하게 지은 이름들이 많다. 틀렸다는 것이 아니라 의미를 부여하지 못했다는 것이다. 의미를 부여하지 못하면 단순한 기능성만 강조하게 된다. 비단 음식점뿐만 아니라 제품과 서비스를 판매하는 브랜드에서 기능적인 접근만 하게 되면 가격을 한정해서 받을 수밖에 없다. 가격의 조건을 우리 스스로 한정하게 되는 것이다. 예를 들면 짜장면이라고 메뉴명을 정해버리면 고객들이 인지하고 있는 짜장면의 가격, 5천 원 선에서 메뉴 가격을 한정할 수 밖에 없다. 그래서 단순한 메뉴명, 기능적인 측면만을 가진 메뉴명은 그다지 좋지 못하다. 어느 중국집에서 '한돈삼겹짜장면'이라고 이름을 짓고서 메뉴를 7천 원을 받고 있었다. 한돈삼겹이라는 식자재로 메뉴를 재탄생시키고 의미를 부여한 것이다. 그러면서 가격을 2천 원 더 높게 책정했다. 오히려 고객들은 이런 의미를 더 잘 받아들이고, 가격에 대한 탄력성도 적어진다. 메뉴명에 꿈과 환상까지 넣을 수 있다면 그 메뉴의 가격은 무한정일 수 있다. 같은 가죽으로 만들어도 명품 가방이 몇 배의 가격을 받을 수 있는 것은 의미와 스토리가 있기 때문이다. 우리도 메뉴명에 의미를 부여해서 지어야 한다. 우리의 이름이 평생 따라 다니듯 메뉴명도 평생 우리 음식점을 떠나지 못한다.

| 메뉴에 의미를 부여하는 방법

메뉴명을 지을 때 의미를 부여해야 한다. 즉 메뉴에 식자재, 메뉴의 의미(건강, 추억, 스타일, 기능 등), 스토리, 의성어까지 합쳐서 메뉴명을 지어야 한다. 그렇게 메뉴명이 만들어지고 완성될 때 고객들이 느끼는 메뉴의 가치는 높아지고, 메뉴의 가격은 천 원이라도 더 책정할 수 있다. 메뉴명을 가지고 장난을 치자는, 고객들을 속이자는 의미가 아니다. 그런 의미 있는 메뉴를 만들어야 한다는 것이다. 식자재로 커뮤니케이션하는 경우는 많아졌다. 국내에도 유명한 산지의 식자재가 있다. 진도 대파, 영광 굴비, 무안 양파, 강원 감자, 이천 쌀, 제주 구좌 당근, 신안 소금 등등 무수히 많다. 산지를 활용한 식자재로 메뉴에 대한 믿음을 주는 것이다. 메뉴명에 산지를 활용해서 짓는 것은 고객들에게 안심을 선물하는 것이다. 식자재에 대한 믿음은 우리 음식점에 대한 믿음까지도 전해줄 수 있다. 모든 식자재를 유명한 산지의 식자재를 쓴다면 원가가 감당이 되지 않기에 일부분 강조하고 싶은 몇 가지를 정리해서 사용하는 것도 방법이겠다. 단순히 볶음밥이라고 하면 5천 원 수준, 무안양파볶음밥으로 지으면 6천 원을 받을 수 있다. 식자재 산지는 메뉴를 보증한다.

메뉴의 의미를 주는 것도 방법이다. 메뉴의 의미는 건강, 추억, 스타일, 기능 등 다양한 형태로 의미를 부여할 수 있다. 가장 일반적으로 보는 것이 메뉴를 설명하면서 건강식, 보양식이라는 이미지를 입히는 것이다. 우리가 잘 알고 있는 추어탕, 삼계탕, 장어 등이 보양식, 건강식으로 이미지화된 메뉴들이다. 이렇게 식자재가 가지고 있는 의미를 부여할 수 있다. 그래서 식자재에 대한 공부는 필수적이다. 또 추억을 소환할 수 있도록 의미를 부여하는 것도 한 방법이다. 동네에서 흔히 볼 수 있는 통닭도 '시장', '옛날' 이라는 이름을 덧붙이면서 새롭게 탄생한다. 어릴 적 시장에서 팔던 시장통닭, 옛날에 아버지가 퇴근할 때 사오시던 '옛날 통닭' 등 메뉴명에 추억만 부가해도 좋은 메뉴명이 탄생한다. 그리고 스타일의 표시다. 국내외에 메뉴를 보증하는 지역을 메뉴명에 붙이는 것이다. 홍콩식 누들면, 부산식 돼지국밥, 서울식 불고기 등 메뉴명에 지역, 지역이 보증해주는 의미를 덧붙임으로서 메뉴를 재탄생시키는 것이다. 여기서 '식'은 스타일을 의미한다. '어떤 스타일'이라는 '식'을 붙이면서 전문성을 강조하는 메뉴명도 좋은 메뉴명이다.

'스토리'를 부여하는 방법이다. 잘 알려진 메뉴인 '전어'와 '불도장' 스토리는 이렇다. '집 나간 며느리도 돌아온다는 전어구이', 불도장은 '그 향기에 스님이 담을 넘었다'는 이야기. 이렇게 메뉴에 스토리를 부여하고, 의미를 부여해서 메뉴명을 짓는 것도 방법이다.

'의성어'를 사용하는 것도 좋은 방법이다. 대표적으로 스쿨푸드의 '듬뿍야채쫄쫄면'이다. 스쿨푸드는 메뉴명을 잘 짓기로 대표적이다. '듬뿍'이라는 단어를 쓰면서 메뉴가 가지는 느낌을 그대로 전달한다. '쫄쫄면'이라고 표현하면 쫄면의 가지고 있어야 할 기능 탱글탱글한 식감을 그대로 전달해준다. 이런 표현으로 메뉴명을 짓는 방법도 좋은 방법이다.

▲ 이색적인 메뉴명으로 주목받는 '스쿨푸드 메뉴판'

숫자를 넣어서 메뉴명을 짓는 방법도 있다. 메뉴명에 숫자를 넣으면 메뉴의 신뢰성을 확보할 수 있다. 새마을식당의 '7분돼지김치'는 조리시간이 7분 정도 소요됨을 의미하면서 시간에 대한 신뢰성을 확보한다. 하남의 코다리찜에서는 '48시래기코다리찜'이라는 표현을 쓰고 있길래 주인장에게 물어보니 '48의 의미는 들어간 조미료의 수를 의미한다.'고 했다. 숫자는 메뉴를 보증하기도 하지만 궁금증을 유발시키기도 한다. 그래서 메뉴의 의미가 남달라진다.

한 아이가 태어나서 가장 먼저 의미를 부여하는 것이 이름 즉 작명하는 것이다. 아이와 아이의 미래에 의미를 부여해주는 작업이다. 메뉴가 태어날 때도 이와 같이 의미를 부여해줘야 한다. 의미가 부여되었을 때 새롭게 재탄생할 수 있다. 메뉴명의 의미는 어떤 메뉴임을 나타내는 정체성이기도 하고, 메뉴의 기능을 설명하기도 하고, 좋은 메뉴임을 강조하기도 한다. 또 메뉴에 대한 자신감도 부여한다. 음식점에서 메뉴는 핵심이다. 핵심인 메뉴의 메뉴명을 너무 쉽게 생각하면 안된다. 의미를 부여할 때 메뉴는 재탄생할 수 있다.

제3장 QSC is All

메뉴 가격 결정 방법

메뉴가격은 우리 음식점의 이미지, 우리 음식점의 목표, 우리 음식점의 방향성을 결정짓는 중요한 요소이다. 감으로 결정하는 오류를 범해서는 안되겠다.

농림축산부에서 발표한 '2021년 국내외 외식 트렌드 조사 결과 보고서'에 의하면 음식점 선택 요인 중 1위는 맛(이건 부동의 1위다.)이 1등이었다. 오프라인 매장, 배달, 포장 모든 분야에서 1위를 하였다. 2위 역시 모든 분야에서 가격으로 나타났다. 3위는 오프라인 매장에서는 청결, 배달에서는 배달비용, 포장에서는 맛으로 각기 달리 나타났다. 다만 1위와 2위 모두 동일하게 맛과 가격으로 나타났는데 음식과 맛과 가격은 불가분의 관계라는 사실이 다시 증명된 샘이다. 우리가 흔히 가성비라고 얘기를 하는데 메뉴의 품질에 비해서 가격이 저렴하다고 생각될 때 '가성비가 좋다.'는 평가를 한다. 결국 가성비의 의미는 메뉴의 품질이 뒷받침되어야 한다는 의미이기도 하다.

메뉴가격이라는 것이 메뉴의 맛, 양, 비주얼, 기물 등 다양한 요소를 포함하고 있다. 오프라인 매장의 경우는 특히 인테리어, 분위기, 기타 요소들과 함께 가격을 결정짓는 요소, 즉 맥락으로 결정이 된다. 단 하나의 요소에 의해서 결정되는 것이 아니라는 것이다. 내부적인 요인으로 수익과도 직결되는 문제이니 식자재원가 또한 가격을 결정짓는 요소이다. 또 외부의 요인도 영향을 미친다. 경쟁사의 메뉴가격이 가장 영향을 많이 미친다. 고객들은 어차피 경쟁자와 가격을 비교함으로써 우리 음식점을 평가하기 때문이다. 따라서 여러 가지 요소들을 다 비교하고 분석해서 결정을 해야 한다.

메뉴가격 결정 방법에 대해서 그동안 노하우를 가지고 알려드리려고 한다. 분석이라는 것이 절대적이 아니니 참조해서 우리 음식점에서 도움이 될 방향으로 결정하면 된다, 가격은 우리 음식점의 수익과 직결된다. 따라서 식자재비, 인건비, 일반관리비, 목표이익의 합으로 최종판매가를 결정하게 된다. 다만 아래와 같은 주요 4가지 사항, 즉 경쟁자의 동종 메뉴 가격, 전체 메뉴에서 개발 메뉴가 차지할 판매 비중, 가격에 대한 고객들의 반응, 동종 메뉴들 간의 가격 호환성 등이다. 표를 정리하였으나 살펴 보시기 바란다.

[표3-1] 메뉴가격 책정의 기본 요소

요소	내용
경쟁업소 동종 메뉴 가격	경쟁업소에서 제공되고 있는 메뉴의 가격과 비슷하거나 같게 책정되어야 한다. 다만 메뉴의 품질 등 여러 가지 요소에서 현격히 우수하다고 판단할 경우 높은 가격으로 책정할 수 있다. 또 가격탄력성에 민감하게 반응하지 않도록 해야 한다.
전체 메뉴에서 개발 메뉴가 차지할 판매 비중	대량판매가 목적인지, 리더 메뉴 품목인지, 고객 서비스 차원인지를 고려해야 한다.
가격에 대한 고객들의 반응	메뉴가 출시되기 전 고객들의 반응과 평과를 체크하고 고객들의 메뉴 가치에 대한 인식도를 반영해야 한다.
동종 메뉴들 간의 가격 호환성	동종 메뉴들 간의 가격이 너무 격차가 나지 않도록 메뉴를 구성함으로써 고객들이 저렴한 메뉴만을 선호하지 않도록 한다.

메뉴가격을 책정하기 이전에 이러한 요소를 판단해서 반영해야 한다. 가격 결정 방법으로는 총 3가지로 요약할 수 있다. 메뉴 가격 결정은 원가지향적 가격 결정 방법, 수요지향적 가격 결정 방법, 경쟁지향적 가격 결정 방법이다. 즉 식자재원가, 고객들의 요구, 경쟁자의 메뉴 가격 등을 고려해서 결정하라는 의미이다. 음식점들이 가장 많이 선택하는 방법이 원가지향적인 가격 결정 방법이다. 결국 내부의 원가에 포커스가 된 가격 결정 방법인데 이 방법이 가장 먼저 고려가 되면 안되겠다. 경험상으로 고객의 요구가 가장 많이 반영되고, 두번째가 경쟁자의 메뉴가격, 세번째 고려해야 할 요소가 원가 부분이다. 수요(고객의 니즈), 경쟁, 원가 3가지를 50%, 30%, 20%로 가중치를 적용해서 메뉴가격을 결정하는 것이 과거의 경험을 통해서 배우고 정리된 이론이다. 예를 들어서 설명하면 아래와 같다.

예) 새로 출시되는 짜장면의 가격을 책정하려고 하는데, 우리의 식자재 원가 목표는 30%, 경쟁자의 짜장면 평균가격은 6,000원, 고객들과 평가를 통해서 나온 가격은 6,500원이다. 3가지 요소를 분석해서 메뉴가격을 결정하여 보자. (각각 가중치는 50%, 30, 20%를 적용한다.)

[표3-1] 메뉴가격 책정의 기본 요소

요소	내용	가중치	지수 (1차 조사*가중치)
원가	6,670 (30% 목표)	2배 20%	13,340
경쟁	6,000	3배 30%	18, 000
수요	6,500	5배 50%	32,500
합계		10배	63,840
결정가격	63,840 / 10 = 6,384원 결정		

1차 6,400원으로 결정

2차로 짬뽕 가격은 일반적으로 짜장 가격보다 1천 원 정도 높기 때문에 짬뽕 가격 7,500원을 고려하여 6,500원으로 결정

1차 원가, 경쟁, 수요의 3가지 요인으로 가격을 조사하고, 이를 바탕으로 해서 가중치를 곱해서 2차 지수를 산출한 다음 산출된 지수를 10으로 나눠서 2차가격을 결정하고, 음식점에 있는 다른 메뉴와의 가격 호환성을 검토하여 최종 메뉴가격을 결정하면 된다. 다만 이런 가격 결정 방법이 모든 음식점에 적용되는 부분들은 아니다. 따라서 이 가격 결정 방법을 참조하되 우리 음식점이 가지고 특수성을 잘 반영하여 메뉴 가격을 결정하는 것이 타당하고 할 수 있다.

메뉴 가격은 우리 음식점의 이미지, 우리 음식점의 목표, 우리 음식점의 방향성을 결정짓는 중요한 요소이다. 감으로 결정하는 오류를 범해서는 안되겠다.

제3장 QSC is All

메뉴 개발의 관점 ; 만족, 맛, 지속성, 생산시간, 원가율

좋은 브랜드와 음식점의 출발점은 고객만족에 있다. 메뉴도 이와 같다. 메뉴를 기획할 때 가장 우선적으로 고려해야할 요소가 '고객만족도'다. 다음이 맛, 지속성, 원가율이다. 출발점은 고객만족에 있음을 명심하고 메뉴를 기획해야 한다.

창업을 할 때나 브랜드를 개발할 때 가장 우선시되는 것이 바로 메뉴의 개발과 세팅이다. 운영을 하고 있는 음식점이나 브랜드 역시 큰 고민 중의 하나가 바로 메뉴의 개발이다. 메뉴는 고정 메뉴(Fixed Menu)가 있고 변화하는 메뉴(Changed Menu)가 있다. 고정 메뉴 위주로 영업하는 경우라면 그 고민이 조금은 덜 하겠지만 지속적으로 변화를 줘야하는 음식점과 브랜드의 입장에서는 큰 고민거리가 맞다. 창업 과정 역시 마찬가지다. 메뉴가 정해지고 나야 모든 것들이 결정된다. 메뉴가 정해져야 주방장비가 결정되고, 주방 동선을 고려해서 주방이 세팅 되어지고, 기물 역시 결정된다. 홀의 테이블 사이즈도, 홀의 동선도, 홀의 인테리어도 메뉴에 따라 달라진다. 또 메뉴에 따라서 서비스 방식이 정해지게 된다. 창업과 기존 음식점, 브랜드 모두 출발점은 메뉴이다.

그동안 무수한 메뉴들을 개발했지만 저자도 자신의 스타일을 가지고 있다. 메뉴 개발에 있어서 포인트는 사장 스타일, 경영자 스타일에 따라서 달라진다. 저자도 경력이 쌓이는 동안 가지게 된 포인트가 있다. 훌륭한 선배들이 가진 포인트를 배운 것이기도 하다. 때로 잘못된 분들로부터 잘못된 포인트를 억지로 가르침 받기도 했다.

| 메뉴를 만들 때 고려해야 할 요소들

좋은 브랜드와 음식점의 출발점은 고객만족에 있다. 메뉴도 이와 같다. 메뉴를 개발하고 세팅할 때 가장 먼저 고려해야 할 요소는 '고객만족도'다. 그럼에도 불구하고 경영자의 맛과 경영자의 바람대로 메뉴가 개발되는 음식점을 많이 보게 된다. 물론 경영자의 입맛도 성공할 수 있다. 하지만 개발된 메뉴들은 고객들의 검증을 거치고 출시하는 게 가장 현명한 방법이다. 그래서 경영자(사장)와 1차로 메뉴 개발을 완료하고 반드시 2차로 고객 검증 과정을 거치는 것이 메뉴를 개발할 때 필요한 프로세스다. 세상의 모든 브랜드와 모든 음식점의 의사 결정기준은 고객이다. 고객만족도를 최우선으로 메뉴를 개발해야 한다.

두번째 고려 요소가 맛이다. 맛의 기준은 사람마다 다르다. 맛의 기준을 정의하고 시작해야 한다. 어떤 분은 맛을 온도로 평가하고, 어떤 분은 맛을 혀의 맛으로 평가한다. 어떤 분들은 비주얼로 평가하기도 한다. 간이 센 분도 있고, 간이 약한 것을 좋아하는 분도 있다. 맛은 모두가 기준점이 다르다. 우리 음식점의 메뉴에 대한 기준은 무엇인지 정확히 정의하고 메뉴를 개발해야 한다. 저자는 늘 '메뉴의 맛이란 온도, 맛, 향 그리고 추억'이라고 정의한다. 이 말은 '메뉴의 맛은 온도가 가장 중요하다.'는 말이다. 각 메뉴가 갖는 메뉴의 속성 중 '뜨거운 것은 뜨겁게, 차가운 것은 차갑게'가 중요한 포인트다. '뜨겁게'와 '차갑게'의 기준은 메뉴별로 다르다. 예를 들어 설렁탕의 메뉴는 어떤 온도에서 가장 맛이 있고, 커피는 몇 도에서 가장 좋은 맛을 내는지 등에 대한 것이 중요하다는 것이다. 우리 음식점에서 갖고 있는 메뉴가 어떤 온도에서 가장 맛있는 맛을 내는지 정의해야 한다. 또 메뉴는 맛 그 자체다. 입으로 느끼는 맛을 말한다. 메뉴의 오감 중 가장 예민한 혀의 맛이다. 짠맛, 단맛, 신맛, 쓴맛 등 혀로 느끼는 맛이다. 이 혀가 느끼는 맛의 기준도 설정할 필요가 있다. 최근 젊은이들 사이에 얘기되는 '단짠단짠(달면서 짜다)'이 대표적이다. '겉바속촉(겉은 바싹하고, 속은 촉촉한)'의 표현도 그렇다. 이런 혀로 느끼는 기준도 정할 필요가 있다. 메뉴는 코로도 맡는다. 사람들은 코와 눈으로 음식을 더 먼저 느낀다고 한다. 어떤 연구자들의 테스트의 결과, 코를 막고 음식을 먹게 한 후 음식을 테스트하니 '음식 고유의 맛을 느끼지 못했다'는 결과가 나왔다. 또 눈을 가리고 테스트를 한 결과도 마찬가지였다. 따라서 메뉴의 향기는 메뉴를 느끼기에 우선시되는 요소이다. 눈도 마찬가지다. 비주얼을 중시하는 이유다. 좋은 재료와 좋은 맛을 내는 메뉴라도 향기가 좋지 않으면 메뉴로써 결격 사유를 가지는 것이다. 마지막으로 메뉴는 추억이다. 메뉴를 통해서 추억을 소환할 필요가 있다. 좋은 사람과의 기억, 좋은 만남과의 기억 등 추억을 소환하는 역할을 한다. 따라서 메뉴의 이름을 짓고, 메뉴의 스토리를 작성할 때 반드시 추억이 소환되도록 하면 메뉴로서 금상첨화의 역할을 한다. 나는 이렇게 맛의 기준을 정의했다. 반드시 음식점, 브랜드별로 메뉴의 맛에 대한 평가기준을 정할 필요가 있다.

세번째가 지속성이다. 고객만족도가 높고, 좋은 맛을 내는 메뉴라도 식자재 가격의 등락폭이 심하거나 시장의 상황에 따라 공급변동이 심한 식자재를 사용한 메뉴는 좋은 메뉴가 아니다. 또 시장의 트렌드를 따르는 메뉴인지도 깊은 고민을 해야 한다. 중식에 있어서 공심채라는 야채도 식자재의 공급의 변동이 심하고, 김밥의 속재료로 시금치도 가격의 변동이 심한 편이다. 공급의 문제, 식자재 가격의 변동이 심한 식자재를 통한 메뉴 개발도 좋지 못하다. 이런 부분을 고려해야 한다.

재고 관리에 있어서 문제가 있는 식자재도 피해서 메뉴를 개발하는 것이 좋다.

네번째가 조리의 시간이다. 좋은 메뉴는 좋은 조리시간을 가지고 있어야 한다. 아무리 훌륭한 메뉴라도 조리시간이 20분을 넘어가면 음식점에서 운영하기 어려운 메뉴다. 저자는 메뉴를 생산할 때 기준을 최대 15분 내외의 기준으로 메뉴를 판단한다. 이 기준점을 넘어가면 메뉴로써 결함을 가진 메뉴이다. 절대 기준일 수는 없으나 저자가 생각하는 메뉴 생산의 기준이다.

이런 기준점을 다 통과했을 때 마지막으로 고려하는 것이 식자재 원가 비율이다. 외식경영자, 음식점경영자 중에 식자재원가가 몇 % 정도여야 한다는 얘기를 쉽사리 하는데 식자재 원가는 업종별로, 업태별로 목표점이 다르다. 그래서 어떤 기준을 제시할 수 있는 것이 아님에도 불구하고 퍼센트(%)를 제시하는 것은 문제가 있다고 본다. 뷔페 스타일도 있고, 단품 메뉴 식당도 있다. 한식도 있고, 중식과 일식도 있고 분식집도 있다. 모두 식자재 원가의 비율이 다르다. 그래서 적정원가를 제시하는 것은 문제가 있다. 다만 우리가 목표로 하는 원가를 정하고, 메뉴의 가격과 가치를 판단해서 설정할 필요가 있다. 정해진 규칙은 없다. 모든 것들이 고려되어서 판단해야 한다. 다만 식자재 원가를 먼저 고려해서는 안된다는 얘기를 드리는 것이다. 메뉴를 개발할 때는 절대 원가율부터 먼저 고려해서는 안된다. 특히 메뉴개발자들에게 "식자재 원가, 메뉴 원가는 꼭 30%를 내에서 개발을 하라거나, 35%를 넘어서는 안된다거나"라는 말을 건네서는 안된다. 식자재원가를 한정 지을 경우 나올 수 있는 메뉴가 한정이 되어 있다. 그렇기 때문에 오히려 "원가 신경 쓰지 말고 개발해봐."라고 말을 하는 것이 맞을 수 있다. 메뉴를 개발할 때 식자재원가로부터 출발하면 좋은 메뉴가 나오지 않는다. 명심해야 할 부분이다.

하나의 메뉴가 나올 때까지 무수한 고민을 해야 한다. 메뉴 하나는 개발자의

'고심의 역작'이다. 그래서 쉽게, 대충이라는 행위가 되어서는 안된다. 아무리 세상이 변해도 고객들은 음식점을 선택할 때 맛을 최우선으로 고려한다. 메뉴에 열광한다. 그러니 경영자의 고민은 절대 메뉴를 벗어날 수 없다. 메뉴가 처음이다. 메뉴개발은 고객만족도로부터 출발한다.

| 많은 요소가 들어가야 훌륭한 메뉴가 된다

혹자는 책을 통해서 이런 표현을 했다.

'차를 마실 때면
그저 그 차를 마시는 게 아니라
차 한잔에 흰 구름을 넣고, 하늘을 넣고, 바람을 넣고, 달을 넣고
그렇게 마시는 거다.'

우리는 그렇게 메뉴를 개발해야 한다.

나는 이렇게 표현을 한다.

'메뉴를 개발할 때
그냥 개발하는 것이 아니라
메뉴 안에 역사 하나, 인문학 하나, 철학 하나, 경영학 하나를 넣어서
그렇게 개발하는 것이다.' 고 말이다.

음식점에서 메뉴는 그런 것이다.

제3장 QSC is All

메뉴를 기획하고, 개발할 때 고려해야 할 요소들

메뉴를 기획할 때는 음식점의 목적과 방향, 음식점의 매출과 수익성, 음식점의 이미지 등과 맞는지도 고려해야 한다. 내부적으로는 메뉴에 필요한 식자재의 수급 용이성, 다른 메뉴와의 조화와 보완성, 메뉴의 원가, 메뉴의 가격, 조리시간, 상권과 입지와의 궁합, 시장 상황에서의 트렌드 등을 다방면 고려해여 메뉴를 개발해야 한다.

메뉴가 음식점에서 주는 의미는 음식점을 하는 우리들에게 매출과 수익을, 고객들에게는 만족을 가져다주는 매개물이다. 즉 메뉴가 음식점과 고객을 이어준다. 가교 역할을 하는 것이다. 메뉴가 없어지면 음식점의 모든 것이 의미가 없다. 음식점에서 메뉴가 주는 의미가 가장 큰 요소이기에 메뉴를 기획하거나 개발할 때 그리고 창업할 때도 다양한 요소를 잘 고려해서 기획하고 개발하고 출시해야 한다. 음식점은 다른 요소로 고객과 대화하지만 메뉴로 가장 많은 대화를 나눈다.

| 메뉴를 기획할 때 생각해야 하는 것들

메뉴를 기획할 때는 음식점의 목적과 방향, 음식점의 매출과 수익성, 음식점의 이미지 등과 맞는지도 고려해야 한다. 내부적으로는 메뉴에 필요한 식자재의 수급 용이성, 다른 메뉴와의 조화와 보완성, 메뉴의 원가, 메뉴의 가격, 조리

시간, 상권과 입지와의 궁합, 시장 상황에서의 트렌드 등을 다방면 고려하여 메뉴를 개발해야 한다. 이런 다양한 요소를 고려해야 하니 메뉴를 개발하는 것은 1차원적인 문제가 아니다. 메뉴기획과 개발은 고차원적인 문제다.

우선 우리 음식점 목적과 방향에 맞는 메뉴인지를 먼저 살펴야 한다. 최근 면을 전문적으로 하는 음식점에서 볶음밥, 덮밥, 돈까스 모든 메뉴를 다 취급하는 것을 보면서 '여기 음식점 정체성이 뭐지?'라며 고개를 갸웃거린 적이 있다. 음식점의 전문점 이미지와 상충되는 메뉴들로 다 구성이 되어 있었다. 이렇게 우리 음식점의 방향성과 맞는지를 먼저 검토해야 한다. 다음으로 식자재 수급의 용이성이다. 식자재가 지속적으로 수급이 용이한지, 식자재 가격의 등락폭은 없는지 점검을 하고, 현재 가지고 있는 메뉴와의 보완성에 대해서도 살펴봐야 한다. 보완 메뉴는 우리 음식점의 객단가도 높여주고, 고객이 추가주문이나 선택주문을 함으로써 만족도도 높아진다. 우리에게 익숙한 조합의 메뉴를 보면 쫄면과 만두, 칼국수와 만두, 짜장면과 군만두 등이 있고, 떡볶이와 튀김, 냉면과 떡갈비, 김치찌개와 계란말이 등 보완적인 관계를 고려해서 메뉴를 개발해야 한다. 이질적인 것으로 묶으면 음식점에 악영향을 끼친다.

상권과 입지와 맞는 메뉴인지를 검토해야 한다. 물론 일단 유명해지면 상권과 입지를 구지 고려하지 않아도 고객들은 찾아온다. 유명해지기 전까지는 이 부분을 필수적으로 고려해야 한다. 우리 음식점이 있는 상권과 입지에 어떤 고객층들이 형성되었는지, 형성된 고객층이 선호하는 메뉴인지, 고객층과 고객층이 선호하는 메뉴들과 잘 조화를 이루는지를 파악해야 한다. 술집이 길게 이어진 술집 골목에서 '돈까스'를 전문적으로 하는 음식점을 창업하면 되지 않는 이유를 생각하면 좋겠다. 초등학교가 밀집해 있고, 주 고객이 초등학생과 학부모라면 초등학생들이 선호하는 떡볶이, 부대찌개, 돈까스 등이 잘 어울리는 메뉴일 것이다. 노인층이 밀집한 지역이라면 갈비탕, 냉면, 설렁탕 등 탕과 밥이 주를 이루는 메뉴가 잘 어울릴 것이다. 이 부분에 대한 면밀한 분석을 통해서 메뉴를 개발해야 한다.

시장상황의 트렌드도 분석할 필요가 있다. 저자의 경우 트렌드에 민감한 메뉴를 좋아하지 않는 편이다. 국내시장에서 트렌디한 음식으로 돈을 벌 수 있는 시간은 매우 제한적이다. 너무 잘 알려지고, 너무 익숙한 '대만왕카스테라'와 '흑당'과 같은 메뉴는 1년을 넘기지 못하고 메뉴로서의 의미를 상실했다. 물론 다른 메뉴들이 있는 상황에서 일시적인 메뉴로 출시하는 것은 괜찮을지 모르나 트렌드에 너무 집착하지 않는 편이 좋다. 트렌드에 따라서 메뉴가 움직여야 할 필요도 있다. 피자집을 운영하고 있다고 하자. 최근 피자의 흐름은 '씬피자'와 '화덕피자'이다. 딥피자는 이미 고객들이 선호하지 않는 메뉴군이 되어 버렸다. 이런 흐름에 비추어 보면 피자 메뉴를 개발할 때는 '씬피자' 스타일로 개발하는 것이 좋다. 시대 흐름이 1인가구의 증가이다. 1인가구의 증가는 '혼밥'과 '홀로만찬'이라는 단어를 만들었다. 이런 시대적 흐름에 맞춰서 1인메뉴, 1인만찬메뉴 개발 등도 필요하다. 이런 것이 바로 트렌드와 흐름을 반영하는 것이다. 그래서 트렌드가 필요 없기도 하고, 필요하기도 하다. 잘 어울려진 메뉴를 개발할 필요가 있겠다.

마지막으로 내부적인 요소이다. 조리시간, 식자재 원가, 조리 제공 방법, 조리의 스킬 정도, 메뉴의 가격 책정도 내부적으로 고려해야 할 요소들이다. 이 부분은 뒷장에서 자세하게 다루도록 하자. 아무튼 메뉴의 가장 중요한 요소는 음식점의 이미지를 잘 형성하고, 고객들에게는 만족을 주고, 내부적으로 수익성을 가져다 주는 메뉴로 기획, 개발되어야 한다. 만족과 수익성, 이미지까지 다 가져다 줄 수 있는 메뉴가 좋은 메뉴다.

제3장 QSC is All

메뉴의 단순화가 필요한 이유

테마와 메뉴의 단순화는 외식업의, 음식점의 한 트렌드로 자리를 잡아가는 것 같다. 좋은 방향이다. 고객들은 메뉴와 음식점에 대한 관성과 선택에 대한 피로감을 가지고 있다. 관성과 선택장애를 극복하게 해주는 것은 음식점이 해야 할 일이다. 메뉴의 단순화가 가져다주는 이점을 생각해 보길 바란다. 고객은 무엇을 파는지가 명확한 음식점, 어떤 메뉴가 명확히 맛있는 음식점을 이미지로 저장하고 그 이미지를 가지고 선택한다. 메뉴의 단순화가 절실히 필요해지는 시점이다.

| 메뉴를 결정할 때 겪는 장애요인을 이해해야 한다

사람들은 결정을 할 때 2가지의 장애요인을 겪게 된다. 하나는 '관성의 법칙'이고 다른 하나는 '결정 장애'다. 관성의 법칙은 하던 대로 하려는 성향을 말한다. 다른 것을 선택함으로써 오는 피로감이 싫고, 변화를 싫어하는 성향을 가진 것을 말한다. 또 다른 하나는 결정 장애다. 결정의 피로감이다. 여러 대안 중 하나를 선택할 때 어떤 것을 선택해야 하는지 피로감을 느끼고 선택을 피하고 꺼리게 된다. 많은 사람들이 결정에 있어서 겪는 장애 요인이다. 더러는 이런 상황이 스트레스로 작용하기도 한다.

음식점을 선택할 때도, 메뉴를 선택할 때도 이와 같은 장애를 겪게 된다. 결론부터 말하자면 음식점과 메뉴에 있어서 단순화는 꼭 필요한 작업이다. 어떤 음식을 생각하면 강력하게 떠오르는 단순한 이미지를 심어줄 필요가 있는 것이다. 단순화는 고객들에게 강한 이미지를 심어주고 결정에 있어서의 피로감을 줄여준다. 그래서 메뉴를 단순화함으로써 고객들에게 강력한 이미지를 심어주고, 선택 장애를 극복하고 음식점의 전문화된 이미지를 심어줌으로써 우리 음식점을 선택하도록 하는 동인을 제공하는 것이다.

| 메뉴의 단순화에 접근하는 방법

단순화에 있어서 2가지로 접근하면 좋겠다. 우리 음식점 하면 떠오르는 메뉴, 즉 '시그니처 메뉴(Signature Menu)'를 만들어야 한다. 시그니처 메뉴로 접근하기 위해서는 메뉴를 다양하게 하는 것이 아니라, 단순화하고 더러는 한 가지 메뉴만 하는 선택을 할 필요도 있다. 이렇게 시그니처 메뉴와 메뉴의 단순화가 이루어지면 고객들에게 음식점이 강한 이미지로 남아 있다. "아, 그 음식점, 이것 잘하지" 또는 '이거 먹고 싶은데 하면 떠오르는 음식점'이 된다. 무언가 먹고 싶을 때 떠오르는 음식점이 된다. 제철 식자재나 메뉴도 이와 같다. 강한 이미지로 남아 있다. 봄에는 딸기와 봄철 나물인 냉이와 달래 같은 식자재와 메뉴가 떠오르고, 여름이면 냉면이나 콩국수, 시원한 수박과 참외 같은 음식과 식자재가 떠오른다. 가을이면 전어가 떠오르고 겨울이면 군고구마와 굴도 떠오르는 식자재다. 이렇듯 많은 사람들에게 계절마다도 각인된 식자재와 요리가 있다. 음식점에서도 이와 같은 강한 연상이 일어나는 메뉴가 필요하다. 바로 시그니처 메뉴다.

또 하나, 메뉴의 단순화다. 고객들은 이것 저것 다하는 음식점을 선호하지 않는다. '다양한 메뉴를 하겠다.'는 생각은 많은 메뉴를 해서 이 고객도 잡고, 저 고객도 잡겠다는 생각일지 모르나 이런 음식점에 대해 고객들은 피로감을 느낀다. 모든 메뉴를 다한 것은 전문성이 결여되어 있다고 생각한다. 또 그 음식점을 생각할 때 강력하게 떠오르는 메뉴가 없다. 결국 단일 메뉴나 단순화되고 전문화된 메뉴를 선호하고 선택하는 이유는 머리속에 저장된 강력한 이미지를 떠올리기 때문이다. 그래서 메뉴의 단순화는 필요하다. 두 번째 메뉴의 단순화는 음식점의 오퍼레이션(운영)의 역량을 높여준다. 반복된 요리에 의해서 요리사들의 품질과 운영에 대한 기술력이 높아지고 식자재가 단순해지면서 식자재의 다양성으로 인한 보관 비용과 폐기율도 감소된다. 단순화된 메뉴는 식자재의 회전율과 소진이 빨라 재료의 신선도도 높여준다. 고객의 선택에도, 음식점의 운영에도 도움이 되는 전략이 바로 '메뉴의 단순화'다.

다만 메뉴의 단순화를 진행하려면 갖춰야 할 요소가 있다. 다른 곳보다 우선 맛에 대한 보증이 있어야 한다. 단순한 메뉴가 맛도 없다면 우리 음식점을 선택할 이유가 없는 것이다. 또 다른 음식점에서 먹기 힘든 메뉴여야 한다. 이 2가지가 경쟁 음식점보다 탁월해야 메뉴의 단순화는 가능하다.

▲ 아구찜 하나의 메뉴로 고객들로부터 사랑받고 있는 전라도 광주의 '하마 아구찜'

| 실험을 통해서 본 메뉴 단순화의 필요성

구매 결정에 대한 실험 한가지를 소개하고자 한다. 뉴욕 컬럼비아 대학 경영학과 대학생 아이린과 스테파니는 샌프란시스코에 있는 한 식료품 가게 안, 잼

시식 코너를 열었다. 한 시간 간격으로 처음에는 6종류의 잼을, 그 다음에는 24종류의 잼을 제공했다.(시식 코너에서 바로 구매할 수 없고 잼을 사려면 시식 코너에서 약간 떨어진 진열대로 가서 잼을 직접 고른 다음 계산대에서 값을 치러야 했다.) 결과는 24종류의 잼을 진열한 시식 코너가 6종류의 잼을 진열한 시식 코너보다 더 많은 손님을 끌어들인다는 사실을 확인했다. 예상할 수 있는 사실이다. 하지만 뉴욕 컬럼비아 대학 경영학과 쉬나 아이엔가 교수의 실험 결과에 따르면 6종류의 잼이 진열된 시식 코너를 거친 손님들 중 30퍼센트가 잼을 구매했지만, 24종류의 잼이 진열된 시식 코너를 거친 손님들 중 겨우 3퍼센트만이 잼을 구매했다. 24종류의 잼이 진열된 시식 코너를 통과한 손님들은 쉽게 결정을 내리지 못했으며 장단점을 비교해가며 상의하기도 했다. 이렇듯 다양한 선택지가 있으면 고객들은 구매 결정을 쉽사리 내리지 못하는 성향을 보였다.

쉬나 아이엔가 교수의 또 다른 실험에서 피실험자들에게 한번에 6종류의 초콜릿을, 또 한 번은 30종류의 초콜릿을 제공했다. 또 한 그룹의 피실험자들에게는 선택의 여지없이 단 한가지의 특정한 초콜렛을 제공했다. 그런 다음 피실험자들 모두에게 초콜릿의 맛이 어떠했는지 1에서 7까지 등급을 매기도록 요구했다.(등급의 숫자가 높을수록 맛이 좋은 것이다.) 게다가 모든 피실험자들에게 실험이 끝난 후 초콜릿을 살 수 있도록 5달러를 제공했다. 실험 결과 피실험자들은 선택할 수 있는 초콜릿 가짓수가 적을 때는 별로 망설이지 않고 자신이 원하는 초콜릿을 골랐다. 뿐만 아니라 자신의 선택에 대해서도 만족감을 표시했다. 또한 이들은 초콜릿 맛에도 가장 높은 등급을 매겼다. 또 6종류의 초콜릿을 제공받은 피실험자들 중에서 반 정도는 시식에 만족한 나머지 받은 5달러로 초콜릿을 구매했다. 이와 반대로 선택의 여지가 없거나 30종류의 많은 초콜릿을 제공받은 피실험자들은 초콜릿에서 싫증을 난 듯 돈을 챙겨 들고 재빨리 집으로 향했다.

실험 결과를 토대로 메뉴에 대한 방향을 이야기하자면 메뉴 가짓수가 작은 메뉴는 선택으로 인한 피로감을 줄여주고, 식사 후의 만족감도 높일 수 있는 것으로 유추할 수 있다. 음식점의 경우 100% 논리로 받아들이기 힘들지만 그런 결과를 유추할 수 있는 것이다. 메뉴의 단순화와 전문화가 필요한 이유다.

[표3-3] 음식점 선택을 위한 소비자 행동과정

음식에 대한 욕구

↓

메뉴와 음식점 이미지 생각

↓

음식점과 메뉴 선택

↓

방문 또는 주문

최근 테마 메뉴를 하거나, 한 가지 메뉴를 하는 음식점이 늘고 있다. 또 메뉴를 단순화해서 3가지 이내의 메뉴만 내놓는 곳도 제법 있다. 운영상 어렵고, 고객이 없을 것 같지만 대부분 장사가 잘 되고 있다. 서울 중구 회현동에 가면 정창욱 쉐프가 운영하는 '금산제면소'라는 음식점이 있다. 여기도 비빔탄탄면이라는 메뉴 한가지만 판매한다. 하지만 늘 고객들이 웨이팅 하는 음식점으로 널리 알려져 있다. 물론 정창욱 쉐프의 유명세도 있긴 하지만 메뉴가 맛깔스럽다. 대학로에 있는 '칸타소바'라는 곳은 일본식 마제소바(우리나라의 비빔막국수 정도) 하나만 판매하는 곳이다. 두 번 정도 먹어보고 음식의 전문성을 인정하게 된 곳이다. 망원동에 일등식당은 뼈다귀해장국을 7천원에 판매하는 곳이다. 아침 7시부터 영업을 하는데 아침부터 문전성시를 이룬다. 메뉴는 딱 하나 해장국이다. 맑은 해장국으로 먹는 이의 부담도 덜어주고, 살점이 많은 뼈다귀를 푸짐하게 내어준다. 한 가지 메뉴만 하는데도 늘 고객들로 붐빈다. 한 가지 메뉴 외에 테마 식당들도 많이 생기고 있다. 태국 전문 음식점, 베트남 전문 음식점, 프랑스 요리 전문점 등 테마를 가지고 운영하는 식당들도 있다.

▲ 마제소바 한 가지 메뉴를 운영하는 대학로의 '칸타소바'

테마와 메뉴의 단순화는 외식업의, 음식점의 한 트렌드로 자리를 잡아가는 것 같다. 좋은 방향이다. 앞서 언급했지만 고객들은 메뉴와 음식점에 대한 관성과 선택에 대한 피로감을 가지고 있다. 관성과 선택 장애를 극복하게 해주는 것은 음식점이 해야 할 일이다. 메뉴의 단순화가 가져다 주는 이점을 생각해 보길 바란다.

고객은 무엇을 파는지가 명확한 음식점, 어떤 곳이 명확히 맛있는 음식점을 이미지로 저장하고 그 이미지를 가지고 선택한다. 메뉴의 단순화가 절실히 필요해지는 시점이다.

제3장 QSC is All

고객이 남긴 음식의 의미

고객들이 음식을 남기거나, 불평을 한다면 반드시 그 음식을 먹어 보기 바란다. 문제가 있을 수 있다. 음식점에 와서 음식을 남기는 것을 예사롭지 않게 바라볼 때 음식점경영자로 자격을 갖추게 되는 것이다

지난 시절 음식점을 운영하면서 지닌 습관 중 하나가 '고객이 남긴 음식을 먹어 보는 것'이다. 처음 이 현상을 접했을 때의 낯설음이 아직도 잊혀지지 않는다. 지금은 스스럼없이 고객이 남긴 음식을 먹어 본다.

외식업생활을 오래하다 보니 '잘 드셔 주는 고객이 제일 고맙다'는 말을 정말 실감한다. 또 음식을 많이 남기고 가는 고객을 바라보면 심장이 뛰고, 가슴이 벌렁거리고 출렁거린다. 이 사실이 거짓처럼 들릴지 모르겠지만 음식점을 하는 저자에게는 사실이다. 숱한 패밀리레스토랑 시절, 외식업을 하는 20년이 넘는 시간동안 무수히 고객이 남긴 음식을 먹어보면서 반성도 하고, 잘못이 없음을 인지도 하고 그렇게 반복된 시간을 보냈다. 오늘도 두 분의 연인이 음식을 1/3 정도 남기고 계산을 하시기에 살며시 다가가서 여쭤보았다.

"혹시 음식이 입맛에 맞지 않으셨나요?"라고 말이다. 하니 고객은 이렇게 답

변을 주셨다.

"아니요, 양이 많아서 다 먹지 못했어요."라고 ..

사실인지 아닌지는 얼굴 표정만 보면 알 수 있다. 그럼에도 불구하고 긴장된 마음을 어찌할 수 없다. 사회적 상황으로 고객수가 감소한 요즘, 한 분, 한 분을 소중히 모시려고 노력 중이다.(물론 평소에도 그리 하려고 노력한다.) 그래서 자칫 우리 음식에 문제가 있는지 민감해하지 않을 수 없다. 음식점을 하면 당연히 그리해야 한다. 그런 마음이 있어야 한다.

고객들은 많은 이야기를 하는 것 같지만 이야기를 하지 않는다 불만이 있어도 90% 이상의 고객이 말없이 돌아간다. 이런 의미로 보아도 '음식을 남기는 것'은 많은 시사점을 제공한다. 왜 고객들이 음식을 남겼을까를 곰곰이 생각해야 한다. 위처럼 정말 양이 많아서 남길 수도 있고, 맛이 없어서 남길 수도 있고, 레시피대로 조리되지 못해서 기대 이하의 음식이 제공되었을 수도 있고, 온도가 맞지 않을 수도 등등. 여러 가지 요인에 기인한다. 이런 여러 가지 문제가 내포되어 있기에 '고객이 남긴 음식'은 우리에게 많은 시사점과 해결책을 동시에 제공해 주는 요인이 되는 것이다.

[표3-4] 불만고객의 재구매율

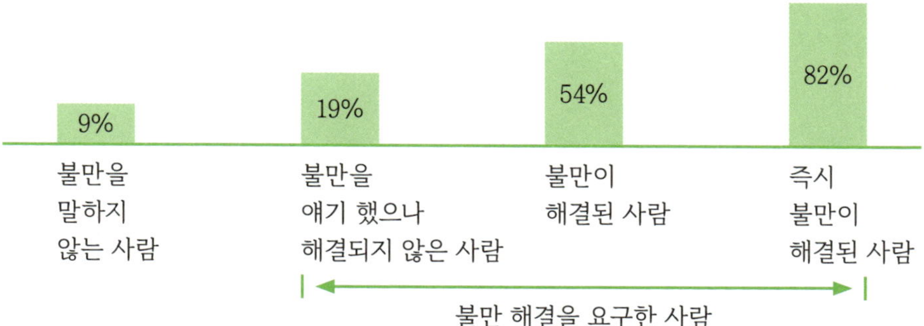

[HP사 조사 결과]

만약 많은 고객들이 음식을 남기거나, 불평을 한다면 반드시 그 음식을 먹어 보기 바란다. 문제가 있을 수 있다. 음식점에 와서 음식을 남기는 것을 예사롭지 않게 바라볼 때 음식점 경영자로 자격을 갖추게 되는 것이다.

습관화된 이 모습이 그렇게 음식점 경영자가 되어 가는 모습일 것이다.

제3장 QSC is All

시그니처(Signature) 메뉴로 공략하자

음식점을 가장 잘 대표해주는 메뉴가 반드시 있어야 한다. 앞서 말한 것처럼 시그니처 메뉴를 만들어야 한다. 시그니처 메뉴는 가장 자신 있는 메뉴와 고객들이 가장 선호할 수 있는 메뉴가 결합되어야 만들 수 있다. 시그니처 메뉴는 음식점의 활동을 통해서도 만들어지지만, 고객들의 선호에 의해서도 만들어진다. 또 이렇게 만들어진 강력한 시그니처 메뉴는 지속적이고, 주기적으로 특별한 관심을 가지고 관리를 해 나가야 한다.

음식점을 성공으로 이끌려면 고객의 마음에, 고객의 가슴에 깊게 남아 있는 메뉴가 있어야 한다. 자꾸 생각나서 구매할 수밖에 없는 메뉴를 만들어야 한다. 고객의 머릿속에, 가슴 속에 음식점의 이미지와 메뉴를 남겨야 한다. 어떤 음식을 생각하면 우리 음식점이 생각나야 하고, 우리 음식점을 생각하면 어떤 메뉴가 생각나야 한다. 음식점은 메뉴로 말을 하고, 메뉴로 기억되기 때문이다. 이를 '연상 작용'이라고 하고, 강하고 긍정적인 연상 작용이 일어나는 메뉴를 시그니처 메뉴(Signature Menu)라고 한다.

| 음식점의 강력한 한방, 시그니처 메뉴

'치킨'메뉴를 생각하면 떠오르는 강력한 브랜드가 있는가? '새우버거'하면 떠오르는 강력한 브랜드가 있는가? 반대로 '맛있는 떡볶이'하면 떠오르는 브랜드가 있는가? '김치찌개'하면 떠오르는 강력한 브랜드가 있는가? 있다면 모두가

'연상 작용'이다. 만약 어떤 메뉴와 어떤 브랜드가 연상 작용을 통해서 떠오른다면 그 메뉴와 브랜드는 강력한 연상 작용이 있는 것이다. 그리고 그 브랜드에는 강력하게 인식된 시그니처 메뉴가 있다는 것이다. 시그니쳐 메뉴의 중요성한 이유다.

예전 피자헛의 '골드리치 피자'는 새로운 라인의 메뉴가 출시될 때마다 초/중학교 학생들에게 회자되면서 강력한 시그니처 메뉴로 자리 잡았다. 롯데리아를 생각하면 '양념감자', '한우버거'가 떠오른다. 최근에는 '모짜렐라인더버거'가 떠오르기도 한다. '맥모닝, 상하이스파이시버거' 등도 맥도날드를 연상시킨다. 국내 가성비 좋은 짬뽕하면 생각나는 프랜차이즈로 '홍콩반점'이 떠오른다. 모두가 강한 연상 작용이 있는 것이고, 그 브랜드를 대표하는 시그니처 메뉴를 보유하고 있는 것이다. 우리 음식점에도 강력한 한방이 있는 메뉴가 필요하다.

음식점에는 단 하나의 메뉴만 판매하는 음식점부터 백 가지 이상의 메뉴를 판매하는 음식점까지 다양하다. 하나의 메뉴를 판다면 그 음식점의 시그니처 메뉴는 딱 그 메뉴다. 한 가지의 메뉴를 판매한다고 하는 것은 강한 자신감이고, 강력한 메시지를 주기에 충분하다. 반면 하나의 메뉴가 고객에게 부정적인 인식을 심어준다면 음식점의 존망이 위태롭게 된다. 여러 가지 메뉴를 판매하는 음식점의 경우에는 이와 다르다. 여러 메뉴 중 우리 음식점을 가장 잘 대표해주는 메뉴가 반드시 있어야 한다. 앞서 말한 것처럼 시그니처 메뉴를 만들어야 한다. 시그니처 메뉴는 가장 자신 있는 메뉴와 고객들이 가장 선호할 수 있는 메뉴가 결합되어야 만들 수 있다. 자신이 없는 메뉴는 팔릴수록 음식점의 부정적인 인식만 강하게 남기게 된다. 우리가 가장 자신 있어 하는 메뉴를 메뉴북, 전단지, 배너 등 매장에서의 판매 촉진을 통하여 고객에게 긍정적 인식을 심어주기 위해서 노력해야 하며 외부로는 블로그, SNS를 통해서도 긍정적 인식을 위해서 지속적으로 알려야 한다. 1년 정도의 노력을 기울이다 보면 자연스럽게 우리 음식점과 시그니처 메뉴가 연상 작용을 일으키며 성공적으로 안착하게 된다. 지속적인 노력이 필요하다. 메뉴의 자신감과 품질은 필수적이다. 타 경쟁업소에 비해서 강한 경쟁력을 가지고도 있어야 한다.

| 시그니처 메뉴의 기준

시그니처 메뉴의 기준은 무엇이 되어야 하는지가 궁금해진다. 우리의 시그니처 메뉴는 얼마의 고객 선택을 받아야 적정 기준을 통과하는 것일까? 브랜드마다 음식점마다 그 기준은 다르겠지만 적어도 메뉴 판매량 중 20% 이상이 이 메뉴를 주문해야 시그니처 메뉴로 적정한 선을 유지하는 것이다. 즉 100명의 고객 중 20명 이상이 이 메뉴를 선택해야 시그니처 메뉴의 명맥을 유지한다고 볼 수 있다. 테이블수 즉 '조수'로도 계산해 볼 수 있다. 최소한의 수치다.

시그니처 메뉴는 우리 음식점의 활동을 통해서도 만들어지지만, 고객들의 선호에 의해서도 만들어진다. 또 이렇게 만들어진 강력한 시그니처 메뉴는 지속적이고, 주기적으로 특별한 관심을 가지고 관리를 해 나가야 한다. 쌓아 올린 신뢰가 쉽게 무너지지 않을 것 같지만 음식점은 잠시의 틈에도 금방 이미지가 무너지는 업이다. 메뉴판에서의 위치, 매장내에서의 포스터와 전단지, SNS의 사진, 고객의 만족도에 대한 평가, 평가 사이트에서의 고객의 소리 등을 관리해 나가야한다. 메뉴도 애정을 주는 만큼 자란다. 판매량이 보답을 할 것이다.

우리 음식점 다 비슷한 메뉴를 하고 있는지, 고객들에게 강한 임팩트를 주고 있는 메뉴가 있는지 살펴보시기를 바란다.

제3장 QSC is All

신메뉴 프로모션의 필요성

음식점도, 브랜드도, 기업도 이 시대의 흐름을 알고 있다. 안지 오래되었다. 메뉴에 대한 관성과 음식점과 브랜드의 평판과 이미지가 어떻게 형성이 되는지를 잘 알고 있다. 메뉴에 대한 관성을 깨어주고, 새로운 시도를 행하는 것은 음식점의 성장을 높여준다.

| 고객들은 '관성의 법칙'으로 메뉴를 주문한다

어떤 식당, 어떤 브랜드를 가도 특별한 상황이 없으면 늘 같은 메뉴를 먹게 된다. A레스토랑에서도 연어, 새우, 치킨, 커피를 선택했었고, 크게 벗어나지 않는 메뉴 선택을 하게 되고, 다른 메뉴들에 대한 특별한 관심을 가지지 않게 된다. 동네 칼국수를 하는 음식점을 가도 항상 나는 수제비를 선택하고, 동네 중국집에 가면 짬뽕을 선택한다. 습관적으로 하는 건데 별다른 생각으로 하는 것이 아니다. 몸이 직접 그런 행위를 한다. 개인이 선호하는 음식이 있을 것이고, 선호하는 음식을 뇌가 기억하고 있고, 관행적으로 몸은 그렇게 움직이게 된다. 별다른 이유가 있어서 그런 것은 아니다. 그래서 특별한 상황이나 이유가 없다면 대부분의 사람들은 메뉴 선택에 있어 이와 같은 유사 행위를 하게 된다. 이를 '메뉴 관성'이라고 한다. 먹던 메뉴 그대로 선택을 한다는 것이다. 있던 그대로, 하는 그대로 행위 하는 것이다. 대부분의 사람이 이러한 관성을 가지고 있다.

음식점에 가면 직원들이 메뉴를 추천을 한다. 신메뉴가 나왔고, 이 메뉴가 더 좋고, 음료까지 추천하는 행위를 한다. 새로운 메뉴로의 유도다. 신메뉴로의 유도다. 음료를 통한 추가 매출의 창출이다. 그래서 직원들은 또 이런 행위를 한다. 서로가 서로에게 필요한 행위를 하는 것이다. 하지만 아주 좋은 반응이 아니라면 '먹던 메뉴 그대로' 시키게 된다.

음식점들은 늘 신메뉴를 개발하고 출시한다.(고정 메뉴를 하는 음식점이 아니라면) 신메뉴 출시는 고객들의 분위기를 환기시키고, 음식점이, 브랜드가 늘 변화하고 있다는 신선한 이미지를 전달한다. 그리고 그동안의 메뉴에 대한 식상함을 신메뉴 출시를 통해 해결하고자 한다. 또한 자신 있게 만들고 기존의 메뉴보다 우수한 메뉴를 선보이는 것이다. 하지만 고객들은 '원래 그대로'를 선택하는 경우가 더 많다.

이런 측면에서 신메뉴가 나오면 프로모션과 이벤트를 통해서 고객에게 다가가야 한다. 그래서 잘 만들어진 신메뉴로 고객의 메뉴 관성을 깨주어야 하는 것이다. 이런 접근이 없으면 고객들의 메뉴 관성은 이어진다. 메뉴 관성이 오래가면 고객들은 음식점과 브랜드에 대한 식상함을 느낄 것이고 식상함은 고객의 방문횟수를 줄어들게 만들 것이다. 그래서 신메뉴 출시는 어떤 방식을 통해서 고객들의 선택을 받도록 하는 노력을 기울여야 한다.

최근 '명륜진사갈비'를 방문했다. 명륜진사갈비에서 "곧 닭갈비를 출시한다고 시식해보시라"고 주인장께서 신메뉴를 제공해 주셨다. 감탄사가 나왔다. 역시 고객들이 많은 이유가 있다. "언제 출시해요?"라고 물으니 "아직 정확하지 않은데 2개월 후쯤 될 것 같다."고 답변을 주신다. 2개월 후에 출시될 메뉴를 미리 고객들에게 선보이고 고객들의 반응을 모니터링해서 메뉴에 대한 보완도 하고 출시를 하겠다는 본사의 생각이 참으로 훌륭해 보였다. 신메뉴 출시의 프로세스를 너무 잘 알고 있는 '명륜진사갈비'다. 그래서 나도 팬이 되었나 보다.

2주 전에 방문했던 롯데리아도 마찬가지였다. '치즈넘버5' 신메뉴를 출시하고 세트 메뉴를 먹으면 2천원하는 치즈스틱을 무료로 제공해주었다. 신메뉴도 먹어보고 싶었고(메뉴 관성이 부족했다.) 치즈스틱도 좋아하니 선택하지 않을 이유가 없었다. 선택한 신메뉴도 대한 만족도 제법 높았다. 모짜렐라인더버거가 그랬 듯. 이렇게 이벤트를 통해서 고객을 유도하고 그 메뉴에 대한 팬을 확보할 필요가 있다. 물론 품질이 밑바탕이 되지 않으면 이벤트로써 종료될 수 있다. 확실한 품질은 고객의 메뉴 관성을 다른 메뉴로 이동시켜 준다. 좋은 이벤트였다.

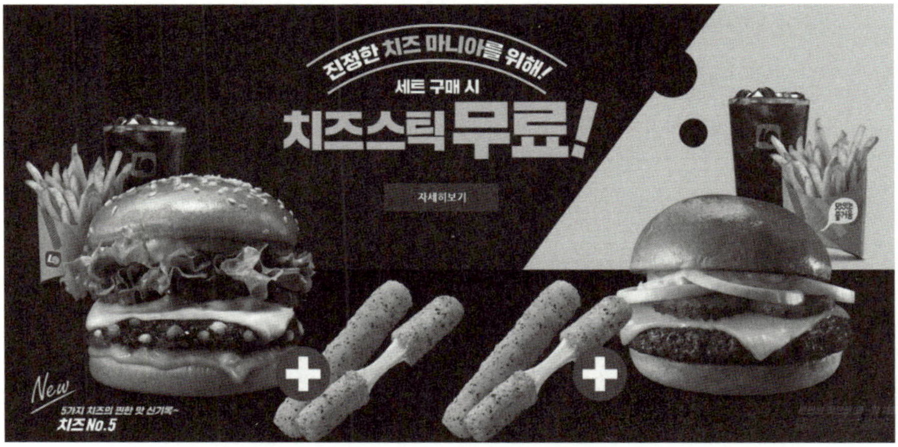

▲ 롯데리아가 출시한 치즈No.5는 고객들에게 치즈스틱을 무료로 제공하는 프로모션을 진행했다.

지금 진행되고 있는 '60계치킨'의 3가지 신메뉴(호랑이치킨, 강정치킨)의 리뷰 이벤트도 좋은 이벤트이다. 신메뉴를 먹고 리뷰를 쓰고, 공유하는 과정은 고객들에게 전파되고 확산되면서 신메뉴에 대한 반응이 일어난다. 따라서 시장에서의 뜨거운 반응을 일으키기 좋은 이벤트이다. 또 한가지는 이제 고객들은 기업이나 브랜드의 메시지보다 개인의 리뷰와 메시지에 더 강한 신뢰를 가진다. 따라서 이런 이벤트는 고객의 신뢰도 확보를 위한 좋은 방편의 이벤트인 것이다.

음식점도, 브랜드도, 기업도 이 시대의 흐름을 알고 있다. 안지 오래되었다. 메뉴에 대한 관성과 음식점과 브랜드의 평판과 이미지가 어떻게 형성이 되는지. 그래서 예로 든 이벤트나 프로모션도 훌륭하다. 고객들은 메뉴 관성을 가지고 있다. 신메뉴가 나왔을 때, 메뉴 관성을 깨고, 접근을 시도하게 하는 것이 신메뉴이벤트, 신메뉴 프로모션인 것이다. 그리고 직원들의 적극적인 추천 판매인 것이다. 절대 소홀히 할 수 없는 부분이다. 음식점에, 브랜드에 식상함을 타파해 줄 수 있는 계기도 될 것이다. 식상함을 넘어 팬을 만들게 하는 바탕도 되어 줄 것이다.

제3장 QSC is All

고객이 아는 행사, 직원들만 모르는 행사

성공한 사람들과 성공한 음식점의 공통점은 '집중과 관심'에 있다. 구성원들이 얼마나 고객들에게 집중하고, 현장에 집중하고, 일에 집중하는지를 살펴봐야 한다. 음식점 운영의 중심은 고객이다. 고객과 음식점에 모든 초점이 맞춰진 구성원을 만들어야 한다.

굿즈 행사가 한참 진행중인 A카페에 방문했다. 물론 굿즈가 예뻐서 소장하고픈 마음이었다. 음료도 나름 맛이 있고 좋아하는 카페 중의 하나다. 2곳을 방문했는데 한 곳은 굿즈가 소진이 되었고(내심 직원들이 행사를 모르고 있는 듯 했다.) 다른 한 곳을 찾아서 갔다. 처음 방문한 곳의 소진 탓에 "혹시 굿즈가 남아 있나요?"를 물었더니 두리번거리기 시작한다.(모른다는 이야기다. 나는 아르바이트일 것이라 추측했다.) 그리고 매니저인지 정직원인지를 모르겠지만 불러서 왔다. 이 분도 한참을 뒤척이다. 저자의 질문에 앞으로 나왔다. 질문은 이러했다. "어떤 음료 마시면 굿즈를 받을 수 있나요?"라고 물었다. 직원은 아예 음료를 몰랐다. 그리고 앞으로 나와서 POP를 보면서 음료를 다시 확인했다. 그리고 내게 "이 음료 먹으시면 할인 가격으로 구매할 수 있습니다."라고 말을 던진다. 메뉴의 이름도 정확히 모른다.

그리고 마지막으로 음료를 받으면서 직원에게 물었다. "혹시 가맹점인가요?"

아니라고 한다. 직영점이라고 한다. 참 큰일이다. 고객들이 다 아는 행사를 직원들은 모른다. 그리고 가맹점의 모범이 되어야 할 직영점의 직원이 행사 내용 자체를 모르고 있는 것이다. 더 나를 아연실색하게 만드는 것은 입구에 큰 행사 POP와 포스터, 배너가 있고 행사중인 굿즈를 멋지게 머천다이징 해놓고 있다는 것이다.

영혼 없는 서비스다. 철학 없는 서비스다. 수동적인 서비스다.

아침 미팅, 출근 미팅, 10분 미팅을 주창하는 이유가 바로 여기에 있다. 출근해서 습관적으로 일을 시작하고, 습관적으로 마무리한다. 그런 습관을 고치고 주위를 환기시키기 위해서 아침조회와 미팅을 하는 것이다. 이벤트의 내용을 숙지하고, 인사연습을 하고, 고객의 소리에 대해서 반성하고 공유하고, 오늘의 필요사항을 확인하는 등 10분의 미팅을 통해서 마음을 다지는 것이다. 그리고 고객 맞을 준비를 하는 것이다. 미팅은 루틴이 되어야 한다. 우리가 준비하지 않으면 고스란히 피해는 고객들에게 돌아간다. 그래서 음식점을 개점하기 전 반드시 미팅을 해서 마음과 몸을 잡아야 한다.

고객들이 아는 행사를 직원들만 모르는 이런 웃픈 현실이 우리 음식점이라면 미래가 그다지 밝지 않다. 고객들은 눈빛만 봐도 다 안다. 영혼이 있는지, 서비스를 하고 싶은지, 안하고 싶은지… 그러니 억지로 일하지 말고, 스스로를 동기부여 하면서 멋지게 일하자. 참 아쉬운 A카페의 모습이었다.

제3장 QSC is All

‘띵동’ 벨소리는 이제 그만

서비스는 적극적이어야 한다. 적극적인 서비스를 하려면 모든 시스템을 도입하라. 누군가 시켜서 하면 서비스가 아니다. 이렇게 정의해 보면 어떨까? ‘내가 먼저 하면 서비스, 손님이 시켜서 하면 심부름’

오랜만에 지인과 만나서 식사를 하려고 30분 전 미리 도착을 해서 기다리고 있었다. 예약을 확인할 정도로 세련된 음식점이다. 처음에는 그랬다. 그런 느낌이었다. 이내 이런 내 기대는 무너졌다. 처음 방문하는 곳이었는데 앉자 마자 ‘띵동’ 소리가 요란히 들린다. 고객 테이블에서 요청 벨을 누른 모양이다. 손님들도 그렇게 많이 오지 않은 시간이라 그런지 더 크게 들렸다. 근데 귀가 계속 거슬리기 시작한다. 3분~4분 간격으로 벨소리가 계속 들렸다. 소음의 측정 기준으로 보면 70데시벨 정도의 소리다. 직원들은 ‘띵동’ 소리가 울리면 다시 테이블로 가고, 시간이 나면 주방 앞, 음식이 나오는 공간에 모여서 잡담을 했다. 잡담 소리와 벨소리 사이에서 식사 전부터 기분이 몹시 상했다. 나름 유명한 음식점이라는 곳이 저렇게 큰 벨소리와 직원들의 잡담 소리가 손님들의 이야기보다 더 크게 들리는 것은 분명 문제가 많다고 생각했다. 그날 식사를 하는 한 시간 조금 넘는 시간에 ‘띵동’ 벨소리를 20번 이상 들어야 했다. 결국 좋은 사람과의 만남은 벨소리로 망친 것이다. 70데시벨. 음식점에서 벨소리가 70데시벨 정도면 심각하다. 바로 옆에서 진공청소기 돌리는 소리 정도라면 이해가 될 것이다. 진공청소기 돌아가는 소리를 한 시간 동안 20회 이상을 들어야 했다. 제법 큰 식사값으로 이런 대우는 아주 못마땅하다.

| 서비스는 능동적이어야

과거 근무했던 패밀리레스토랑에서 '벨 제도'를 도입했다. 회사에서 '비용 절감 프로젝트'를 진행했고, 인건비 절감 차원에서 '벨 시스템'을 도입한 것이다. 레스토랑은 고객과의 접점이 많고, 지속적으로 고객들의 테이블을 케어해야 하니 인건비가 많이 든다는 논리였다. 그래서 벨을 도입하면 필요시 고객이 찾을 것이고, 적은 인원으로 운영이 가능하지 않겠냐는 생각이었던 것이다. 당시 나는 반대를 했다. 만약 벨 시스템을 도입하면 직원들은 수동적인 서비스를 할 것이고, 적극적인 서비스보다 소극적인 서비스로 변할 것이라는 이유에서 였다. 하지만 벨은 도입이 되었고 결국 우려하는 사태가 터졌다. 벨이 도입되면서 직원들은 벨이 울리기 전에 테이블을 방문하지 않는 소극적인 태도를 보이기 시작했고(답답하면 벨 누르겠지), 룸 방문은 더욱 더 그러했다. 이러다 보니 시간이 조금 여유로워진 직원들은 모여서 잡담하기 일수였고, 고객들에게 관심을 보이는 것보다 직원들과 이야기하는 시간을 더 즐기고 있었다. 바로 우려하는 바였다.

진동벨, 소리가 나는 벨 모두 소극적인 서비스를 하기 딱 좋은 케이스다. 더욱이 내가 경험했던 것처럼 진동벨이 아니고 소리가 나는 시스템이면 고객들이 짜증까지 내게 된다. 모두 다 불편한 제도라 생각한다. 늘 고객을 살피고, 고객에게 필요한 것을 먼저 제공하고 케어하는 것이 레스토랑의 서비스임에도 불구하고 먼저 다가가지 않으려는 이 제도를 저자는 반대한다. 벨소리가 요란한 시스템은 100% 반대한다. 누구를 위한 벨소리인지 분가하지 못했다. 직원들이 웃고 떠드는 사이 고객들은 벨을 누르고, 벨소리는 식사를 방해하고, 먼저 찾아와서 서비스하지 않는 그런 레스토랑과 식당은 별 존재가치가 없어 보인다.

스타벅스는 카페 중 유일하게 주문 벨을 활용하지 않는다. 이름이나 닉네임, 또는 번호를 부르면서 고객과 감정을 교감하고, 관계를 나누고 싶어서 그런 것은 아닐까 생각한다. 서비스는 감정을 나누는 작업이고, 관계를 나누는 작업이다. 감정과 관계가 없는 레스토랑과 음식점은 코로나19 이후 시대에 살아남기 힘들다.

당일 70데시벨 이상의 벨소리를 울려줬던 그 음식점 빠르게 수정되었으면 한다. 벨소리 없이 진동으로 울리는 손목시계도 있고, 번호를 볼 수 있도록 하는 시스템도 있는데 굳이 그런 큰 벨소리를 하는 이유를 도무지 알지 못했다. 서비스는 적극적이어야 한다. 적극적인 서비스를 하려면 모든 시스템을 도입하라. 누군가 시켜서 하면 서비스가 아니다. 이렇게 정의해 보면 어떨까? '내가 먼저 하면 서비스, 손님이 시켜서 하면 심부름'

제3장 QSC is All

친절은 배신하지 않는다

잘한 서비스는 결코 배신하지 않는다. 진리다. 분명히 나의 몫이 되어서, 우리 음식점의 몫이 되어서 돌아와 준다. 그래서 한 분, 한 분 정성껏 모시고 살펴야 한다. 친절은 쌓이고 음식점의 매출도 쌓이게 된다.

대형 음식점이나 레스토랑에 근무를 한다는 장점 그리고 외식 기업에 다닌다는 장점 중 하나는 체계적인 교육을 받는다는 것이다. 외식업에 대한 이해가 부족했던 아니 몰랐던 그리고 서비스 마인드가 부족했던 아니 서비스라는 개념조차 모르던 나에게 회사는 체계적으로 매뉴얼에 따른 서비스, 메뉴에 대한 소양을 함양해주었다. 돌아보면 다시 묵직하게 고마움을 표시해야 하는 부분이다. 부족했지만 지금의 서비스마인드를 가지게 된 것도 어찌 보면 다녔던 회사의 도움이었다.

음식점을 다니면서 음식점에 일하는 직원들이나 사장님들을 보면서 '아, 이 분들은 음식점에 맞지 않겠다.'라는 생각을 주는 분들이 너무 많다. 다는 아니겠지만 장사가 잘 되지 않는 이유 중에 원인은 된다고 생각을 한다. 정말 불쾌할 정도로 서비스가 부족한 직원들, 사장님들도 많다. '음식점을 왜 하는지' 모를 지경의 분들. 그런 음식점에 다시 가지 않는다. 나도 음식점을 하고 있지만 스스로 고객과의 관계를 맺어 나가고 서비스를 하는 것이 너무 즐겁고 재미있다. 고객들이 와서 즐겁게 수다를 떨고, 음식을 나눠 가는 과정을 보면 이렇게 마음이 좋을 수가 없다. 할머니와 손녀가 손을 잡고 오고, 엄마, 아빠와 함께 가족 외식을 하고, 동네 아주머니들의 수다 섞인 모임도 너무 좋다. 적어도 이런 마음이 들어야 음식점을 할 기본적인 자격을 갖춘 것이라 생각한다.

서비스는 '사람을 생각하는 마음'이다. 서비스는 '사람을 대하는 방식이다.', '어떻게 사람을 대해야 하고, 어떤 마음으로 사람을 생각해야 하는지'의 기본을 잘 아는 것 그것이 서비스다. 이 사실을 잘 이해했다면 고객들을 어떻게 받아들일지 보인다.

음식점도 고객의 사랑을 받고 자라지만 고객들도 음식점의 사랑을 받고 자란다고 생각한다.

공기밥은 무한으로 주면서도 값은 받지 않는 동네의 음식점, 같이 간 아들과 딸에게 예쁘다고 나가는 길에 사탕을 안겨주었던 사장님의 마음, 노인된 어머니에게는 별도로 다른 반찬을 주면서 '먹고 힘내시라'고 하던 음식점 아주머니의 말까지 모두가 따뜻함을 느끼게 했던 것들이다. 이는 분명 재방문의 요소가 된다. 그리고 음식점의 사랑이 된다. 나 역시 음식점을 하고 있지만 오는 아이들과 하이파이브를 하고, 주먹 인사를 하고, 어르신들이 오면 세세히 설명하면서 음식 맛있게 드시게끔 한다. 또 아주머니들의 모임에서 농담도 하고, 손님과 음식에 대한 이야기도 주고받는다. 이런 행동이 그렇게 즐겁다. 바빠서 못내 잘 살피지 못하는 고객이 있으면 나가시는 길에 꼭 잘 챙기지 못해서 죄송하다는 말을 전한다.

그렇다. 이런 마음이 생겨야 음식점을 할 기본적인 소양이 갖춰졌다고 할 수 있다. 우리가, 우리 음식점이 고객을 어떻게 대하고 있는지 잘 생각해봤으면 하는 장면이다.

지금 잘한 서비스는 결코 배신하지 않는다. 진리다. 나의 몫이 되어 돌아온다.

제3장 QSC is All

음식점 라스트 핏 이코노미 ; 음식경험의 아름다운 마무리 계산대

음식점만의 라스트핏 이코노미를 만들어보면 어떨까 한다. 고객이 마지막 계산대에 서는 순간 아름다운 표정과 말투로 "손님, 식사 맛있게 하셨어요?", "손님, 오늘 불편한 부분은 없으셨나요?" "나가시면서 입안 개운하게 맛있는 사탕 하나 드시고 가세요?" "다음에 오시면 제가 더 세심히 모실게요" 등 식사경험에 대한 체크와 더불어 아름다운 마무리가 되도록 하는 멘트, 다음을 기약하는 약속과정을 모두 경험하게 하면 어떨까?

| 라스트 핏(Last Fit Economy)의 의미

마지막 순간의 경험이 중요해졌다 '라스트마일'은 원래 '사형수가 집행장까지 걸어가는 마지막 거리'를 뜻하는 말인데, 최근 유통 업계에서 상품이 고객에게 전달되는 마지막 배송 접점을 의미하는 용어로 널리 쓰이고 있다. 배송 관련한 라스트 마일은 물론이고, 다양한 산업에서 고객의 마지막 접점에 대한 만족을 높이려는 시도가 눈에 띈다. 고객의 마지막 순간의 만족을 최적화하려는 근거리 경제를 '라스트핏 이코노미(Last Fit Economy)'라고 명명한다.

'라스트핏'은 (1) 고객의 마지막 접점까지 편리한 배송으로 쇼핑의 번거로움을 해소해주는 '배송의 라스트핏', (2) 가고자 하는 목표 지점까지 최대한 편하게 접근할 수 있도록 도와주는 '이동의 라스트핏' (3) 구매나 경험의 모든 여정의 대미를 만족스럽게 장식하는 '구매 여정의 라스트 핏', 이렇게 세 가지 유형으로 나눌 수 있다.('트렌드코리아', 김난도에서 발췌) 2020년 '트렌드코리아'에서 김난도 교수가 제시한 '라스트핏 이코노미'에서 발췌한 부분이다. 그리고 지금의 시대에 고객은 상품의 특성이나 기능, 브랜드가 주는 가치보다 주관적 효용을 기준으로 구매 의사를 결정함을 제시하고 있다. 복잡한 구매 과정도 거치지 않고 '지금 당장, 바로 여기'의 단순하고, 즉각적인 만족 중심의 의사 결정을 하고 있다. 즉 소비자들이 상품의 특성과 기능보다 상품과 자기생활의 마지막 접점에서 즉각 느낄 수 있는 주관적인 효용과 '즉각성'에서 구매 의사 결정을 한다. 그리고 만족과 불만족을 결정하는 기준이 소비자와 만나는 마지막 지점으로 되고 있다. 그러고 보면 '라스트핏 이코노미'는 이제 소비의 한 흐름이라 할 수 있다.

| 음식점에서의 라스핏과 언박싱

김난도 교수가 제시한 라스트핏 3가지 중 '구매 여정의 라스트 핏'은 오프라인 음식점에서 2가지로 접근해 볼 수 있다. 계산 과정과 포장을 푸는 과정에 즉 언박싱 과정에서 '구매 여정의 라스트 핏'으로 볼 수 있는 것이다. 계산대에서의 아름다운 마무리와 포장이나 배달을 통해서 박싱된 음식을 푸는 과정에서의 언박싱을 관리하는 것이 라스트핏 즉 아름다운 마무리를 할 수 있는 여정으로 볼 수 있다.

음식점은 입장, 안내, 주문, 조리, 제공, 계산, 퇴점의 순환 과정을 거친다. 7개의 음식점 순환 과정을 거치면서 불만족스러운 경험을 하게 되면 바로 컴플레인이나 클레임으로 이어진다. 특히 음식점의 경우 사소하지만 예민한 부분이 많은 곳이라 7개의 과정 속에 컴플레인과 클레임의 소재를 안고 있다고 할 수 있다. 다른 어떤 것보다 불만의 요소가 많을 수 있는 장소가 음식점이다. 대다수의 고객들은 서비스를 받는 중간 과정에서 쉽게 불만을 얘기하지 않는다.(물론 있을 수 있다.) 식사 도중 불만을 말할 경우 식사를 망칠 수 있다는 생각을 가지고 있기 때문에 불만은 주로 마지막 지점인 계산대에서 이루어진다. 퇴점이 이루어지기 전 바로 모든 경험을 말하게 된다. 경험상 80% 정도의 고객이 계산대에서 문제를 제기한다. 그런 연유로 계산대에서의 아름다운 마무리가 필요한 것이다. 불만을 가장 많이 제기하는 곳이기도 하지만, 불만을 가장 많이 해소시켜줘야 할 공간이 또한 계산대이다. 그래서 계산을 하는 직원은 고객을 잘 핸들링할 수 있는 서비스가 뛰어난 역량이 출중한 직원을 배치하는 것이 가장 좋다. 말과 태도가 모두 훌륭한 직원을 배치할 때 불만이 해소되고, 불만이 만족으로 전환될 수 있다. 또한 불만을 해소하고, 만족스러운 상태로 고객의 마음을 되돌려 놓아야 한다. 심리적인 만족감은 기본이고, 필요한 경우 경제적인 보상까지도 해줘서 돌려보내야 한다. 계산대에는 권한 위임이 되어 스스로 의사 결정 할 수 있는 직원이 있는 것이 좋다. 그리고 계산대에서는 다음의 재방문을 기약할 수 있는 멘트와 조치가 필요하기도 하다. 불만족, 만족, 재방문 대부분이 계산대에서 이루어진다. 야구 경기를 보다 보면 해설자들이 "경기에 지는 것도 잘 지는 것이 필요하다"고 얘기한다. 잘 지고, 잘 이기는 방법을 구사할 수 있는 곳이 음식점에서는 계산대다.

포장과 배달도 '라스트핏 이코노미'의 적용을 검토해 볼 수 있다. 구매한 제품의 상자를 개봉하는, 해체하는 과정을 언박싱이라고 한다. 포장과 배달도 언박싱의 과정을 거친다. 포장과 배달에서 고객과 만나는 마지막 지점이 바로 포장된 음식을 개봉하는, 해체하는 과정이다. 따라서 잘 포장된, 아름답게 포장된 음식을 개봉하는 순간의 접점을 관리하는 것이 음식점의 라스트핏이다. 또 포장과 배달된 음식의 언박싱과 구매 후기는 바로 찍어 공유되기 때문에 이 접점의 관리는 중요한 포인트가 된다. 포장재와 디자인 등 자금이 필요한 부분이 관리 요소가 되기도 하지만 만약 자금의 문제로 인해서 이 부분을 아우를 수 없다면 포장 상태와 정감 있고, 정성스러운 요소를 가미한 포장에 노력을 기울여야 한다. 위생적으로 잘 포장된 음식과 깔끔하게 싸여져 있는 티슈, 이쑤시개, 젓가락과 숟가락, 그리고 포장된 음식을 맛있게 먹는 방법이나 조리해서 먹는 방법, 부족한 부분이 있으면 연락달라는 메시지, '주문해 주셔서 감사합니다.'라는 간단한 멘트라도 있다면 고객들은 언박싱 과정에서 감동의 순간을 맞이할지 모른다.

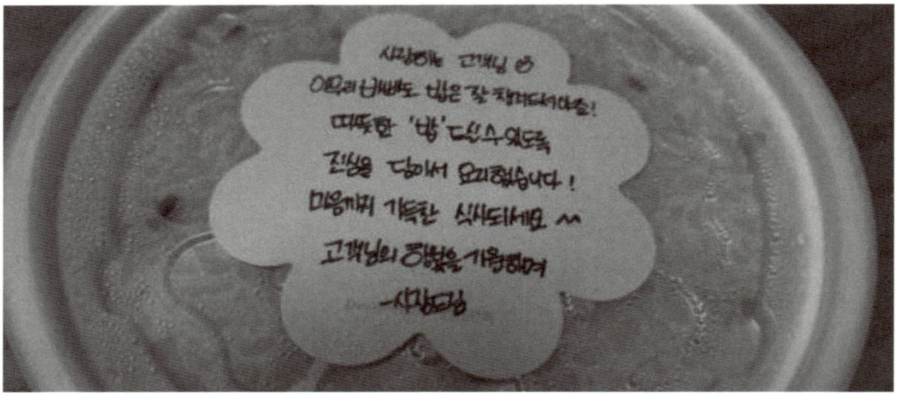

▲ blog.nvaer.com/winwin2301에서 발췌

포장지와 포장재에 대한 관심도도 높다. 친환경 소재를 활용한 포장과 재활용 가능한 쓰레기인지의 여부 등 환경에 대한 관심도 높다. 부산에 있는 '서울깍두기'라는 설렁탕집이 있다. 이곳은 포장 용기 값을 별도로 받는다. 1인분 포장에 천원, 2인분 포장에는 천2백원을 받는다. 하지만 포장 용기는 씻어서 집에서 반찬 용기로 재활용할 수 있는 것을 사용한다. 합리적인 방법이라 생각한다. 포장 용기 값을 별도로 받다 보니 포장 용기의 재질은 질 좋은 것으로 사용한다. 포장된 국물이 흐를 염려도 없고, 재활용할 수 있어서 이 방법이 더 합리적이란 생각이 들었다. 포장에 대한 만족감도 있지만 재활용해서 가정에서 쓸 수 있어

서 더한 만족감을 준다. 1회용품은 사용하지 않겠다는 주인장의 생각도 마음을 따뜻하게 한다. 포장 상태나 포장이 아름다운 디자인과 잘 프린트된 상태만을 의미하는 것은 아니다. 잘 포장된 상태와 더불어 따뜻한 감정을 느낄 수 있는 포장이면 더할 나위가 없겠다.

우리 음식점만의 라스트핏 이코노미를 만들어보면 어떨까 한다. 고객이 마지막 계산대에 서는 순간 아름다운 표정과 말투로 "손님, 식사 맛있게 하셨어요?", "손님, 오늘 불편한 부분은 없으셨나요?", "나가시면서 입안 개운하게 맛있는 사탕 하나 드시고 가세요?", "다음에 오시면 제가 더 세심히 모실게요." 등 식사 경험에 대한 체크와 더불어 아름다운 마무리가 되도록 하는 멘트, 다음을 기약하는 약속 과정을 모두 경험하게 하면 어떨까? 포장도 마찬가지다. 세심히 포장된 음식과 용품에 우리의 메시지를 적은 감동의 글을 적어 넣어보면 어떨까? 이렇게 요리해서 드시면 더 맛있다는 멘트를 넣어서 드리면 어떨까? 포장 용기는 재활용되는 것을 사용하면 어떨까? 많은 고민을 하게 하는 것이다. 음식점의 계산대에서, 포장과 배달된 음식에서 아름다운 '라스트핏 이코노미'를 실천해봤으면 한다.

이제 고객들은 저렴한 가격, 기능의 탁월성, 브랜드가 주는 여운보다 오히려 감정적이고, 감각적인 면을 더 소중하게 생각하는 것으로 만족의 정도를 측정한다. 고객이 어떻게 하면 좀 더 바로, 편리하게, 감정을 경험할 수 있게 할지를 고민해야 한다.

음식점의 라스트핏 이코노미는 계산대와 언박싱에 있다.

손님은 셀프, 직원은 유튜브

'비대면 서비스', '셀프 서비스'가 일상화되어 가고 있는 현실이다. 사람이 부족해서, 팬데믹으로 인해서. 하지만 아직도 '폴서비스'에 대한 환상을 버리지 못하고 있다. 가능하다면 고객들에게 '폴서비스'를 해드리는 것이 가장 좋은 서비스다.

동네에 셀프 서비스 방식을 선택한 분식점이 생겼다. 그동안 3번의 방문을 했다. 4번의 방문은 없을 것 같다. 3번의 방문과 3번의 같은 경험은 사람으로 하여금 불쾌감을 느끼게 했다. 이 분식점은 동네 분식점 최초로 비대면을 강조한 키오스크를 사용한다. 그리고 음식을 나오면 직접 가지러 가야 한다. 또 퇴식대가 마련되어 있어서 직접 퇴식까지 하는 과정을 거친다. 알고 보면 모두 내가 하는 음식점이다. 인테리어도 깔끔하게 잘 정리가 되어 있다. 평수를 생각하면 2억 이상의 돈이 투자되었을 것으로 보인다. 2억원의 돈을 투자해서 정갈한 인테리어로 손님을 맞는다. 여기까지 참 좋은 음식점이다.

'왜 셀프 서비스를 선택했을까?' 3번의 방문에서 3번의 젊은 여직원을 보았다. 3번 본 결론은 주인장의 딸이거나 주인이거나란 생각이다. 나이가 대학생 정도로 보이니 사장은 아닐 것으로 판단하고, 주인장의 딸 정도나 친인척 정도 되겠다 싶다. 같이 일하는 이모님들이 아무 말을 안하는 것 보면 뭔가가 있지 않겠나? 같이 일하는 아르바이트거나 직원이었으면 심한 소리를 하지 않았겠나?

아니 동영상으로 시간을 때우지 못했을 것이다. 이 젊은 여직원, 갈 때마다 동영상을 보느라 정신이 없다. 간혹 말을 시키면 한참을 생각한다. 동영상에 대한 생각이 끊기고 고객의 질문을 상기시키는 것이다. 생각이 동영상으로 가 있다. 질문에 대한 대답도 잘 못한다. 왜 음식점에 나와서 근무를 하는지 알 수가 없다. 이런 태도로 일하니 손님이 오겠는가? 그리고 나오는 길에 영혼 없는 소리를 한다. "감사합니다. 안녕히 가세요?"

원래 셀프 서비스에 대해 부정적이다. 손님들은 직원들이 바쁘면 이해를 하고, 도와 주기도 한다. 동네 장사가 다 그런 거 아닌가? 일손이 부족해 보이면 테이블 치우기까지도 마다하지 않는 것이 인지상정이다. 웨이팅 걸려 있으면 빨리 먹고 나가주는 것이 예의라고 생각하고 행동해준다. 적어도 저자는 그렇다. 셀프서비스를 핑계로 고객들은 셀프 서비스를 하고 있고, 직원은 동영상을 시청하고 있는 이 한심한 음식점에 대해서 뭐라고 평가를 해야 할지 모르겠다. 다른 분식점보다 비싼, 인테리어만 잘 해 놓은 음식점 그리고 셀프서비스. 지금도 장사가 잘 되지 않지만, 이런 행태로 오래 가지 못할 것은 뻔하다는 생각이다. 그러면 프랜차이즈 본사로 전화해서 매출이 왜 이렇냐고 항의하지 않겠나?

'손님은 셀프, 직원은 유튜브…' 이런 분들 음식점 안했으면 좋겠다. 진심으로 말해본다.

제3장 QSC is All

어린이에게 정성을 쏟아라 ; 어린이 고객응대 방법

음식점에서는 왜 어린이 고객이 중요한지를 생각해야 한다. 어린이는 음식점과 브랜드에 있어서 아주 중요한 고객이다. 이유는 2가지다. 첫째는 어렸을 때 좋았던 기억을 평생토록 간직한다. 둘째는 가족 고객이 외식에 있어서 음식점을 결정할 때 어린이의 선호도를 제일 먼저 고려한다는 것이다. 이런 이유를 고사하고라도 어린이들은 너무 귀엽다. 진심 어린 마음으로 어린이를 대해 보자.

아이들이 많이 오는 음식점은 정신이 없다. 아이들의 떠드는 소리, 부모와의 실랑이 등으로 몸살을 앓는다. 심한 경우 옆 테이블에서 컴플레인까지 겹치게 되니 여간 힘든 게 아니다. 거기에다 음식을 흘리거나, 토하기까지 하는 경우도 종종 있다. 그런데 아이들이 그런 걸 알면 아이들이 아니다. 아이니까 가능한 이야기다. 조용히 어른처럼 식사를 하면 그건 어른이지 아이가 아니다. 그렇게 사고를 시작해야 한다. 소란과 소음을 귀엽게 받아들여야 가능한 사업이 또한 음식점이다. 언제나 이런 마음으로 음식점을 했다.

음식점 점장을 하면서 늘 어린이 고객을 모시는데 최선을 다한 것 같다. 어린이 마음과 여성의 마음을 잡아야 음식점은 성공한다는 이론을 가지고 음식점을 운영한 것 같다. 물론 이런 사업적 마인드를 떠나서도 어린이, 그 자체로 귀엽지 않은가? 그래서 아이들을 무척 좋아했고 아직도 좋아하고 귀여워한다. 동네나 거리에서 아이를 만나도 항상 장난을 치려는 하는 버릇을 가지고 있다. 아무튼 음식점을 하면서 우리 음식점으로 오는 어린이들을 그냥 두지 않았다. 매월 다른 선물을 만들어서 준비를 해 두었다. 어떤 달은 크레파스를, 어떤 달은 손수건을, 어떤 달은 연필을 준비해서 가는 길에 살짝 챙겨주었다. 아이와 함께 온 부모와 함께 사진을 찍어주는 것도 잊지 않았다. 뭐 그리 큰돈이 들지 않았다. 쓴 돈에 비해서 고객들의 반응 2배, 3배 이상이었으니 그것으로 만족하는 것이다. 폴라로이드 필름은 비싸서 그렇게 하기에 어렵지만 찍어서 인쇄기로 출력하면 되니 비용은 그리 많이 들지 않았다. 또 한 번씩 귀엽거나 장난치다가 친분이 쌓이거나 하면 음식값은 받지 않은 경우도 허다했다. 애들이 친구랑 장난친다고 식사를 제대로 못했을 경우도 식사값을 받지 않았다. 더러는 식사가 부족해 보이면 더 내어주기를 습관처럼 했다.

| 어린이 응대가 중요한 이유

이런 어린이를 위한 습관은 후에 매출이 되어서 다시 돌아왔다. 극진한 대접과 친근한 애정은 어린이뿐만 아니라 부모까지 만족을 시켜 재방문을 해주는 기쁨을 주었다. 1개월 후든, 2개월 후든 관계를 맺은 어린이는 반드시 돌아왔다. 어린이 고객, 부모 고객과 관계를 맺는 방법이었다. 다시 돌아와준 고객들이 너무나 고마웠다. 그리고 고객들도 그 때 그렇게 친절히, 자상하게 해준 마음을 잊지 않는다고 했다. 그렇게 고객과 관계를 맺어가는 것이다.

동네에 서로 마주보는 극한의 경쟁 상대인 A, B의 감자탕을 하는 두 집이 있었다. 누가 보아도 용쟁호투의 대결이었다. 그리고 몇 년 후 한 매장이 폐점을 하고 종목을 바꾸었다. 다양한 요인이 있겠지만 하나의 요인은 바로 '어린이들을 위한 마음'이었다고 생각한다. 감자탕은 어른들을 위한 메뉴다. 어린이를 동반하려 해도 어린이 메뉴가 없으면 방문을 꺼린다. 승리한 감자탕집은 달랐다. 여기에는 돈까스, 어린이 스파게티 등의 어린이 메뉴가 있었고, 메뉴뿐만 아니라 어린이를 위한 식기와 장난감까지 비치를 해뒀다. 어른들이 편히 식사할 수 있도록 놀이터도 만들어 두었고, 오락실까지 겸비를 해뒀다. B감자탕집은 그러지 못했다. 그리고 몇 년이 지난 후 A감자탕집은 완전한 승리를 거두었다. 승리는 바로 '어린이를 위한 마음'에 있었다고 판단했다. 주인장의 밝은 혜안에 있다고 생각했다.

음식점에서는 왜 어린이 고객이 중요한지를 생각해야 한다. 어린이는 음식점과 브랜드에 있어서 아주 중요한 고객이다. 이유는 2가지다. 첫째는 어렸을 때 좋았던 기억을 평생토록 간직한다. 즉 어렸을 때 경험했던 음식점에 대한 좋은 기억은 평생 기억 속에 남아있게 된다. 어린이들의 마음 속에 자리잡은 음식점과 브랜드의 기억은 평생 고객이 될 수 있음을 말한다. 최근 고객 생애 가치(Customer Lifetime Value, CLV)라고 하는데 '특정 고객이 그 브랜드에 고객으로 있으면서 평생 제공해줄 재무 가치의 총합'을 말한다. 어린이는 그런 기준으로 보면 CLV가 대단한 고객이다. 그래서 어린이들에게 음식점이 전해줄 것은 친근감과 좋았던 기억과 추억이다. 둘째는 가족 고객이 외식에 있어서 음식점을 결정할 때 어린이의 선호도를 제일 먼저 고려한다는 것이다. 따라서 음식점의 선택권은 어린이가 가지고 있다. 이와 같은 2가지의 이유로 인해서 음식점에서 어린이 고객은 너무 훌륭한 고객이다. 우리는 어린이 고객을 만족시킴으로써 훌륭한 음식점과 브랜드, 좋은 매출과 이익을 확보할 수 있다.

어려워하지 말고 어린이들이 오면 반겨줘라. 얼마나 귀엽나? 부모와 함께 왔다면 더 반겨줘라. 그리고 우리 음식점은 어린이를 위한 식기, 메뉴, 장난감 등이 준비되었는지 체크를 해보라. 어린이의 마음을 잡는 것이 부모의 마음을 잡는 것이고, 부모님의 마음을 잡는 것이 어른 모두의 마음을 잡는 것이다. 그래서 음식점에서는 어린이의 마음을 사로잡을 필요가 있다.

꼭 명심하고, 어린이가 들어오면 반갑게 맞아주고, 이쁘다고 쓰다듬어 주고, 이름을 불러줘 보자.

제3장 QSC is All

음식점의 불만고객 관리 1 ; 불만고객을 대하는 마음

지금부터 고객들의 불만을 편하게 받아들이는 여유와 고객의 불만을 품을 수 있는 따뜻한 가슴을 가지도록 연습하고 연습하자. 여유와 따뜻한 가슴은 불만고객을 우리의 단골고객, 충성고객으로 만들 수 있는 지름길이다. 열심히 연습하고, 열심히 다듬어서 푸근한 마음으로 우리 음식점을 떠나게 하자. 그래야 음식점의 미래가 있다.

누구나 아는 얘기인데 모두가 실천하지 않기에 이 글을 쓴다.

불만고객의 중요성이 얼마나 중요한지 꼭 마음에 새겼으면 한다.

자꾸 언급하지만 음식점은 관리 포인트가 너무 많은 곳이다. 늘 불만의 요소가 산재해 있고, 잠시의 틈에 불만이 생겨져 나온다. 음식점은 주관적인 평가가 많은 곳이다. 그래서 불만이 더 많을 수 밖에 없다. 이를 인정하지 않으면 음식점을 하기는 충분치 않다. 이를 받아들일 수 있는 여유가 없다면 더더욱 음식점을 하면 안된다. 불만과 불평을 받아들일 수 있는 마음이 있어야 음식점을 할 수 있다. 본인의 마음을 돌아보기 바란다.

| 클레임과 컴플레인의 구분 방법

불만과 불평, 클레임과 컴플레인(Claim and Complaint)으로 지칭된다. 이의 구분은 '불만의 유형이 객관적이냐 주관적이냐'에 따라서 구분된다. 클레임은 '고객이면 누구나 객관적으로 문제가 있다고 지적할 수 있는 부분'을 얘기하는 것을 말한다. 예를 들어서 음식을 먹다가 벌레가 나왔다든가 아니면 예약을 했는데 테이블을 잡아두지 않았다든가 등의 객관적으로 판단했을 때 불만사항에 대한 시정과 배상요구의 의미도 포함하여 지적할 수 있는 부분으로 설명할 수 있다. 컴플레인은 클레임과 달리 고객이 주관적으로 판단할 수 있는 부분으로써 직원들의 서비스 태도가 마음에 안 든다든지, 음식이 맛이 없다든지 등의 고객의 주관에 의해서 판단하는 불만족으로 설명할 수 있다.

클레임이든 컴플레인이든 두 가지 모두 고객이 불만족하는 부분이므로 상황에 따른 빠른 조치로 고객의 불만족이 만족으로 이어질 수 있도록 최선의 조치를 해야 한다. 음식점에서의 불만은 음식, 서비스, 위생, 기타 사항의 4가지 정도로 분류할 수 있다.

불만은 해결하는 방법은 불만을 대하는 태도와 마인드에 있다. 처음 언급했듯이 불만이 언제나 일어날 수 있는 공간이 바로 음식점이고, 이를 해결해야하는 사람이 바로 음식점을 하는 우리이다. 따라서 불만을 얘기하는 과정, 불만을 토로하는 과정을 귀찮은 업무라 생각하지 않아야 한다. 불만은 우리가 해결해야 할 과제라고 편히 생각하는 마인드가 필요하다. 또 불만을 해결했을 때 고객들은 우리의 단골고객, 충성고객이 되어준다는 사실도 항상 염두에 두어야 한다. 이런 마인드로 임하면 반드시 불만을 해결할 수 있다. 또 반대로 생각해보면 정말 '맛이 없어서 맛이 없다.'고 말하는 것이고, '서비스가 안좋아서 안좋다고 얘기를 하는 것'이다. 그러니 모든 불만의 원인은 우리가 제공했다고 생각하는 편이 맞다.

대부분의 고객들은 불만을 말하지 않고 떠난다. 불만을 말하는 고객의 말 이면에는 '이 부분만 해결해준다면 내가 너의 충성고객이 되어 줄게.'라는 말로 동일하다고 보면 된다. 그러니 불만을 불만으로 보지 말고 단골고객으로 만들어 가는 과정으로 바라봐 주시기를 바란다.

몇 년 전 '김가네'라는 분식점을 방문했을 때의 일이다. 김밥과 라면을 시켜서 먹는 도중에 김밥에서 머리카락이 나왔다. 음식점에서 늘 조심하지만 흔히 있을 수 있는 일이다. 그래서 살짝 주인장에게 알렸더니 정말 미안한 표정을 지으시면서 "김밥 다시 해드릴 게요."라는 멘트를 하시면서 김밥을 금방 내어 주셨다. 분식점에서 이 정도 서비스만 해주어도 아주 좋은 서비스다. 그렇게 식사를 마치고 나오는데 주인장께서 "너무 죄송합니다. 집에 가서 드시라고 치즈김밥과 소고기김밥 두 개 넣었습니다. 죄송합니다."라고 말씀을 주신다. 정말 깜짝 놀랐다. 이 정도의 서비스는 기대하지 않았고, 이런 서비스를 하는 주인장에게 오히려 죄송한 마음이 들었다. 서비스의 의외성에서 고객은 만족을 넘어 졸도를 하게 된다. '김가네'에서 이런 서비스를 받았다.

사소할 것 같지만 이런 마인드가 모이고 모여서 음식점의 성공을 이끈다.

지금부터 고객들의 불만을 편하게 받아들이는 여유와 고객의 불만을 품을 수 있는 따뜻한 가슴을 가지도록 연습하고 연습하자. 여유와 따뜻한 가슴은 불만고객을 우리의 단골고객, 충성고객으로 만들 수 있는 지름길이다. 열심히 연습하고, 열심히 다듬어서 푸근한 마음으로 우리 음식점을 떠나게 하자. 그래야 음식점의 미래가 있다.

제3장 QSC is All

음식점의 불만고객 관리 2 ; 불만고객의 유형과 불만고객 해결 단계

불만고객을 이와 같이 정성스럽게 대하는 이유는 바로 음식점은 고객을 떠나서 연명할 수 없기 때문이다. 불만고객의 구전력은 높아 부정적 전파 가능성을 충분히 내재하고 있고, 반면 불만고객이 만족한 고객이 되었을 때 단골고객과 충성고객이 될 확률이 높기에 불만고객을 잘 응대하는 것은 음식점의 미래를 담보해줄 수 있다.

사람마다 성격이 다를 듯, 고객들 또한 다양한 유형이 있으며, 음식점의 불만유형도 다양하다. 객관적인 실체를 파악하기 힘든 것부터 시작해서 대형 사건까지 이룰 말하기 힘든 유형까지 다양하게 존재한다. 따라서 그 유형을 파악하고 대처하는 방법을 익히는 것이 필요하다. 연습하고 노력하다 보면 시간이 쌓여 노하우가 된다.

음식점을 오래하다 보니 고객은 각자의 유형을 가지고 있다. 장수용 · 김진태의 [365일 친절서비스 이것이 기본이다]에서 고객의 유형을 총7가지로 분류하고 설명하고 있다.

[표3-5] 고객유형별 대응법

고객유형	대응법
빨리 빨리형 고객	일 처리가 조금만 늦어도 '빨리빨리' 해달라고 재촉이 심한 고객이다. 기다리지 못하고 직원에게 "언제 되느냐?", "이렇게 하라.", "저렇게 하라."고 독촉한다. 이럴 때는 가능한지 불가능한지 여부를 분명히 해야 한다. "글쎄요?", "아마……", "저……"와 같은 애매한 말을 쓰면 고객은 신경을 더욱 날카롭게 곤두세운다. 하지만 말은 시원시원하게, 행동은 빨리빨리 응하면 이렇게 다루기 쉬운 고객도 없다. 늦어질 것 같을 때는 사유에 대해서 분명히 말해주고 양해를 구한다.
이것저것 트집을 잡는 까다로운 고객	"5분만 기다리라고 하더니 벌써 5분 30초가 지났잖소?"와 같이 사사건건 트집을 잡아 불평하는 고객이다. 이러쿵저러쿵 말이 많고 꼬투리 잡는 고객에게는 '이야기를 경청하고, 맞장구 치고, 추켜세우고, 설득해 가는' 방법이 효과적이다. "옳습니다. 선생님은 확실히 예리하시군요."라고 한 다음 "저도 그렇게 생각은 하고 있습니다만……" 하고 설득한다. 이런 종류의 고객에게는 먼저 의견을 경청한 다음 미안하다는 뜻을 나타내는 대응법이 효과적이다.
뽐내는 거만형 고객	자기 자랑이 심하고 거만하며 직원 따위는 거들떠보지도 않는 뽐내는 고객이나 안하무인격으로 큰소리치는 거만형의 고객은 되도록 정중하게 대하는 것이 좋다. 제멋에 사는 것을 좋아하는 사람이므로 자기 과시욕이 채워지도록 뽐내든 말든 내버려 두는 것이다. 의외로 단순한 면이 있으므로 일단 그의 호감을 얻게 되면 여러 면으로 득이 되는 경우가 많다.
싹싹하고 쾌활한 명랑형 고객	싹싹하고 쾌활해서 상대하기 쉬운 사람이지만 그렇다고 마음을 놓아서는 안된다. 만만하게 여기면 자신을 우습게 본다고 생각하며 꽁한 마음을 먹을지도 모른다. 이런 고객은 후에 인간적인 교류까지도 가능하게 되는 무난한 고객이다. 이런 고객에게는 일을 처리할 때 'Yes', 'No'를 분명히 하는 것이 좋다. 단, 상대방의 쾌활함에 말려들어 예의에 어긋나는 일이 없도록 유의한다.
온순하고 과묵한 얌전형 고객	"미안합니다." 하고 저자세로 나오는 온순한 고객이다. 이런 얌전형의 과묵한 고객들은 속마음을 헤아리기가 어렵다. 조금 불만스러운 것이 있어도 많이 내색하지 않는다. 그러나 말이 없다고 해서 흡족해하는 것으로 착각해서는 안 된다. 저자세이지만 속으로는 날카롭게 관찰하고 있는 무서운 고객일 경우도 있으므로 예의 바르게 응대한다. 이런 고객은 한 번 마음에 들면 거래가 오래 지속되나 반면에 마음이 돌아서면 끝장이다. 말이 없는 대신 오해도 잘한다. 정중하고 온화하게 대해주고 일은 차근차근 빈틈없이 처리해주도록 한다.

의심이 많은 고객	이것저것 캐묻고 이리 갸우뚱 저리 갸우뚱 의심이 많은 고객에게는 자신감 있는 태도로 간결, 명확하게 응대한다. 이런 고객에게는 너무 자세한 설명이나 친절도 때로는 의심의 대상이 되기 때문이다. 분명한 증거나 근거를 제시하여 스스로 확신을 갖도록 유도하며 때로는 책임자로 하여금 응대하도록 하는 것도 좋다.
어린이 동반 고객	고객은 어린이에 대한 관심을 자신에 대한 관심으로 여긴다. 어린아이의 특징을 재빨리 파악해 적절한 찬사를 보내면 효과 만점이다. 울거나 칭얼거린다 하여 "얘, 여기서 울면 못써요." 하고 못마땅하게 여길 것이 아니라 살짝 안아주거나 다독거려준다. 어린이를 위하여 약간의 장난감이나 그림책 등을 준비하는 재치도 필요하다.

고객의 유형을 파악하고 맞춤형 서비스를 제공하는 것은 개성과 취향을 중시하는 시대적 흐름에 맞는 서비스다. 이런 연유로 고객의 성향을 파악하는 노력, 고객의 성향에 따른 대응법을 익히는 것이 필수인 시대가 되었다. 조그마한 노력이 쌓여 번성음식점이 된다. 평범한 고객을 잘 응대하는 것은 누구나 할 수 있는 것이고, 까다로운 고객을 잘 응대하는 것이 진정한 고수의 서비스가 되는 것이다. 평범이 아닌 비범함을 서비스에도 녹여 내기 바란다. 중요한 것은 불만고객을 단골고객화하도록 노력하는 자세가 필요하다. 고객이 음식점을 이용하면서 불평을 제기할 경우, 해결하려는 적극적인 자세를 가져야 한다.

고객의 불평을 해결하는 단계는 다음과 같은 5단계로 이루어지는 것이 좋다.

[표3-6] 불만고객의 해결 단계

사과와 경청

↓

사실에 대한 인정

↓

상황 조사

↓

문제 해결 및 대안 제시

↓

긍정적 마무리

| 불만을 소중히 생각하는 주인장이 되어야

고객이 불만을 제기했을 경우, 이유를 떠나 일단 고객에게 먼저 사과를 하는 자세가 필요하다. 그리고 고객의 불만사항을 끝까지 경청하는 자세도 필요하다. 사과와 경청이 불만을 해결하는 가장 기본적인 자세이고 첫번째 단계이다. 끝까지 고객의 이야기를 고개를 끄덕이면서 맞장구 치며 잘 들어주는 자세가 필요하다. 다음은 '사실에 대한 인정'이다. 고객이 잘못된 의견을 제시하더라도 그 사실에 대해서 인정하는 자세가 필요하며 사실의 인정 후 해결 방법을 모색하는 태도가 필요하겠다. 사과와 경청, 사실인정 후 빠르게 사건에 대한 조사를 진행하며 조사 후 문제점에 대한 해결과 대안을 제시해야 한다. 고객에게 빠른 피드백을 주는 것이 필요하다. 심리적으로 보상하고, 필요하다면 경제적 보상(무료 제공, 할인 등)의 조치도 필요하다. 마지막으로 결과 제시에 대한 고객의 반응과 만족 여부를 살피고 긍정적으로 마무리하면 된다.

불만고객을 이와 같이 정성스럽게 대하는 이유는 바로 음식점은 고객을 떠나서 연명할 수 없기 때문이다. 불만고객의 구전력은 높아 부정적 전파 가능성을 충분히 내재하고 있고, 반면 불만고객이 만족한 고객이 되었을 때 단골고객과 충성고객이 될 확률이 높기에 불만고객을 잘 응대하는 것은 음식점의 미래를 담보하기 때문이다. 불만고객을 만족한 고객으로 만드는 것은 결국 음식점을 하는 우리의 마인드와 태도이다. 앞서 언급한 것처럼 마음의 여유와 해결하려는 자세인 것이다. 오늘부터 비정상을 받아들이는 마인드와 고객불만을 하나의 일처럼 받아들이는 여유와 고객을 중요시 하는 음식점의 넉넉한 마음을 연습하기 바란다. 음식점은 하루, 이틀 하고 말 사업이 아니라 길게 나와 함께 가야 할 동반자이다. 긴 숨으로 음식점과 고객을 바라보기 바란다.

제3장 QSC is All

의사결정의 기준, 고객(홀과 주방과의 관계 이야기)

'모든 의사결정의 기준, 고객'이라는 말은 향후 어떤 상황이 주어지고, 해결책을 찾지 못할 때 고객이 어떻게 하면 더 편하게, 즐겁게, 맛있게 드실 수 있는지 고민하자는 의미였다. 음식점에서 발생하는 모든 상황에 대한 의사결정 기준은 고객이 되어야 한다. 고객이 편하게, 즐겁게, 행복하게 식사를 할 수 있게 만드는 것이 음식점을 하는 우리의 사명이라 할 수 있다.

음식점을 운영하거나, 또는 조직을 운영하다 보면 자기가 속한 팀이나 부서의 입장에서 생각하는 '팀 이기주의'와 '부서 이기주의'에 빠진다. 많은 사람들이 이런 사안을 경계하면서도 이런 사안에 또 쉽사리 빠진다. 하지만 조율하는 입장으로 바뀌면 '왜 팀 이기주의가 나쁜지, 부서 이기주의가 나쁜지'를 안다. 자신의 입장에서만, 자신이 속한 조직의 입장에서만 이야기를 하기 때문이다. 서로 충돌이 일어난다. 조직에서의 충돌은 팀웍을 해체하고, 해체된 팀웍은 부진한 성과로 이어진다. 공식같은 이야기다.

음식점을 하다 보니 홀과 주방의 입장도 마찬가지다. 서로가 서로의 입장만 생각한다. 잦은 다툼이 발생한다. 생각을 나누다 보면 홀직원들은 고객서비스, 고객의 입장이 되어서 이야기를 많이 하는 편이고, 주방 직원들의 입장은 요리를 하는 쉐프로, 장인으로서 입장이 되어 이야기를 한다. 음식과 관련된 하나의 컴플레인이 발생했을 때도 이런 생각들은 그대로 반영된다. 홀직원들은 '요리가 잘못되었으니 다시 해달라'는 요청을 하고, 주방 직원은 '요리는 정상적이었고,

이런 상황도 핸들링 못하냐'며 항변한다. 같은 사안을 놓고 상반된 입장이 된다. 더러는 한꺼번에 고객들이 들어와 메뉴 주문을 한꺼번에 하면, '이렇게 한꺼번에 주문을 넣으면 어떻게 메뉴를 만드냐'고 항변하고, 홀직원들은 '고객이 주문하는 데 그럼 어떻게 하느냐'고 대답한다. 이런 일들이 비일비재하다.

그날도 같은 상황이 반복이 되었다. 고객이 주문하면서 요청이 많았다. 국물요리를 시키면서 "고기를 먹지 않으니 고기는 빼 달라, 야채 중 어떤 것은 제외하고 이것을 좀 더 넣어 달라" 등의 주문한 메뉴 4개를 놓고 요리 4개에 각기 다른 요구사항의 오더를 한 것이다. 이를 외면할 수 없어서 주방장에게 전달을 했고, 주방장은 '이렇게 오더를 받아오면 요리를 어떻게 하냐고" 말을 하면서 서로 다툼이 발생했다. 어떻게 보면 해드릴 수 있는 요리였고, 어떻게 보면 미리 준비한 식재 상태로 요리를 해야 함에 주방장의 입장도 이해가 되는 부분이었다. 음식 장사 참 어렵다.

이런 경우가 많이 발생한다. 홀과 주방이 잦은 다툼을 벌이기도 한다. 당시 항상 발생하는 문제를 해결하는 기준점이 필요하다고 생각했다. 홀, 주방 관계없이 우리의 기준점이 필요하다고 생각했다. 같은 상황, 다른 생각인 것이다. 동상이몽, '생각은 같으나 다른 꿈을 꾸고 있는' 이런 상황. 상황은 같으나 다른 생각을 하는 상황을 '동상이고'라 저자는 표현했다. 생각을 정리하고 홀직원과 주방직원들에게 전달했다. 앞으로 '우리의 모든 의사 결정의 기준은 고객이다.'고 말이다.

'모든 의사 결정의 기준, 고객'이라는 말은 향후 어떤 상황이 주어지고, 해결책을 찾지 못할 때 고객이 어떻게 하면 더 편하게, 즐겁게, 맛있게 드실 수 있는지 고민하자는 의미였다. 그 기준점으로 생각해서 서로 논의하고 답을 찾자고 부탁을 한 것이다. 그러면 자연스럽게 서로 답을 찾아갈 것이고, 그 답은 고객의 편안함으로 돌아갈 것이다. 우리가 음식점을 하는 이유는 '고객의 행복한 식사'를 위한 것이다. 그래서 의사 결정은 '고객의 입장'에서 판단해야 한다. 그런 말을 전달해주고 싶었다. 고객의 입장도 있지만 사실 더 중요한 것은 직원들이 편하게 일하게 만들어주는 것도 소중하다. 그건 음식점 사장님, 경영자의 몫이고, 직원들은 고객의 입장이 되어서 생각해주는 음식점의 모습이 필요하다. 그런 정의를 해서 직원들을 교육하고, 훈련하고, 생각을 바뀌게 하는 것이 서로의 팀웍을 유지하는 길이고, 고객들이 피해를 받지 않는 길이다. 어느 편에 서지 못할 애매한 상황, 그 기준점은 고객이다.

음식점에서 발생하는 모든 상황에 대한 의사결정 기준은 고객이 되어야 한다. 고객이 편하게, 즐겁게, 행복하게 식사를 할 수 있게 만드는 것이 음식점을 하는 우리의 사명이라 할 수 있다.

'모든 의사 결정의 기준, 고객'

인원수대로, 2인분부터

음식은 언제나 편안하게 주문하고, 편안하게 먹을 수 있도록 해야 한다. 모든 사업이, 모든 음식점이 고객의 취향이 존중 하지 않으면 성공할 수 없다. 고객의 취향이 뭔지 세심한 배려가 있는 음식점이었으면 한다. 공급자마인드를 버려야 한다.

간혹 생각나는 메뉴가 있다. 늘 먹고 싶지는 않지만 간혹 생각나는 메뉴. 내게는 초밥이 그렇다. 불쑥 생각이 나거나, 갑자기 먹고 싶어 질 때, 멀리 가지는 못하고 슬리퍼를 끌고 동네 음식점을 찾게 된다. 그날 초밥이 생각나 동네에 있는 초밥가게를 찾았다. 이미 식사를 한지 얼마되지 않았고 둘이서 초밥 한세트만 시켜서 먹을 요량이었다. 가게에 손님은 딱 한 명.

주방에 있던 주인장에게 "초밥 만오천원짜리 하나 주세요."라고 했더니, 주인장 왈 "인원수대로 주문하셔야 합니다."라고 대답이 바로 돌아온다. 말하는 모양새가 많이 해본 솜씨였다. "저희가 식사를 해서 한세트만 먹으려구요. 빨리 먹고 갈게요."라고 다시 추임새를 넣으니, "안됩니다. 인원수대로 시켜야 합니다."라고 즉답이 돌아왔다. 이를 즉문즉답이라 한다. 우리는 그 말을 듣고 바로 나왔다. 나도 외식업을 하고 있지만 '어떻게 저런 마인드로 장사를 하지'라는 생각을 떨쳐 버릴 수가 없었다. 정말 바보같이 장사를 한다. 고객의 입장이 아니고, 주인장의 입장으로 장사를 하는 사람이었다. 이런 기분이 어디 나뿐이었을까? 무수히 저런 멘트를 했을 것이다. 장사가 될 리 만무하다. 장사를 하는 사람이 고객의 입장이 되지 않고, 고객의 마음을 헤아리지 않고 성공할 수가 없다. 그 주인장 그렇게 장사를 하고 있었다.

고객이 둘이 와서 하나를 시킬 수도 있고, 둘이 와서 3개를 시킬 수도 있다. 둘이서 3개는 되고, 둘이서 하나는 안된다는 논리는 뭘까? 고객이 배가 고플 수도 있고, 배가 부를 수도 있다. 양이 작아서 하나만 시킬 수도 있고, 양이 많아 3개를 시킬 수도 있다. 음식점을 하는 사람이라면 적어도 고객의 입장이 되어서 이해보면 어떨까 한다. 다시는 그 집을 가지 않는다. 다른 초밥집도 근처에 있기 때문이다. 간혹 동네를 거닐다가 그 집을 유심히 살핀다. 여전히 손님이 없다. 아니 손님을 다 놓쳤을 것이다. 주인장이 마인드부터 바꾸지 않으면 지금의 모습 그대로 일 것이다. 생각을 바꾸고, 관점을 바꾸는 것이 음식 맛보다 더 중요할 수 있다.

| 고객의 입장으로 생각하고 실천하는 음식점

또 한번 이런 저런 다양한 메뉴를 하는 추어탕집으로 식사를 하러 갔다. 보통 식사를 하러 가면 본인의 취향대로 주문을 한다. 그래서 추어탕 하나, 김치찌개 하나 이렇게 주문을 하려고 하니 김치찌개는 2인분부터 된다고 한다. 2인분부터라는 말도 역시나 공급자 마인드다. 김치찌개는 1인분이 가능한 메뉴다. (물론 2인분부터 가능한 메뉴가 있기는 하지만) 그런데 2인분부터는 분명히 주인장, 주방장의 편의로부터 출발한 생각이다. 사실 이렇게 주문을 받는 곳을 보면 기분이 조금 언짢다. 개개인이 취향이 다르고, 먹고 싶은 게 다른데 이런 고객의 요구를 막아 버린다. 그래서 고객의 입장에서 보면 합리적인 메뉴 구성이 아닌 것이다. 기분이 상하기 마련이다. 결국 우리는 메뉴를 통일했다. 통일할 수 밖에 없는 구조였다. 그 가게를 나올 때 기분은 어떨까? 당연하다. 다시 갈 일이 별로 없다. 다른 가게들이 지천에 늘려 있기 때문이다. 그렇게 영업을 하고 있다. 그리고 손님이 없다고 한숨을 쉬고 있을 것이다.

돌아보면 구석 구석에 이런 음식점들을 많이 본다. 음식점을 하는 사람으로서 안타까움을 금할 길이 없다. 늘 생각하지만 '장사가 안되는 이유는 분명히 내부에 있다.' 그것은 진리다. 내부를 스스로 돌아보지 못하고, 돌아보지 못하는 한계가 음식점의 결과로 나타난다. 손님이 와서 편하게 주문하고, 취향대로 주문하고, 맛있게 만든 음식 잘 먹고 가도록 만든다면 장사가 안될 리가 없다. 고객의 입장에서 한번만 생각하면 될 일이다.

두 가게에 코칭을 해주고 싶었지만 오지랖이다 싶어서 그만 두었다. 지금 내 음식점에서 우리가 손님을 내보내고 있지 않는지 돌아봤으면 한다. 오지랖 떨었으면 한 소리 더 듣고 나왔을 수도 있다. 내 메뉴판에 인원수대로, 2인분부터 있는지를 살펴보기를 바란다. 음식은 언제나 편안하게 주문하고, 편안하게 먹을 수 있도록 해야 한다. 모든 사업이, 모든 음식점이 고객의 취향이 존중하지 않으면 성공할 수 없다. 고객의 취향이 뭔지 세심한 배려가 있는 음식점이었으면 한다.

제3장 QSC is All

한 명의 고객도 서운하게 보내지 마라

음식점에서 불만을 제기하는 한 명의 고객을 쉽게 생각하면 안된다. 누차 강조해도 되지 않는 음식점의 사장님이 많다. 한 명의 불만고객이 10명이 되고, 100명이 되고, 1,000명이 된다. 실로 그 영향이 크다.

음식점을 운영하면서 고객불평과 관련해서 일관되게 지녀왔던 마음이 '한 명의 고객도 서운하게 보내지 말자'였다. 완벽함을 기하면서 음식을 만들고, 서비스를 하려고 해도 생각지도 못한 불만들이 생기게 된다. 하지만 늘 불만을 바로 해결해야 한다고 생각했고, 절대 서운하게 해결되지 못한 채로 보내지 말자는 것이 나의 생각이었다. 그리고 그렇게 하기 위해서 노력했다.

| 공급자적 마인드 버려야

군대를 갓 다녀온 어린 시절, 어머니는 지병으로 매월 병원 진료를 받으셨다. 시간이 허락하면 항상 동행을 했고, 동행 중에 어머니와의 식사는 필수적이었다. 병원을 동행했던 어느 날 아침, 진료 시간이 남아 음식점으로 향했다. 음식점에서 나는 김치찌개를, 어머니는 동태탕을 시켰다. 그랬더니 주인장이 "통일해서 주문하세요. 아침인데"라고 하는 것이다. 그래서 내가 다시 "먹고 싶은 게 다르니 그냥 김치찌개와 동태탕을 주세요."라고 했다. 그랬더니 "통일하지 않으면 안된다."라고 화를 낸다. 그리고 바로 음식점을 빠져 나왔다. 나오는 뒷통수에 주인장은 뭐라고 욕을 하는 것 같았다. 그렇게 생각했다. "왜 저런 분이 음식점을 할까?" 그리고 어머니 살아 생전 그 음식점에 한번도 가질 않았다.

출근을 하는 길에 주유소에 들러 주유를 한다. 주유소가 나란히 2개가 있다. 주유소를 번갈아 가면서 주유를 하다가 어느 날 A주유소에서 직원이 아주 못된 서비스를 한다. 뭐 때문에 화가 났는지 그걸 나한테 쏟아 부었다. 말투도 태도도 서비스맨이라고 하기에 걱정이 앞섰다. 그 길로 A주유소는 절대 가지 않는다. 굳이 10만원 가까운 그리고 한달이면 40만원 가까운 주유를 하면서 그런 대접을 받을 이유가 없다고 생각했다.

| 고객 생애 가치로 계산하면 한명의 고객도 소중하다

최근 고객 생애 가치'CLV(Customer Lifetime Value)'에 대해 생각들이 브랜드와 기업으로 전달되고 실행되고 있다. '고객 생애 가치란 특정고객이 특정기업이나 브랜드에 대해서 평생 기여할 것으로 예측되는 매출이나 금전적 가치'를 뜻한다. 그 음식점과 주유소에 지불한 나의 생애가치는 제법 크다. 불만족한 고객 한 명을 쉽게 보지 말아야 하는 이유다. 또 불만족한 고객이 전파하는 많은 다수의 피해까지 고려한다면 고객들에게 얼마나 잘 해야 하는지를 알 수가 있다.

고객이 브랜드나 기업에 불만을 말하는 고객의 비율은 4%, 불만을 말하지 않고 다시 않는 고객은 96%나 된다고 한다. 불만을 말하지 않는 이유는 '이용하지 않으면 되니까', '말해 봐야 개선될 것 같지 않으니까', '귀찮아서' 등 다양하다. 그래서 우리는 불만을 찾아내고 이를 개선해야 한다. 지금의 시대는 개인 미디어화 시대다. 그리고 불만족을 평가하고, 사이트에 기록하는 시대다. 고객들은 평가사이트의 내용을 신뢰하며, 개인 미디어를 기업이나 브랜드의 메시지보다 더욱 신뢰한다는 조사 결과도 있다. 구전으로 9~24명이고, 개인 미디어를 통해서, 평가 사이트를 통해서 수천명에게 내용이 전달될 수 있다. 불만족을 해결해야 하는 이유다. 또, 불만을 제기하고 즉시 해결된 경우 82%의 고객이 재거래 의사를 가지고 있었고, 불만이 해결된 사람은 54%, 불만을 얘기했으나 해결되지 않은 사람은 19%, 불만을 말하지 않은 사람은 9%의 재거래 의사를 밝혔다. (HP사 조사 결과)

음식점에서 불만을 제기하는 한 명의 고객을 쉽게 생각하면 절대 안된다. 누차 강조해도 되지 않는 음식점의 사장님이 많다. 한 명의 불만고객이 10명이 되고, 100명이 되고, 천명이 된다. 실로 그 영향이 크다. 특히 동네에서 장사를 하는 음식점 사장님들은 동네장사의 민감함을 더욱 잘 알아야 한다. 입소문과 평판이 좋지 못한 음식점은 오래 가지 못한다. 동네장사에서는 더욱 그러하다. 한 명, 한 명 단골이 쌓여야 할 음식점에 불만고객이 한 명, 한 명 쌓이다 보면 1년만 지나면 매출이 절반이 되고, 2년만 지나면 폐점을 해야 할지도 모른다. 그래서 한 명의 고객도 서운하게 해서 보내지 말아야 한다. 음식점이 있는 불면의 진리다. 불만을 반드시 해결하고 보내자.

그래서 음식 장사 하는 동안 마음을 이렇게 다잡자. '한 명의 고객도 서운하게 보내지 말자'

1) 처음에 똑바로 하자.

2) 안되었다면 즉시 해결하자

3) 명심하자, 세 번째 기회는 없다.

제3장 QSC is All

위생 이제 선택이 아닌 필수 조건

'우리 음식점의 맛과 서비스는 타 음식점에 비해서 월등하다.' 우리는 이런 자부심으로 우리는 음식점을 운영하고 있다. 이제 맛과 서비스와 더불어 가장 안전하고 위생적인 공간이 되어야 시장에서의 경쟁에 대비할 수 있게 되었다.

10여년 전 중식 레스토랑 브랜드의 론칭을 준비하면서 중식당에 대한 고객 니즈 파악을 위해서 고객 설문 조사를 진행했었다. 설문을 통해서 고객들의 중식(中食)에 대한 바람을 조사하고 이를 브랜드에 적용하려고 하였다. 설문 조사 결과를 요약하면 고객들은 표준 이상의 맛을 제공하는 중식 메뉴와 안전하고 깨끗한 위생적인 중식당을 바란다는 것이었다. 의외의 결과가 아니었으나 중식당의 위생에 대한 상당한 불안함을 호소하였다. 굳이 말하지 않아도 한국 내에서 고객들에게 각인된 중식당은 '지저분하다.'라는 반증을 설문은 나타내 주었다. 당시만 해도 음식점의 위생에 대한 바람은 상당히 강했다. 그렇다고 당시 음식점에서 위생을 소홀하게 운영했던 것은 아니다. 나름의 노력을 하였지만 시장의 니즈를 강하게 반영하지 못한 듯 하다.

| 이제 고객들이 바라는 음식점의 가장 기본은 위생

2020년 1월 발현된 코로나19 이후로 위생에 대한 이슈는 모든 음식점에 빠르게 적용되고 있다. 안전하지 못하면 방문하지 않겠다는 고객의 생각들이 그대로 반영된 결과이다. 음식점에서의 위생은 정말 중요한 화두가 되었다. 코로나19 이후 외식 업체들 상황에 대한 빠른 적용을 했다. S카페의 경우 사회적 거리두기를 적극적으로 시행하며 주문 시 고객 접근선을 긋고 일정 간격을 유지하면서 주문을 받았고, 일부 좌석들은 사용을 중지하면서 사회적 거리두기를 실현했다. 개인용 텀블러 사용까지도 중지하면서 위생적인 부분에 적극적인 대응을 하는 모습이다. O스테이크하우스는 고객이 테이블에 착석하자 마자 개인용 손세척전용젤을 제공하였다. 이런 적극적인 모습 이외에도 보편적으로 모든 레스토랑들이 입구에서 고객 한 명 한 명마다 온도 체크를 하고 이상이 없을 시 입장을 시키고 있고, 입구에 손소독전용젤을 비치하고 있다. 또 한동안 환경보호운동으로 사용을 중지하거나 중지되었던 일회용컵을 사용하고 있고, 일회용 젓가락과 스푼을 사용하고 있다. 이것이 코로나19 이후 보편적으로 보여준 음식점들의 위생에 대응하는 모습이다. 이제 위생관련 이런 일련의 활동들은 선택이 아닌 필수가 되었다. 위생적인 것으로만 보면 아주 다행스러운 현상이 아닐까 한다.

최근 음식점의 위생에 대한 인식은 고객의 입장에서도 음식점의 입장에서도 많이 환기되고 시행되고 있다. 어떤 음식점에서는 미세먼지의 정도를 표시하는 모니터도 도입하고 있고, 입구에 외부 점검 기관으로부터 받은 위생 표시를 하여 고객들로부터 안심할 수 있는 공간으로 고객들에게 어필하고 있다. 특히 2017년 5월19일부터 식품의약안전처 주관으로 음식점위생등급제를 시행하여 음식점의 위생등급을 3개 등급(매우우수, 우수, 좋음)으로 나누어 홍보하고 있다. 또 많은 음식점들이 위생 점검과 위생 등급을 외부 기간에 의뢰하여 고객의 안심과 안전에 대해서 점검하고 이를 고객들에게 홍보하고 있다.

이제 음식점에서의 위생은 시대의 흐름상 절대 선택사항이 될 수 없고, 필수적인 항목이 되었다. 더럽거나 위해요소가 있다고 판단되는 음식점, 외부 기관에서 증명해주지 않는 음식점의 방문을 고객들을 꺼릴 수 있다. 그래서 위생과 안전은 시장에서 필수적인 항목인 것이다.

| '안전하지 않으면 가지 않겠다'는 고객들의 생각

'우리 음식점의 맛과 서비스는 타 음식점에 비해서 월등하다.' 우리는 이런 자부심으로 우리는 음식점을 운영하고 있다. 이제 맛과 서비스와 더불어 가장 안전하고 위생적인 공간이 되어야 시장에서의 경쟁에 대비할 수 있게 되었다.

이렇게 준비하자.

첫째, 모든 우리 음식점의 직원들은 위생 매뉴얼을 숙지하고, 매일 위생에 대한 점검과 안전에 대한 점검을 실행해야 한다.

둘째, 내부의 기준으로 준비하지만 외부 기관의 점검으로 위생에 대한 안전함을 고객들에게 전달할 수 있는 표식을 획득하자.

셋째, 식약처에서 시행하고 있는 위생등급제의 등급을 [매우우수] 등급을 취득하여 이를 고객들에게 알려가자.

넷째, 미세먼지, 공기 청정, 살균 세척 등에 기준을 마련하여 위해한 요소가 없음을 고객들에게 전달하자.

이외에는 준비해야할 위생 관련 항목은 무지 많다. 많이 준비하고 많이 알리자. 위생 관련한 일련의 활동을 하고, 위생 활동들을 고객에게 알리지 않으면 안 되는 시대가 되었다. 위생, 이제 선택이 아닌 필수가 된 시대이다. 그냥 과거처럼 흘려 보내면 음식점의 성공은 보장하기 힘든 시대가 되었다. 위생이 가장 기본적인 음식적의 요소이다.

출처: 식품의약품안전처

제3장 QSC is All

어떤 고객이 더 좋은 고객인가?

음식점은 관계를 맺고 자란다고 생각을 한다. 골목식당은 특히 관계에서 출발하고 매력을 발산한다고 생각을 또 한다. 그러니 자주, 자꾸 방문하는 고객이 월등히 뛰어난 고객이 아닐까 한다. 그럼에도 모든 고객은 소중하다.

1번 고객
6개월에 한번 방문해서 200,000원을 쓰는 고객
2번고객
1개월에 한번씩 방문해서 30,000원을 쓰는 고객

'고객이 좋다, 나쁘다'를 판별하는 것이 어떻게 보면 무의미할 수 있으나 비즈니스를 하는 입장이다 보니 판별할 필요가 있다고 생각 한다. 1번 고객과 2번 고객 중 어떤 고객이 더 양질의 고객일까? 우리 스스로에게 자문해보도록 하자.

1번 고객은 6개월동안의 매출이 200,000원 발생했고, 방문은 1회였다.
2번 고객은 6개월동안의 매출이 180,000원 발생했고, 방문은 6회였다.

어떻게 보면 판단하기 애매할 수 있다.

저자는 고객을 질을 평가한다면 2번 고객을 우수고객으로 생각한다. 물론 매출로만 보면 1번 고객이 좋다고 할 수 있으나 고객의 질은 관계와 충성도에 있다고 생각을 하기 때문이다. 간혹 단체모임을 통해서 많은 매출을 한번에 올려주는 고객들이 있다. 이 고객들이 단골로 변화하는 경우도 있으나 많은 경우 1회성 고객으로 끝나 버린다. 하지만 작은 매출이지만 꾸준히 방문하는 고객들은 우리 음식점의 사정을 알고, 직원들도 알며, 우리의 변화도 알고 있다. 서로의 이름까지도 알고 있다. '관계의 질'적인 측면에서 보면 최고다. 또 지속적인 방문은 단골이며 충성고객이 되겠다는 의지의 표현이다. 그래서 관계와 충성도로 보면 2번 고객이 훨씬 우수한 고객이다. 그들의 구전과 팬이 된 고객들의 활동과 전파는 더더욱 매장의 매출에 영향을 미친다. 그래서 너무 훌륭한 고객이다.

저자는 음식점 고객의 관계와 충성도 그래서 질로 연결되어 서로에게 선한 영향력을 주고받는 것이라 생각한다. 저자의 생각과 다를 수도 있다. 그렇지만 곰곰이 한번 생각해봤으면 하는 문제라 생각한다.

이제 음식점은 관계를 맺고 자란다고 생각을 한다. 골목식당은 특히 관계에서 출발하고 매력을 발산한다고 생각을 또 한다. 그러니 자주, 자꾸 방문하는 고객이 월등히 뛰어난 고객이 아닐까 한다. 우리 음식점에 이런 고객의 비율이 얼마나 있는지 확인해보면 우리 음식점의 미래가 보일 수 있다.

1번 고객, 2번 고객의 당신의 선택은 무엇인가?

제 4장

골목식당의

Branding 방정식

제4장 골목식당의 Branding 방정식

동네 음식점의 브랜딩

브랜딩은 '고객에게 어떤 가치와 혜택을 제공할 것인가'에 대해서 명확히 정의 짓는 것이다. 고객에게 제공되어져야 할 가치가 무엇이고, 그 가치가 다른 브랜드와 어떻게 차별화되는 것인가를 명확히 해주는 것이 바로 브랜딩이다.

동네를 거닐다, 동네 음식점을 방문해 보면 너무 많은 이야깃거리들이 있다. 저렴한 가격에 맛까지 훌륭한 2천원짜리 김밥, 넉넉한 모임공간까지 갖춘 동네의 카페, 청년들이 모여서 창업한 청년창업 공간의 스시집, 고기 특수부위만 모아서 파는 돼지고기 구이 전문점, 기사식당을 넘어서 동네 주민들의 음식점이 된 기사식당 등 그 가치가 출중한 동네음식점들이 너무 많다. 그리고 자주 이용한다.

이와 반대로 음식점에서 하지 말아야 할 행위를 하는 음식점들도 즐비하다. 한가한 시간에도 1인 1주문을 고집하는 스시집, 우리는 꼭 2인분 이상 주문해야 한다고 우기는 사장님의 찌개집, 셀프서비스를 적어 두고 서비스를 해주거나, 서비스를 해야함에도 셀프서비스로 하라고 불편을 초래하는 분식점, 핸드폰에 정신을 빼앗겨버린 아르바이트생이 근무하는 돼지갈비집, 음식의 맛은 보는지 안 보는지 헷갈릴 정도로 형편없는 음식을 내어놓는 음식점 등도 제법 있다.

| 우리는 어떤 혜택과 가치를 제공하는 음식점인가?

혜택과 가치라는 질문에 대한 답이 바로 음식점의 브랜딩요소다. 2가지를 이야기하고자 한다.

브랜딩은 고객에게 어떤 가치와 혜택을 제공할 것인가에 대해서 명확히 정의 짓는 것이다. 고객에게 제공되어져야 할 가치가 무엇이고, 그 가치가 다른 브랜드와 어떻게 차별화되는 것인가를 명확히 해주는 것이 바로 브랜딩이다.

또 브랜딩이란 '해야 할 것과 하지 말아야 할 것'들을 정리해 놓은 정신이라고 생각한다. 브랜드가 되려면 정확히 어떤 행위를 하고, 어떤 행위를 하지 말아야 하는지를 명확히 구분하여 원칙을 세우는 것이고, 그 원칙을 준수하는 것이 브랜드가 되는 바로미터이다. 이를 브랜딩이라 한다. 대부분의 음식점들이 행위에 대한 기준을 만들지 못하고 운영하고 있는 것이 현실이다. 동네 음식점들은 특히 그러하다.

음식점을 하는 우리는 이 2가지를 염두에 두고 운영할 필요가 있다.

동네음식점도 이제는 브랜딩을 해야 할 시대라 생각한다. 브랜딩이 막연히 큰 기업에서 행하는 마케팅적 요소라고 생각하는 것을 멈추고 우리 스스로에게 질문해야 한다. '고객들이 왜 우리 매장에서 음식을 구매하는가?'라는 질문 말이다. 고객들은 단순히 음식을 주문하는 것이 아니라 음식점에서 제공하는 분위기와 경험과 인테리어와 느낌 등 전반적인 경험을 구매하는 것이다. 따라서 우리의 사고는 '무엇을 파는가?'에 집중하는 것이 아닌 '고객들이 왜 사는가?'로의 사고를 전환할 필요성이 있다.

원칙, 가치, 혜택에 대한 정의가 바로 브랜딩이다.

| 작은 요소와 이야기가 모여서 브랜드가 된다.

고객들이 어떤 것을 구매하고, 왜 사는가에 대해서 위의 사례로 생각해보자.

매일 아침 이른 시간인 6시 오픈하는 분식점, 대한민국 아주머니의 친절함의 극치를 제공하는 감자탕집 아주머니, 젊은 청년들이 모여 청년창업을 일군 스시집, 자신의 집과 장사하는 공간을 일치시켜서 이웃주민 모임을 가능하게 한 카페, 이태리 음식을 한국적 인테리어로 녹인 파스타집, 강원도 사는 지인에게서 공수해온 해산물로 해물볶음집을 운영하는 부부, 협동조합의 도움으로 맛난 칼국수집을 하고 있는 부부의 이야기도 모두가 브랜딩의 요소들이다. 직장인들의 시간을 고려한 운영, 친절함에 반하게 하는 아주머니, 창년창업의 이야기, 청년창업의 성공스토리, 넉넉한 인심으로 공간을 재창조하는 카페, 생각지도 못한 독특한 인테리어, 진정성이 담긴 식자재를 활용한 음식점들. 이것이 바로 브랜딩의 요소이고, 고객이 기대하는 가치들이다. 이런 요소와 가치가 합쳐져서 고객들에게 혜택이 되어서 돌아갈 때 우리는 브랜딩이라 말한다.

동네 음식점도 이제는 브랜딩해야 하는 시대가 도래했다. 그냥 그렇게 음식을 내어놓다가 망하기가 부지기수다. 그냥 다른 음식점과 차이를 구분 짓기 위해서 걸어 놓은 간판으로는 살아남기가 힘들다. 다시 한번 돌아보고 생각을 가다듬어야 한다.

이런 질문을 우리 스스로에게 던져보자.

'고객들이 왜 우리 음식점을 이용하는가?'

'고객들에게 제공되어야 할 가치와 혜택은 무엇인가?'

'우리 음식점이 해야 할 일과 하지 말아야 할 일은 무엇인가?'

'우리는 어떤 경험적 가치를 고객에게 제공하고 있는가?'

이런 질문을 던지고 답할 수 있어야 진정한 음식점의 브랜딩이 완성된다.

오늘도 그런 그런 음식과 그런 그런 서비스를 제공하면서 왜 손님이 없을까를 고민하는 사장님과 이 생각을 나누고 싶다.

골목식당의 Story 전략 1 ; 스토리의, 스토리에 의한, 스토리를 위한

스토리는 발명하는 것이 아니라 발굴하는 것이다. 스토리는 반드시 있다. 스토리는 고객들의 가슴을 적셔준다. 가슴이 따뜻한 이야기를 하나씩 찾아서 쓰고, 다듬고 전달해야 한다. 고객들은 스토리가 있는 음식점에 열광한다. 스토리는 정말 힘이 세다.

지금의 시대 미세한 차이는 있지만 출시된 제품과 서비스의 편차가 거의 없고 그 속성이 평준화된 시대에 살고 있다. 미세한 차이가 고객의 선택을 받기도 하고, 받지 못하기도 하는 속성인 시대다. 음식점도 이와 같은 맥락으로 볼 수 있다. 음식점은 오히려 더 미세하고 정교함을 필요로 할지 모르겠다. 메뉴와 서비스는 금방 카피가 가능하고, 특허로 보장받기도 어려워 미세함과 차별성 조차도 오랫동안 유지하기 힘들다. 이만큼 평준화된 시대에 살고 있는 것이다. 그래서 많은 소비자들이 미세함보다 Story와 경험에 의해서 브랜드와 기업을 평가하기 시작했다. 스토리에 열광하는 이유다. 개인미디어 시대에 스토리는 개인미디어를 통해 전달하고 재생산되기를 반복한다. 기존 미디어보다 개인미디어의 전파력이 훨씬 강한 시대에 살고 있다. 스토리가 가진 힘이다. 경험도 마찬가지다. 경험에 대한 이야기는 다음에 이야기하겠지만 'With 코로나 시대'에 살고 있는 우리 오프라인 음식점이 온라인 배달, 포장과의 차이가 무언지에 대해서 반문해 봐야 한다. '오프라인 음식점만이 전해줄 수 있는 것은 무엇일까?'를 생각해야 한다. 그게 바로 경험이다. 경험에 대한 부분은 다음 내용으로 다루고자 한다. 스토리와 경험, 우리 음식점이 지금의 시대에 준비해야 하고 다듬어야 할 과제로 생각한다.

| 스토리는 발명하는 것이 아니라 발굴하는 것이다

이제 고객들은 평준화된 음식과 서비스에 열광하지 않는다. 고객들을 열광하게 하려면 스토리가있는 음식점을 만들어야 한다. 평준화 시대, 경쟁의 시대에 살아남는 생존 전략이다. 음식점의 스토리에는 음식점에서 만들어서 전달되는 스토리와 고객들이 생산해주는 스토리도 있다. 어쨌든 두 가지 모두가 스토리다. 많은 음식점 사장님들이 자신의 음식점은 스토리가 없다고 한다. 스토리가 없는 것이 아니라 발굴하지 못한 것이라고 저자는 반대의 이야기를 해드린다. 스토리를 찾거나 만들어야 한다. 스토리는 반드시 존재한다고 믿는다. 또 스토리를 작성하는 것이 어렵다는 이야기를 많이 한다. 스토리는 발굴하고 있는 그대로 진실성 있게 작성하면 된다. 진실성이 있는 솔직담백한 글은 서툴러도 인정받게 된다. 그런 의미에서 스토리 작성은 어렵지 않다.

[표4-1] 스토리의 히스토리화

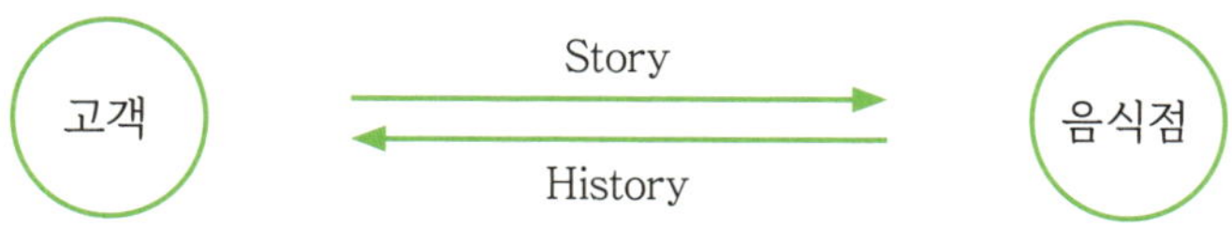

우리 브랜드 는 Story가 없다	Story 구조가 어렵다
Story는 발명하는 것이 아니라 발굴하는 것이다. Story Source는 널려 있다.	Brand Story 구조는 소설, 드라마, 희극과 다르다. 요소 중 강력한 하나만 있어도 스토리가 가능하다.

스토리의 소스(원천)는 이런 이야기들이면 어떨까 한다. 창업자의 창업 스토리, 창업 과정의 어려웠던 이야기나 창업 과정 자체의 스토리, 메뉴의 사연과 메뉴 탄생의 배경, 우리가 쓰고 있는 식자재 이야기, 함께 일하는 직원의 에피소드, 고객들이 전해준 감동의 이야기 등 우리 일상생활에 일어나거나 일어난 작은 이야기들이 스토리가 된다. 그래서 스토리는 무궁무진하다. 이를 어떻게 발굴은 전해들은 이야기, 우리 직원들과의 대화, 블로그와 SNS, 뉴스의 검색을 통해서도 많이 찾아볼 수 있다. 그러니 스토리는 절대 어렵지 않다.

[표4-2] 스토리에 대한 개요

구분	Story
Story에 대한 오해 2가지	우리 브랜드는 스토리가 없다. 스토리를 작성하는 것이 어렵다.
음식점의 Story	창업 과정의 스토리 창업자의 스토리 메뉴 출시 스토리 식자재 스토리 임직원 스토리 고객 감동 스토리
발굴	사보, 기업 연감, 창업자의 구전, 언론 매체 카페, 블로그 검색 현장 인터뷰 사내공모, 사내 임직원을 통한 이야기 공모

| 골목식당이 가진 장점을 활용한 스토리 전개 필요

골목식당이 대형 음식점과 비교해서 가지는 장점은 고객과의 유대관계, 감정, 진실성, 1대1의 커뮤니케이션 방식이다. 골목식당의 스토리 역시 강점을 잘 활용해서 스토리를 만들고 스토리텔링 할 필요가 있다. 그래서 골목식당이 스토리를 작성할 때 반드시 갖춰야 할 특성이 진실성, 감정, 정(情), 역사에 기반해서 작성되어져야 한다. 이런 특성을 백 번 활용해서 음식점의 스토리를 발굴하고 작성하고 전달될 수 있도록 해야 한다. 고객들은 우여곡절을 통해서 성공한 이야기와 어려웠던 시절을 극복했던 이야기, 전통이 있는 이야기, 사람과 사람과의 관계에서 일어나 사랑과 감동의 이야기, 따뜻한 인간미가 이어지는 이야기들을 사랑하고 아낀다. 금수저의 이야기와 돈 버는 이야기 등의 것들에 대해서 관심을 두지 않는다. 그래서 우리는 감동과 사랑과 정이 있는 이야기를 발굴하고 써야 한다.

이렇게 작성된 글들은 고객들이 알아서 전달과 재생산, 재전달 해준다. 그 스토리 속에 진실성과 감동이 있으면 된다. 열혈장사꾼 박인권씨는 "가격으로 주목하게 하는 것은 3류 상인이고, 가치로 주목하게 하는 것은 2류 상인이며, 가슴으로 주목하게 하는 것은 1류 상인이다."고 했다.

우리 골목식당은 가슴이 따뜻한 이야기를 하나씩 찾아서 쓰고, 다듬고, 전달하도록 해야 한다. 이에 고객들이 감동하고 열광한다. 평범한 음식점에서 비범한 음식점이 되기 위한 첫번째 단계가 바로 스토리 쓰기 단계이다.

'펜은 칼보다 힘이 세다.'

'스토리는 정말 힘이 세다.'

제4장 골목식당의 Branding 방정식

골목식당의 Story 전략 2 ; 스토리 발굴과 커뮤니케이션

이야기는 우리 음식점에, 우리 직원들에게, 우리의 과거에서 찾을 수 있고 또 우리의 미래에서 생산할 수 있다. 발굴하거나 생산된 이야기를 전달하고, 고객들에게 감동을 주면 그 사연은 고객들이 '확대재생산'해준다. 좋은 이야기, 감동적인 이야기만 있다면 세상은 열려 있다. 스토리의 시대다. 메뉴와 서비스는 기본이다. QSC와 Value(가치)로 음식점을 평가하였지만 지금 시대, QSC+S(Story)의 시대다.

스토리는 발명하는 것이 아니라 발굴하는 것이라고 했다. 스토리는 내부와 외부에 존재해 있고, 직원들의 머리에 존재해 있다. 그리고 우리 음식점의 과거에 존재해 있는 것이다. 이를 발굴하고 스토리를 만드는 과정이 필요하다. 음식점의 스토리는 주로 창업과정의 이야기, 창업자의 이야기, 메뉴를 만든 이야기, 식자재에 관한 이야기, 직원들의 에피소드, 고객감동 이야기 등 찾아보면 실로 다양하다. 물론 이 이외에도 다양한 이야기가 존재한다. 이를 발굴해서 스토리로 만들어야 한다.

| 누구에게나 스토리는 있다

지금은 대한민국의 죽의 대표주자가 된 김철호 대표의 '본죽' 창업 이야기도 재미와 감동이 있다. IMF 시절, 하던 사업이 부도가 나고 일을 찾다가 슬로우푸드의 대명사였던 죽을 시작하게 되었고, 죽 사업이 안정되어가자 다시 해외 진출을 꿈꾸며 사업을 확장하다가 한국 시장과 다름을 알게 되고 다시 재기하는 과정 그리고 대한민국 최고의 죽, 나아가 K-Food의 대명사로 해외에서도 인정받는 죽이 되었다. 지금은 없어진 브랜드지만 '민들레영토' 또한 마찬가지다. 과거 '민들레영토 희망스토리'를 읽으면서 지승룡 소장을 외식업의 롤모델로 삼아 저자 역시 음식점의 희망스토리를 쓰고 싶었다. 지승룡 소장, 목회자의 길을 가던 그가 이혼을 하고 목회자의 길을 갈 수 없게 되었다. 빈 시간을 채우기 위해 정독도서관에서 신문, 잡지, 경제·경영도서 등 3년간 2천권을 책을 읽으면서 시간을 보냈다. 그 후 길거리에서 가래떡 장사와 옷장사를 하면서 2천만원을 모아 신촌 구석 쓰러져가는 집을 얻어 '민들레영토' 카페를 오픈한 기구한 사연이 있다. 기구한 사연과 더불어 7전8기의 뚝심을 보이며 사업을 성공적으로 이끌었던 감동적인 이야기는 사람들의 심금을 울렸다. 저자도 그 스토리에 지승룡소장과 '민들레영토'의 열렬한 팬이 되기도 했다. 민들레영토가 지금 시대를 만났다면 너무 좋은 브랜드로 성장했으리라 생각한다. 그 때도 좋았지만 지금도 좋은 사업아이템이다. 이렇듯 창업자의 스토리는 많은 사람들에게 감동을 주고, 호응을 얻게 된다.

▲ '민들레영토 종로점'의 사진이다. 지금은 폐점을 하고 없어져서 아쉬움이 남는다.

통인동을 지나 세검정로를 따라가다 작은 골목으로 접어들면 '미인과 자연'이라는 자연식 백반 집이 있다. 이 집 '미인과 자연'은 좋은 식자재로 좋은 품질, 좋은 가격으로 백반을 제공한다. 식자재는 모두 지인으로부터 공수 받은 식자재로 조금의 양념을 가미해 담백하게 찬을 담아낸다. 방문한 당일도 보니 '밀양 꽈리고추'와 '제주 월동무', '비금섬초'의 식자재박스가 음식점 입구를 채우고 있었다. 이런 이야기가 동네에서 출발하여 많은 사람들에게 소문이 나게 되었다. '좋은 식자재, 좋은 가격' 이만한 음식점 이야기가 있을 수 없다. 짧은 영업시간은 늘 고객들로 문전성시를 이룬다. 부산 남포동에 가면 '할매회국수' 집이 있다. 부산명물이다. 한국전쟁 다시부터 영업을 했으니 벌써 70년의 세월을 보냈다. 당시 식자재라고 미국으로부터 원조를 받은 밀과 부산에서 흔한 생선이 주였다. 이 밀과 가오리로 만든 국수가 '할매회국수'다. 가오리를 회 쳐서 소면 위에 올리고, 비빔장을 올려서 내어놓는다. 전쟁으로 먹을 것이 없던 시절 당대 최고의 만찬이었다. 그 맛이 그대로 지금까지 이어오고 있다. 회국수가 탄생한 배경이다. 제주 서귀포시장 인근, 이중섭거리 인근에 '삼무호' 라는 생선구이와 찜을 전문으로 하는 집이 있다. 가격이 너무 저렴하게 제공해서 한 두 번 다녀왔는데 이곳 가격의 비밀이 바로 '아버지의 생선잡이 배 이름이 삼무호고, 아버지가 공수해온 생선으로 제공하는 음식점'이었다. 저렴한 가격으로 제공하는 이유가 바로 여기에 있었다. 아버지의 배와 생선, 자식의 음식점은 재미를 주는 스토리다.

▲ '할매집회국수'

역시 좋은 메뉴는 좋은 식자재로부터 출발한다. 이런 식자재에 대한 믿음과 스토리는 고객들로부터 찬사를 받는다. 고객들이 믿음을 주고, 고객들이 스토리를 전파한다.

얼마전 홍대 '철인치킨7호점'은 고객들이 '돈쭐'(돈으로 혼내줌) 낸다고 온라인에서 화제가 되었다. 부모님을 일찍 여의고, 할머니와 함께 살아가던 형제가 치킨이 먹고 싶었는데 5천원밖에 없었다. 동생이 먹고 싶다고 하고, 형은 돈이 없다고 실랑이를 벌이던 모습을 보고 치킨집으로 불러 형제에게 치킨을 무료로 먹이고, '먹고 싶으면 언제든 오라'고 하고 형제들을 돌려보냈다고 한다. 1년이 지난 후 형은 치킨집 사장인 박재휘 사장에게 감사의 편지를 보냈다. 이 사연이 알려지자 고객들이 '돈쭐나게 한다.'고 그 집 치킨을 주문하면서 음식점이 난리가 났다. 감동의 스토리였다. 음식점은 이래야 하는데 말이다. 박재휘 사장님께 찬사를 보낸다.

이렇듯 이야기는 우리 음식점에, 우리 직원들에게, 우리의 과거에서 찾을 수 있고 또 우리의 미래에서 생산할 수 있다. 발굴하거나 생산된 이야기를 전달하고, 고객들에게 감동을 주면 그 사연은 고객들이 확대 재생산해준다. 앞선 글에서 언급했지만 지금의 개인미디어 시대다. 좋은 이야기, 감동적인 이야기만 있다면 세상은 열려 있다. 스토리의 시대다. 메뉴와 서비스는 기본이다. QSC와 Value(가치)로 음식점을 평가하였지만 지금 시대, QSC+S(Story)의 시대다.

우리만의 스토리를 발굴하고, 이야기로 만들기를 바란다.

제4장 골목식당의 Branding 방정식

의미 있는 골목식당 만들기 1 ; 우리 음식점의 컨셉 만들기

컨셉이 있다는 것은 남들과 뭔가 다른 것이 있다는 이야기다. 남과는 차별화되는 무엇이 있다는 이야기이며, 남이 가지지 못하는 것을 가졌다는 이야기도 된다. 그리고 고객들에게 강하게 연상되는 무엇이 각인되어 있다는 말도 되는 것이다.

| 컨셉은 의미를 부여하는 작업이다

컨셉(Concept, 콘셉트, 이하 컨셉으로 명명)이란 '존재의 의미'를 나타내는 말이라 생각한다. 존재의 의미 즉 '나는 왜 살고 있냐?'는 물음에 대한 답이라 생각한다. 음식점으로 치면 '우리는 왜 이 음식점을 하고 있는가?'에 대한 답이라 생각한다. 컨셉이라는 말은 흔하게 사용되고 흔하게 듣는다. 그럼에도 '컨셉이 무엇이냐?'고 질문하면 답하기는 모호하다. 이 모호한 것이 컨셉이다. 정의내리기 어려운 것이 컨셉이다. 컨셉은 논리적인 것이 아니라 다분히 비논리적인 감각과 감정의 영역이기 때문이다. 그러면서도 우리는 매일 "이번 프로젝트 컨셉이 무엇이냐?", "인테리어 컨셉이 뭐냐?", "메뉴 컨셉은?", "이번 프로모션 컨셉은?"과 같은 컨셉이라는 말을 무수히 사용하고 있다.

컨셉은 라틴어에 어원을 두고 있다. '모두가 공감하는 것을 잡다.'는 의미다. 즉 모두가 공감하는 것을 만들어 가는 과정이 바로 컨셉이라 할 수 있다. '모두의 생각', '모두의 공감'이라 표현하는 것이 좋겠다. 기업도, 브랜드도, 고객들도 모두가 공감할 수 있는 무엇, 이것이 바로 컨셉이다. 그래도 모호하다. 완벽한 컨셉은 다른 것과 구별되게 하고, 차별화되게 하면서 완성도를 높여간다. 그러면서 우리 음식점의 가치, 차별화, 경쟁 우위, 강점 등으로 표현되며 성공적인 컨셉을 그려가는 것이다.

긴 시간 마케팅의 시대를 살았다. 이제는 브랜딩의 시대다. 이제 '나는 예뻐요.', '우리 상품은 좋아요.'라고 하는 통보와 지시의 시대는 지나가고, '우리가 이쁜가요?라고 질문하는 설득의 시대가 왔다. 아니면 그들이(고객들이) '당신은 너무 이뻐요.'라고 말하고 인정하는 '인정의 시대'가 되었다. 그래서 컨셉은 더 중요하다. 컨셉은 우리가 지향하는 바와 고객들이 지향하는 바가 정확히 일치하는 지점에서 완성되기 때문이다. 완성의 의미는 바로 일치의 의미이고, 설득의 의미이고, 인정의 의미인 것이다. 컨셉은 그래서 중요하다. 브랜드(음식점)의 컨셉은 브랜드의 정체성(Identity)과 차별성을 확실히 보여주는 것이다. 다른 브랜드(음식점)와의 구별되는 무엇인가를 보여주는 것이다. 피터 나이트('한눈에 보는 마케팅 플랜'의 저자)는 '컨셉이란 당신의 상품을 사야만 하는 단 하나의 특별한 이유' 혹은 '그 상품을 구매함으로써 소비자가 얻을 핵심 가치'라고 정의했다. 즉 컨셉 은 우리에게도, 고객들에게도 도움이 되어야 한다. 그래야 성공한다. 그래서 컨셉은 나만의 스타일을 만들고 구축하는 과정이기도 하지만 고객들의 스타일을 만들어주는 과정이기도 하기에 컨셉을 만들어가는 과정은 아래의 과정을 거친다고 하겠다.

[표4-3] 컨셉의 완성

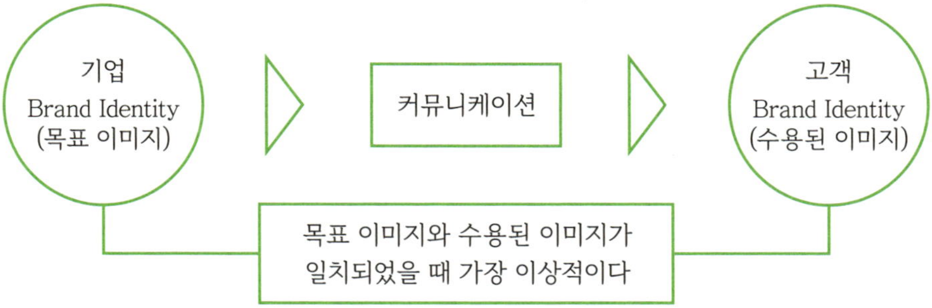

| 컨셉을 만드는 5단계 과정

컨셉을 도출하는 과정은 5단계를 거친다. 첫 번째로 음식점을 운영하는 주체인 본인이 하고 싶은 취향과 기호, 스타일을 정확히 파악하는 것이다. 스스로를 알지 못하면 컨셉을 도출하는 데 실패한다. 가장 선행되어야 할 것이 바로 개인의 취향과 기호, 스타일이다. 다음 단계는 개인이 원하고, 하고 싶은 것이 무엇인지를 파악하는 것이다. 좋은 컨셉은 나도, 너도, 우리도 모두 좋아야 하는 것인데 그 출발점은 내가 좋아할 수 있느냐는 것이다. 내가 좋아할 수 있는 것으로부터 출발해야 너도, 우리도 좋아하게 만들 수 있기 때문이다. 세번째 단계는 나의 역량을 파악하는 것이다. 아무리 좋아해도 내가 할 수 없는 것이 있다. 물론 내가 할 수 없는 것은 전문가의 도움을 받아야 한다. 역량을 파악하고 내가 할 수 있는지 없는지 여부를 물어야 한다. 컨셉을 만들어 가는 과정은 어려운 부분이다. 그동안에 쌓인 역량과 감각, 경험의 총합으로 만들어지기 때문이다. 공자는 배움을 '사색, 모방, 경험'이라고 제시하면서 '사색은 가장 고상한 것이고, 모방은 가장 쉬운 것이며, 경험은 가장 어려운 것이다.'고 했다. 컨셉을 만드는 것은 사색, 모방, 경험의 총합이다. 고뇌의 시간을 들여서 축적된 경험이기에 어려운 것이 바로 컨셉을 만드는 것이다. 그래서 내가 전문가가 되거나, 전문가의 손과 머리를 빌려야 한다. 마무리 단계는 고객과 소비자의 인정 여부를 파악하는 것이다. 고객과 소비자의 인정이 없다면 컨셉으로 무리가 있다. 좋은 컨셉도 고객이 받아들여야만 컨셉으로 의미가 있다. 컨셉은 결국 내가 지향하는 바와 고객이 수용된 바가 일치했을 때 의미가 있기 때문이다. 아래 표는 컨셉을 도출하는 과정을 보여준다.

[표4-4] 컨셉 도출 과정

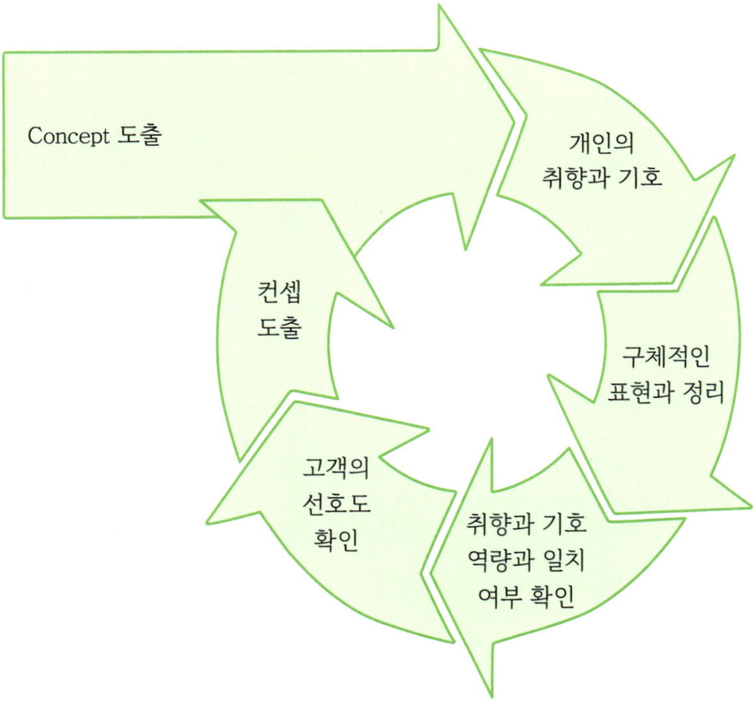

음식점으로 돌아와서 보자. 우리 음식점은 '이런 가게요.'라고 말할 수 있는 명확한 컨셉이 있는가?를 살펴 보아야 한다. 고객이 '이 음식점은 이래.'라고

말할 수도 있어야 한다. 음식점의 컨셉을 이야기할 때 메뉴 컨셉, 인테리어 컨셉, 디자인 컨셉, 분위기 컨셉, 가격 컨셉 등 다양한 컨셉들이 있다. 이 다양한 컨셉들이 한방향으로 일치되어야 한다. 이 컨셉의 일치성은 음식점의 에센스(Essence)라 한다. 다양한 컨셉들이 모여서 하나의 에센스로 함축되고 이를 고객에게 전달하는 메시지로 압축되었을 때 고객들은 "이 음식점은 이래."라고 말한다.

[표4-5] 브랜드 에센스

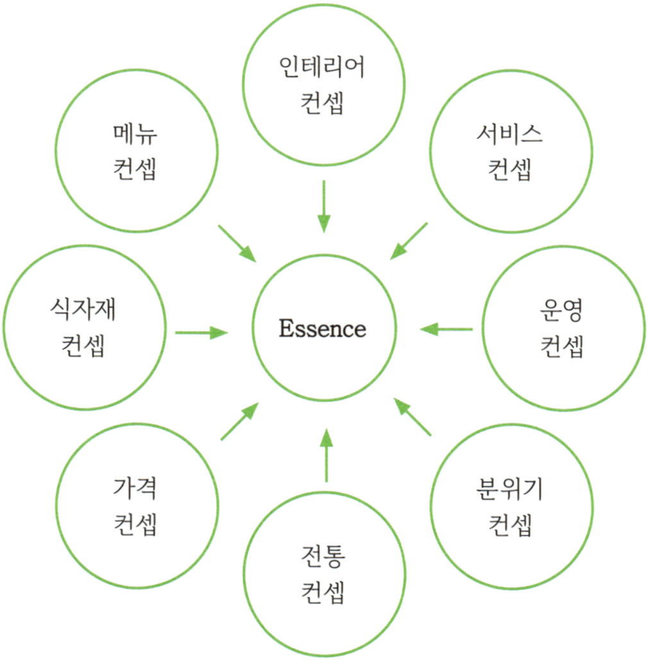

컨셉은 다른 음식점에서 경험할 수 없는 것을 경험하게 하고, 경험하지 못한 것을 경험하게 하는 것이 바로 컨셉이다. 컨셉 참 어렵다. 아래의 표를 보면서 우리 음식점의 컨셉을 작성해 보시길 바란다.

[표4-6] 우리 음식점 컨셉 도출

메뉴 컨셉	
인테리어 컨셉	
가격 컨셉	
서비스 컨셉	
식자재 컨셉	
운영 컨셉	

좋은 컨셉이 만들어졌다고 좋은 음식점이 되는 것은 아니다. 좋은 컨셉은 고객이 구매를 시도하게 하지만 좋지 못한 QSC를 경험하게 한다면 고객들의 재방문은 어려울 것이다. 즉 좋은 컨셉이 컨셉으로 끝나게 하지 않으려면 수많은 요소들과 운영(Operation)과 결합되고 통합되어야 한다. 컨셉이 완벽하게 되려면 실행되고 운영되어야 하기 때문이다. 컨셉은 완벽하게 실행이 될 때 의미가 있다.

제4장 골목식당의 Branding 방정식

의미 있는 골목식당 만들기 2 ; 차별화 포인트를 만들어라

브랜딩이란 정체성과 차별화 두가지로 볼 수 있다. '자기다움'은 갖추어 가는 것, 남들이 흉내낼 수 없는 '차별성'은 가지고 가는 것이다. 이 모든 과정에 '의미를 부여지는 과정'이 있어야 한다.

컨셉이 있다는 것은 남들과 뭔가 다른 것이 있다는 이야기다. 남과는 차별화되는 무엇이 있다는 이야기이며, 남이 가지지 못하는 것을 가졌다는 이야기도 된다. 그리고 고객들에게 강하게 연상되는 무엇이 각인되어 있다는 말도 되는 것이다. 컨셉은 그렇게 설명할 수 있겠다. 그저 그런, 비슷비슷한 것이 아니라 우리가 가지고 있는 차별화가 되고, 가장 강력한 무기가 되는 무엇 그것이 컨셉이다.

| 컨셉을 만드는 과정은 차별화를 찾는 과정이다

음식점은 어떤 차별화와 무기를 장착할 수 있을까? 음식점은 메뉴, 가격, 인테리어, 분위기, 디자인, 스토리 이러한 것들로 차별화할 수 있다. 이런 것들이 묶여서 패키지라 명명을 앞서 언급을 했었고 고객들은 패키지를 구매한다고도 했었다. 그럼에도 모든 것을 다 잘하는 식당을 만들기는 어렵다. 고객들에게 각인 시켜줄 수 있는 강력한 하나가 필요하다. 아니 적어도 한가지 이상의 것이 필요하다. 메뉴, 서비스, 가격, 인테리어, 분위기, 디자인, 스토리 등 고객들이 우리 음식점을 연상했을 때 떠올릴 수 있는 강력한 하나를 장착해서 음식점의 무기가 되어줘야 한다.

| 새로운 카테고리로 차별화를 만들어가는 골목식당들

메뉴의 카테고리를 생각할 때 떠오르는 음식점과 브랜드가 있다. 스테이크하면 '아웃백스테이크하우스'가 떠오르고, 아이스크림하면 '베스킨라빈스'가 떠오르는 듯 메뉴의 카테고리와 음식점이 연결되는 경우가 있다. 브랜딩의 학문적 용어로는 '브랜드 회상'이라고 한다. 한가지만 잘해서 메뉴로 음식점을 연상하는 경우가 있다. 사오롱바오나 딤섬 하면 떠오르는 음식점 하면 '딘타이펑'이라는 브랜드를 떠올린다. 미국식 중식이라는 새로운 카테고리를 창조한 중식당 '홀리차우'라는 음식점도 있다. 새로운 카테고리를 창조해서 우리만의 것으로 차별화하는 것 역시 강한 연상 작용을 만들어준다. 즉 메뉴의 카테고리를 생각했을 때 떠오르는 음식점, 단일 메뉴를 생각했을 때 떠오르는 음식점을 만드는 것이 목표가 된다. 우리 음식점은 메뉴를 떠올렸을 때 생각나는 음식점인지, 우리 음식점을 생각했을 때 어떤 음식을 고객들이 떠올리는지 생각해봐야 한다.

이미지로 좋은 식자재로 컨셉을 만들어가는 경우도 있다. 안동에 갔을 때 방문했던 '메밀꽃피면'은 자가 제면, 자가 제조 소스로 직접 만든 좋은 음식이라는 이미지로 고객들에게 커뮤니케이션하고 컨셉으로 잡아서 영업을 하고 있다. 좋은 생산 방식, 요리 방식도 음식점의 컨셉을 잡는 훌륭한 도구가 된다. 고객들에게 좋은 식자재의 백반이라는 컨셉으로 이미지가 만들어져 있다.

▲ 안동에 있는 '메밀꽃피면'이라는 한식백반집이다. 자연과 좋은 식재를 컨셉으로 매장을 운영한다.

가격도 메뉴와 같다. 최근 화두가 되고 있는 가성비 관련해서도 차별화의 의미, 컨셉의 의미로 판단하면 좋겠다. 한번씩 찾게 되는 남성사계시장의 '홍두깨 칼국수'는 칼국수 가격이 3천원이다. 가격이 착하다는 말이 인근으로 소문이 나서 가면 늘 웨이팅이 걸려 있다. 착한 가격, 저렴한 가격과 칼국수가 매칭이 되어 고객들의 인식속에 자리 잡고 있다. 갈만탕이 유명한 전주의 이래면옥의 경우도 10년이 넘는 동안 가격을 올리지 않아서 '착한가게'로 고객들에게 인식이 되어 있다. 고급음식점, 높은 가격의 음식점으로 유명한 식당들도 있다. 각자의 위치에서 고객들에게 각인시키고 싶은 가격, 포지셔닝하고 싶은 가격을 정해서 음식점을 완성해간다.

뷰 맛집도 연상과 관련이 깊다. 최근 '뷰 맛집'이라는 카테고리로 SNS상 커뮤니케이션과 소통이 잦다. 한강 뷰 맛집, 바다 뷰 맛집 등 뷰(View)라는 새로운 카테고리를 형성해 맛집으로 이미지화 시키고 있다. 한강 뷰를 자랑하는 마포에 위치한 '아이오유'라는 양식당도 음식의 맛보다 뷰로 더 소문이 왕성하게 나 있다. 해운대에 새로 오픈한 그랜드조선호텔의 스타벅스도 뷰 맛집으로 통한다. 위치, 입지가 강력한 무기가 되는 그리고 컨셉이 되는 것으로 인식할 수 있다.

흑석동에 위치한 '오후홍콩'이라는 카페는 많은 돈을 들이지 않고 인테리어를 한 것으로 보인다. 다만 작은 돈으로 홍콩의 분위기가 물씬 풍기게 만들어뒀다. 인테리어 모티브를 잘 잡아서 홍콩과 좋은 카페를 연상하면 이 집이 떠오른다. 익선동에 있는 '경양카츠'라는 곳은 목재와 따뜻한 느낌의 조명을 활용해서 분위기를 만들어 젊은 세대들에게 인기를 끌고 있다. 인테리어와 분위기는 강력한 컨셉을 만들어주고, 컨셉이 이미지화되어 연상 작용을 일으켜 준다.

동질화의 시대에 살고 있지만 또 한편으로는 색다른 것, 나만 아는 것, 특별한

▲ 익선동의 '경양카츠'의 외부 모습이다 차분하고 따뜻한 느낌으로 젊은층의 사랑을 받고 있다.

것을 원하는 시대에 살고 있다. 대부분이 다 그렇다고 얘기할 수 없지만 많은 사람들이 특별한 것과 경험을 만들고, 공유하기를 바라고 원한다. 그런 이유로 좀 더 세밀한 고객의 니즈를 파악하고, 이를 음식점에 녹여낼 필요가 있다. 우리 음식점의 메뉴는, 우리 음식점의 스토리는, 우리 음식점의 가격은 그리고 인테리

어는 어떤 모티브를 만들어지고, 어떤 이미지로 각인되어 있는지 살펴볼 필요가 있다. 또 만들어진 이미지가 없다면 메뉴, 가격, 인테리어, 분위기로 어떤 영감을 주는, 연상을 주는 음식점으로 만들 것인지를 돌아봐야 한다.

QSC의 평판을 관리하는 방법

QSC에 대해 자신감을 가져서는 안된다. 언제나 변화하기 때문이다. 언제나 무너질 수 있기 때문이다. 우리의 QSC 품질에 대해 냉정하게 평가하는 자세가 필요한 부분이다. 우리 음식점의 '평판관리'에 대한 툴은 있는지 점검해 보기 바란다. 혹시 네이버와 티맵, 카카오맵 그리고 음식점 평판 앱에 들어가서 우리 음식점의 평판 점수를 확인해 보자. 생각지도 못한 이야기와 점수들이 그곳에 있을 수 있다. 그리고 우리 음식점에도 붙여 두자.

음식점을 하면서 가장 많이 사용했던 말과 앞으로도 가장 많이 사용할 말을 꼽으라면 단연 QSC(Quality, Service, Cleanliness/퀄리티, 서비스, 위생)이다. 지겹도록 들었지만 지겹도록 강조해야 할 부분이다. 이 말의 의미를 모르고 음식점을 하시는 사장님들도 많이 보아왔다. 음식점을 하면서 기본적으로 갖춰야 할 소양이 갖추지 않고 창업을 한 것이다. 물론 이종업종에 있다가 음식점을 창업하면 이런 부분을 모르고 창업을 할 수 있다. 창업을 하려거나, 하고 계시는 자영업자 사장님들이 받을 수 있는 교육의 시장도 한정되어 있다. 그러다 보니 도움을 쉽게 받을 수 있는 잘 갖춰진 프랜차이즈 음식점을 하게 된다. 그것도 창업의 좋은 방법이다. 하지만 자금의 여유가 녹녹치 않다 보니 이 마저도 쉽지 않은 자영업자들이 많이 산재해 있다. 자영업 창업에 대해서는 정부, 지자체, 기관들이 나서서 빠른 제도적인 개선을 해줄 필요성이 있다고 본다. 아무튼 이러다 보니 QSC라는 용어 자체도 생소해 하는 사장님들이 많다. 하지만 많이 들어야 하고, 제일 중요히 여겨야 되는 단어이다.

| 지속적인 관심이 필요한 QSC

음식점에서 오래 일하다 보니 잠시의 틈에서 무너지는 것이 QSC다. 안 좋은 식자재가 들어와서, 요리사의 컨디션이 좋지 않아서, 까다로운 고객이 와서, 예상보다 많은 고객들이 와서, 홀직원의 몸이 아파서 등 QSC가 무너질 수 있는 요소들이 음식점에는 산재해 있다. 직원들의 컨디션에 따라서 음식과 서비스질이 형편없어질 경우도 있다. 이렇듯 잠시의 틈만 주면 무너지는 것이 QSC다. 장사가 잘 되는 음식점들을 보면 기본적인 QSC가 잘 이루어지는 음식점들이다. 영업이 안되는 음식점들을 보면 대부분 QSC의 질이 떨어지는 음식점들이다. 이 기본적인 요소가 음식점의 생명을 좌지우지하는 것인데, 안되는 음식점에 가서 식사를 하고 '메뉴가 별로 좋지 않다.'고 말을 건네면 주인장들이 잘 모른다. 은근한 자신감이다. QSC는 자신감을 가져서는 안된다. 언제나 변화하기 때문이다. 언제나 무너질 수 있기 때문이다. 우리의 QSC 질에 대해 냉정하게 평가하는 자세가 필요한 부분이다.

부산에 내려가서 '돼지국밥'집을 찾았다. 늘 바쁘고 요란한 매장이다. 24시간 영업을 하는 매장이다. 식사시간에 가면 늘 고객들이 줄을 서 있다. 몇 번의 방문을 했다. 일하시는 아주머니들의 손놀림, 목소리, 고객들을 대하는 태도 모두가 좋다. 그래서 늘 반겨주는 음식점이다. 재방문이었지만 그날은 미처 보지 못했던 포스터를 하나 보았다. 문구는 이랬다.

'양, 맛, 서비스에 만족 못하신 분은 아래번호로 문자 남겨주세요. 꼭!'

▲ 부산 학장에 위치한 '종가집돼지국밥'의 포스터다.

주인장의 QSC 관리가 남다르다. 전화번호를 직접 남기고 직접 응대하겠다는 이야기인데. 고객의 입장에서도 믿음이 생기는 부분이었고, 직원의 입장에서도 긴장하면서 QSC를 제공할 수밖에 없도록 하는 포스터이다. 이런 관리마인드가 결국 이 음식점이 대박 행진을 하게 하는 요소가 아닐까 한다.

또 방문했던 한식점은 벽면에 이런 글씨가 새겨져 있었다.

'맛있으면 이웃에게 알리고, 맛없으면 주인에게 알려주세요.'

▲ 방문했던 '오봉집'의 위트 있는 멘트가 정겨우면서도 무게감 있다.

제법 신선하고, 재미있고, 위트 있는 멘트다. 결국 내부에서 QSC 문제를 완벽히 해결하고, 고객들에게 만족감을 전달하겠다는 강한 의지를 알게 해주는 대목이다. 이런 마인드라면 이 음식점은 당연지사 어느 정도의 매출과 수익은 담보할 수 있을 것이다. 주인장의 마인드가 이러한데 장사가 안된다는 것이 더 이상하다.

| 개인 미디어의 시대가 된 지금, 음식점들은 어떻게 해야 하는가?

기존 기업의 광고와 메시지에 주목하는 시대는 지났다. 광고와 홍보의 4대 매체였던, 신문/잡지/TV/라디오에서 전해주는 일방적인 메시지는 그 영향력이 줄어 들었고, 고객들은 TGIF(Twitter, Google, Instagram, Facebook)의 메시지에 강한 영향을 받고, 블로그, 티맵/카카오맵의 평판 점수에 더 많은 영향을 받는다. 과거 주 매체였던 미디어의 시대는 가고, 개인 미디어의 시대가 온 것이다. 일방적인 기업과 브랜드는 메시지는 참고만 할 뿐 받아들이지 않겠다는 것이다. 오히려 개인들이 전달해주고, 지인들이 전달해주는 메시지에 많은 영향을 받는다. 저자는 이를 '먹찍공'이라고 부른다. '먹고, 찍고, 공유한다.'의 줄임말이다. 음식점의 평판 관리는 필수적인 시대다.

QSC와 평판을 가장 잘 관리하는 것은 우리 음식점으로 오시는 한 분, 한 분을 잘 모시는 것이다. 그 한 분, 한 분이 개인 미디어로 전달하고, 전달된 미디어가 축적이 되어 우리 음식점의 이미지를 결정한다. 음식점의 불만과 불평은 완벽하게 하려 해도 필수적으로 발생한다. 발생한 문제는 내부에서 해결하는 것이 가장 이상적이다. 따라서 위의 사례에서 소개된 돼지국밥집과 한식점은 훌륭한 메시지를 우리에게 전해주고 있다.

우리 음식점의 '평판 관리'에 대한 툴은 있는지 점검해 보기 바란다. 혹시 네이버와 티맵, 카카오맵 그리고 음식점 평판 앱에 들어가서 우리 음식점의 평판 점수를 확인해 보자. 생각지도 못한 이야기와 점수들이 그곳에 있을 수 있다. 그리고 우리 음식점에도 붙여 두자.

'불만족스러우시면 저에게 바로 문자주세요. 전화를 드리겠습니다.'라고 말이다.

음식점의 QSC, 평판 한시도 눈을 돌릴 수가 없다.

제4장 골목식당의 Branding 방정식

고객의 생각을 읽는 기술

'고객의소리'를 들어야 한다. 고객들은 우리가 실패하는 이유도, 성공하는 이유도 해결해야 할 문제도 모두 가지고 있다. 그러니 고객들이 하는 소리를 들어야 한다. 즉시 고객들의 이야기에 귀를 기울여 보자. '고객의 소리'에 우리의 문제가 있고, 미래에 대한 답이 있다.

나는 언제나 '현장 경영'의 주창자다. 음식점을 하면서 매장 생활을 5년, 본사에서 17년 넘게 생활 했다. 그런 생활을 하면서 정리된 것이 현장의 직원이 가장 소중하고, 현장의 모습이 가장 소중하다는 것이다. 21년의 생활이 내려준 결론이다. 현장이 소중한 이유 중의 하나는 현장에 모든 답이 있기 때문이다. 아니 문제도 현장에 있고, 답도 현장에 있다. 그래서 음식점이 잘 되려면 현장을 챙기는 우리의 행동이 있어야 한다. 음식점 경영자들이 대부분 이 사실을 간과하고 운영하고 있다. 우리 음식점의 문제에 대한 해결책, 대부분 고객들이 가지고 있다. 즉 '고객의 소리'를 들어야 한다는 것이다. 고객들은 우리가 실패하는 이유도, 성공하는 이유도 해결해야 할 문제도 모두 가지고 있다. 그러니 고객들이 하는 소리를 들어야 한다. 즉시 고객들의 이야기에 귀를 기울여 보자.

고객의 소리를 듣는 방법은 다양하다. 큰 기업에서는 QSC 체크와 고객의 소리를 듣기 위해 2중, 3중의 방법을 쓴다. 본사에서의 모니터링, 고객들의 미스터리 샤퍼, 클럽 회원들의 소리까지 다양한 방법을 동원해서 고객의 소리를 듣고 피드백하고, 현재의 모습을 수정하기를 거듭했다. 물론 큰 기업들은 자금이 있어 비용을 집행하면서까지 고객의 소리를 듣기 위해 노력한다. 비용들 들이는 이유는 자명하다. 고객들이 답을 주기 때문이다. 자영업, 소상공인도 조금의 노력으로 고객의 소리를 듣는 방법을 찾아가야 한다.

▲ '신선설렁탕'에 비치된 '고객의 소리' 카드다

| 음식점에서 '고객의 소리'를 듣는 방법

음식점에서 '고객의 소리'를 듣는 방법 5가지를 제시하고자 한다.

첫번째가 '고객설문조사' 방법이다. 외식을 시작하던 초창기에 정말 활발하게 사용했던 방법이다. 테이블마다 '고객의 소리' 카드를 올려놓고 고객들이 작성하게 했다. 맛, 서비스, 분위기, 전반적인 만족도, 추천 의향, 친절 직원 추천 등 5~6개의 문항 정도를 넣은 카드로 설문조사를 진행하고 이를 정리해서 직원들과 공유, 피드백 하는 과정을 거쳤다. 그리고 '고객의 소리'를 작성해준 고객들 중 추첨을 통해서 선물을 드리는 행사도 병행했다. 대부분의 고객들은 직원들에게 대놓고 의견을 말하지 않는다. 그런 점을 감안해서 카드를 사용한 방식을 선택하고 말하게 한 것이다. 지금은 대부분의 음식점에서 이 방식을 사용하지 않고 있다. 아날로그 방식이라 치웠는지, 쓸모가 없어서 치웠는지 모르겠지만 아쉬운 부분이다. 작은 음식점에서도 적용해볼 수 있는 방법이다. 한달에 30개만 받아도 통계적으로 유의미한 해석을 할 수 있다.

두번째가 '미스터리 샤퍼' 방식이다. 큰 기업들에서 많이 쓰는 방식으로 '고객을 가장해서 매장을 방문하고 매장의 QSC 상태나 분위기, 전반적인 만족도 등을 체크하는 방식'으로 고객으로 위장하고 가장했다고 해서 '가장 고객'이라 칭한다. 미스터리 샤퍼 방식은 샤퍼의 주관적인 요소가 들어가는 일부의 부정적인 면은 있지만 고객의 입장에서 냉정하게 체크할 수 있고, 직원들은 미스터리 샤퍼가 누구인지 알 수가 없어서 객관적인 측정이 가능하다는 긍정적인 면도 크다. 비용이 든다면 점에서 부담스러운 점이 있지만 객관적인 평가가 가능하다는 이점이 크기에 많은 기업에서 도입하고 있다. 저자의 경우도 한번씩 우리 매장을 체크하고 싶으면 아는 지인을 보내서 체크하기도 했다. 음식점을 하는 주인장이라면 휴무일에 지인을 보내서 체크하는 방법도 검토해 볼 수 있다.

세번째가 '고객과의 대화'다. 서비스는 눈으로 대화하고, 말로 대화하는 것이다. 고객과 대화를 하다 보면 자연스럽게 고객들의 의견을 들을 수 있다. 편하게 음식에 대한 평가와 서비스에 대한 평가와 조언을 해달라고 요청하는 것도 방법이다. 주변 상권이 돌아가는 모습도, 경쟁자의 현황도 고객의 입을 통해서 전달받을 수 있다. 고객에게 가까이 다가서서 작은 대화라도 해보면 고객들은 의외로 정답을 제공해줄 수 있다. 잘하는 음식점들은 항상 고객과 대화하면서 고객의 소리를 듣고 고객에게 적극적인 피드백을 주는 그런 음식점들이다. 고객과 대화하면서 우리 음식점이 수정해야할 부분들을 찾고, 정답을 찾아보자. 비용을 들이지 않고 할 수 있는 최고의 방법이다. 음식을 먹으러 들어가서 말한마디 하지 않은 음식점을 보면서 한숨 지은 적이 한두번이 아니다.

네번째가 'SNS 채널'을 통한 고객의 생각을 보고 정리하는 방법이다. 최근의 시대는 '먹찍공'(먹고, 찍고, 공유하는) 시대다. 많은 젊은 고객들을 위시해서 폭넓게 SNS망을 사용하고 있다. 트위터, 페이스북, 인스타그램, 블로그 등에 음식점을 이용하고 난 후기를 올린다. 올린 후기들을 면밀히 검토하면 우리 음식점이 수정해야 할 부분과 잘하고 있는 부분 등이 보인다. 따라서 정기적으로 SNS를 검색해서 정리하는 습관을 기를 필요가 있다. 반드시 이행해야 하는 부분이다. 이것 역시 비용을 들이지 않고 할 수 있는 최적의 방법이다.

다섯번째가 음식점 평판 사이트의 검색이다. 이 역시 SNS와 흡사한데. 고객들은 이용후기를 레스토랑 평판 사이트를 통해서 등록한다. 네이버도 영수증을 가지고 평점을 매기는 방식을 사용하고 있다. 레스토랑 평점 사이트로는 네이버 뿐만 아니라 망고플레이트, 다이닝 코드 등 음식점 평판 사이트의 점수와 내용도 살펴볼 필요가 있다. SNS와 흡사하다.

그러고 보면 고객의 소리를 듣는 것은 노력이다. 비용을 집행해야 하는 미스터리 샤퍼 등도 있지만 대부분이 주인장의 노력으로 정리할 수 있는 부분이다. 좀 어렵고 힘들더라도 생각을 조금 바꾸고, 조금의 노력만 기울인다면 우리 음식점이 달라질 것이다. 고객은 답을 가지고 있고, 우리는 반드시 답을 찾아야 한다. 진심이다. 정말이다. 고객은 답을 가지고 있다.

제4장 골목식당의 Branding 방정식

오감의 자극, 오프라인 음식점의 생존 방식

우리 음식점의 분위기, 인테리어, 음악, 향기, 색상, 서비스, 기물, 조명 모든 것을 체크해보자. 오감을 자극하기에 충분한 매력을 가진 음식점인지 체크해보자. 육감동원, 만져보고, 느껴보고 들어보고, 맡아보고, 쳐다보고 난 후 종합적인 감동이 있어야 한다.

코로나19로 인한 오프라인 음식점이 고전을 면치 못하고 있다. '코로나19로 이후 매출변동 실태(알밤, 알바콜의 설문조사결과 발표 자료)'를 발표했다. 전국의 소상공인 431명이 참여했으며 참여자중 84.5%가 '매출이 감소했다.'고 답변했다. 이 중 음식점 및 식음료 사업을 하는 소상공인의 85.9%가 매출이 감소했다고 응답이 나왔다. 100명 86명 심각한 체험을 하고 있는 것이다. 물론 배달을 전문으로 하는 업종들은 매출의 반사이익을 얻었을 수 있었다. 하지만 오프라인 음식점을 운영하는 대다수 음식점들의 매출액이 줄었다는 결과다. 매출의 감소폭을 보면 현실은 더 심각하다. 80% 이상(2019년 대비)의 매출감소 음식점들도 상당수가 존재한다. 다 함께 빠르게 이 긴 터널을 통과하길 바란다.

뒤바뀐 일상의 결과물들

코로나19와 함께 하면서 오프라인 음식점들이 변해야 한다는 사실에는 모두가 동의한다. 하지만 '어떤 모습으로 변할지에 대해서는 모르겠다.'고 하소연하는 음식점 사장님들이 많이 있다. 구체적인 안이 있거나, 구체적인 생각을 배우고 싶어한다는 분들도 많다. 이런 질문에 이런 답변을 드리고 싶다. '오프라인 음식점과 배달/포장의 음식과 차별화할 수 있는 포인트는 무엇일까요?' 다른 점을 찾아서 더 정확하게 인식시켜주는 것이 바로 해결책이다. 배달/포장과 비교해서 오프라인 음식점이 고객들에게 줄 수 있는 차별화 포인트는 분명히 존재한다. 사람을 만나야 하고, 만나서 음식을 먹어야 하고, 집에서 할 수 있는 음식과 분위기의 한계도 존재하고, 누군가 맛있게 음식을 만들어서 잘 서비스해주었으면 하기도 한다. 그래서 오프라인 음식점은 필요하고 존재한다.

우리 음식점은 그 포인트를 공략해야 한다. 비약적인 얘기이긴 하지만 집에서 갈비를 숯불에 구워서 못 먹는다. 갈비집에는 숯불에 포인트가 있다. 치킨 튀기는 고유한 냄새를 집에서는 느낄 수 없다. 음식점의 BGM(Back Ground Music, 배경음악)과 좋은 인테리어의 분위기를 집에서는 느끼지 못한다. 예쁜 기물과 잘 담겨진 비주얼 좋은 음식도 포장과 배달은 허락하지 않는다. 또한 잘 교육된 직원이 하는 서비스를 포장과 배달은 허락하지 않는다. 이렇듯 오프라인 음식점들이 차별화할 수 있는 포인트들을 찾아서 그 차별화 포인트들을 더 강화해 나가야한다. 고객들이 오프라인 음식점을 찾아오게 하는 원동력이면서 오프라인 음식점이 살 방법이다.

한번씩 돼지갈비집을 찾는다. 맛있고 품질 좋은 갈비를 저렴한 가격으로 먹기에 가성비가 좋아서 찾아간다. 가성비에도 이유는 있지만 숯불은 배달과 포장으로 해결해 줄 수 없어서 방문하는 것이다. 코로나19 이후 배달시켜서 먹는 횟수와 포장해서 먹는 횟수가 2배 이상으로 늘었다. 그럼에도 숯불돼지갈비는 포장으로 해결이 안되어서 방문해서 먹는 것으로 결정한다. 오프라인 음식점의 차별화 포인트다. 향기도 마찬가지다. 동네를 거닐다 '커피 내리는 향'에 취해 커피를 마시러 들어간다. 기름에 치킨 튀기는 향기에 취해서 치킨을 포장하거나 음식점으로 들어가서 먹게 된다. 하물며 치킨 튀기는 소리는 더 좋다. 사람을 자극한다. 밖에서 주방이 보이도록 설계한 중국집의 셰프가 웍을 돌리는 모습, 불쇼를 하는 모습에 짜장면과 탕수육이 먹고 싶다. '깐깐한 족발'에서 보이는 '족발을 웍으로 조리하는 불쇼'에 갑자기 족발이 먹고 싶기도 하다. 은은한 조명이 비치는 파스타집을 보면서 발걸음을 돌려서 감성과 추억에 젖고 싶기도 하다. 그래서 또 발걸음을 돌린다. 간혹 좋은 음악이 사람을 매혹시키기도 한다. 이 모든 것이 오프라인 매장이 가진 장점이다. 작금의 시기, 오프라인 음식점들은 이 부분을 더욱 강조해서 차별화해야 한다. 절대 오감은 배달과 포장이 대신해 줄 없다. 이를 오프라인 음식점의 '절대오감'이라고 하자. 골목식당과 좀 먼 거리의 얘기지만 스타벅스는 처음부터 '제3의 공간', '공간을 팝니다.'라는 메시지를 전달했다. 째즈의 독특한 장르의 음악을 선택했다. 커피 내리는 향을 전달했다. 완벽한 오프라인 카페였다. 이는 배달과 포장에서 절대 흉내내지 못한다. 그래서 오프라인 음식점은 존재할 수 밖에 없다. 우리가 그런 음식점을 만들어야 한다.

| 오프라인 음식점의 강점, '오감만족'

비대면 사회, 사회적 거리두기를 시행하고 있지만 오프라인 음식점을 외면한 채 비대면 포장/배달로 지속할 수는 없다. 비대면은 대면을 위한 필요한 일부분이다. 비대면이 대면을 이길 수 없다. 오프라인 음식점이 존재해야 할 이유도 반드시 있다. 그 '반드시'를 실현시키면서 운영하면 된다. 지금 현재 정부에서 지정한 방역수칙을 잘 지키면서 오프라인 음식점이 가진 장점을 활용한다면 이 어려운 터널을 곧 통과하게 될 것이다.

오프라인 음식점이 줄 수 있는 오감에 대한 얘기를 했다. 음식점에서 가장 주된 역할을 하는 것은 역시 메뉴와 서비스다. 이 메뉴와 서비스의 역할에 대해서 이의를 제기할 만한 외식경영자와 음식점 사장님은 없다. 그럼에도 음식점의 완성은 결코 메뉴로만 해결되지 않는다 오프라인 음식점이 필요한 이유다. 메뉴가 주연의 역할을 하는 것은 당연하지만 오감이 보조재 역할을 한다. 배달과 포장은 주연의 역할을 하겠지만 오감을 통한 보조의 역할은 할 수 없다. 오프라인 음식점에 오는 것은 단순한 식사를 위해서가 아니다. 메뉴와 오감, 감정의 공유를 통한 완벽한 식사를 위해서 오는 것이다. 따라서 오감을 잘 활용하면 고객들은 반드시 오프라인 음식점으로 찾아온다. 음식점 경영에서 오감의 역할은 상당히 중요하다. 메뉴만 가지고 만족하는 시간은 한정적일 것이다. 하지만 메뉴와 서비스와 오감이 동시에 충족되는 시간은 아주 길 것이다. 오감을 자극하는 음식점을 만들어 보자. 진정한 오프라인 음식점은 이렇게 완성될 것이다.

우리 음식점의 분위기, 인테리어, 음악, 향기, 색상, 서비스, 기물, 조명 모든 것을 체크해보자. 오감을 자극하기에 충분한 매력을 가진 음식점인지 체크해보자. 김영갑교수는 '육감동원, 만져보고, 느껴보고, 들어보고, 맡아보고, 쳐다보고 난 후 종합적인 감동이어야 한다.'고 했다.

제4장 골목식당의 Branding 방정식

가격할인과 쿠폰의 이면

지속가능한 음식점, 지속가능한 브랜드, 지속가능한 회사는 마케팅으로, 쿠폰과 할인으로 광고와 홍보로 전달하지 않는다. 이미 그런 시대는 지났다. 다만 고객들에게, 소비자들에게 브랜드가 전달해야 할 철학과 가치, 브랜드를 소비하면서 느낄 정서적 편안함을 전달할 뿐이다.

쿠폰이라는 것이 동전의 양면과 같다. 쿠폰은 중독성이 있다고도 생각도 한다.(그래서 과거도 지금도 가급적 쿠폰을 발행하지 않는다. 할인도 거의 하지 않는다.) 쿠폰에 중독이 되어버리면 고객들은 다음에 정상적인 금액을 지불하는 것을 아까워한다. 그리고 지속적으로 더 좋은 쿠폰을 요구하기도 한다. 그래서 이걸 '쿠폰 중독'이라고 한다. 또 음식점에서 테이블당 한 매 규정을 어기고 2장을 쓰게 해달라, 지난 것을 사용하게 해달라, 이건 왜 안되느냐고 우기는 고객들도 상당수가 있다. 그래서 부정적인 측면도 있는 것이다. 쿠폰은 고객이 재방문할 수 있는 요인을 제공하는 것으로 매출에 도움이 되는 긍정적인 측면도 있다. 신메뉴가 나왔을 때던, 행사를 할 때던 고객들에게 알려야 하니 이런 측면에서는 쿠폰은 유용하다. 쿠폰과 할인은 고객들을 환기시키는 역할을 한다. 다만 쿠폰은 이런 긍정적인 면과 부정적인 면 2가지를 가지고 있어서 나는 동전의 양면, 양날의 검이라고 표현한다.

| 할인과 쿠폰이 가진 이면을 잘 들여야 봐야

쿠폰과 할인은 마케팅에서 꼭 필요한 도구는 아니지만 주의를 환기시킬 수 있는 도구가 되기도 한다. 잘 쓰면 훌륭한 도구로써 손색이 없다는 생각이지만 잘못 사용하면 점포에, 브랜드에 독이 될 수 있다. 점포의 이미지가 하락하게 만드는 요소, 브랜드가치를 하락하게 만드는 요소 역시 쿠폰이고 할인이다. 메뉴 쿠폰, 가격 할인 쿠폰, 1+1 쿠폰 등 음식점에서 다양하게 사용하고 있지만 언제나 훌륭한 음식점은 쿠폰이나 할인을 사용하지 않는다. 쿠폰이나 할인보다 경쟁사가 제공하지 않는 가치를 제공하고 있다. 보이지 않지만 그 가치로 고객과 소통하고 있다. 진정한 음식점은 멋진 고객경험을 선사한다. 멋진 QSC로 고객들과 진검승부를 한다.

나는 쿠폰을 발행하는 것에 대해서 부정적이지만 발행한 쿠폰은 사용에 대해서 고객들에게 관대한 편이다. 직원들에게 늘 유효기간이 지났던, 2장을 쓰겠다고 하던 고객의 요구대로 해주라고 당부한다. 쿠폰가지고 고객과 싸우지 말고, 어떻게 하면 더 맛있게 기분 좋게 식사하고 가시는지만 신경을 쓰라고 철저하게 당부한다. 쿠폰을 이용했지만 만족했다면 다음에 또 방문해줄 것이고, 이런 기분 좋은 마음이 모여서 매장의 매출이 만들어진다고 판단하기 때문이다. 그래서 늘 그렇게 얘기했다.

한번씩 방문했던 '코다리찜'을 전문으로 하는 음식점이 있다. 여기는 음식을 주문하면 막걸리가 무제한으로 제공되었다. 그러던 어느 날 방문하니 막걸리는 한번만 제공하는 것으로 변경이 되었고(원가에 대한 압박), 메뉴는 할인된 가격(고객수를 늘리기 위한 행사)의 이벤트를 하고 있었다. 두 가지 내용이 상반되어

주인장의 의도가 궁금했다. 고객들이 좋아하던 '막걸리 무제한'은 종료를 하고, 요리의 가격은 낮춰서 고객이 더 왔으면 하는 상반된 행사를 하고 있는 것이다. 막걸리 무한리필을 좋아했던 고객은 빠져나가고, 가격 할인을 좋아하는 고객들은 더 많아질 것이라는 생각이었을텐데 앞뒤가 맞지 않는 행사를 병행하고 있는 것이다. 현재 고전을 면치못하고 있다고 주인장이 얘기를 한다. 훈수를 두는 것 같아서 말을 건내지 않았다. 지나는 길에 OO피자의 50% 할인 광고를 보았다. 90년대 후반 2만원 후반대부터 3만원 초반대까지 가격을 형성했던 브랜드가 이제 50% 할인 광고를 진행하고 있다. 또 OO피자는 최근 무제한 뷔페로 전환을 했다. 고객 가치에 집중하는 명품 음식점은, 명품 브랜드는 이런 류의 쿠폰과 할인을 남발하지 않는다. 이런 류의 마케팅을 하지 않는다. 긴 숨으로 브랜드의 가치를 만들어간다. 최고의 브랜드에서 50% 할인까지 가게 된 사연을 학습할 필요가 있다.

쿠폰은 단기적인 처방이다. 긴 안목으로 음식점을 본다면 쿠폰과 할인은 지양하는 것이 좋다. 쿠폰과 할인을 남발한다는 것은 우리 음식점은 어떤 능력을 가지고 있지 않으며 음식점에 문제가 생기기 시작했다는 광고를 하는 것이라 생각한다. 지속가능한 음식점, 지속가능한 브랜드, 지속가능한 회사는 마케팅으로, 쿠폰과 할인으로 광고와 홍보로 전달하지 않는다. 이미 그런 시대는 지났다. 다만 고객들에게, 소비자들에게 브랜드가 전달해야 할 철학과 가치, 브랜드를 소비하면서 느낄 정서적 편안함을 전달할 뿐이다. 그런 음식점이, 브랜드가 되어야 한다고 생각한다. 할인과 쿠폰이 난무하는 음식점이 롱런하는 경우를 보지 못했다.

한번 내린 가격은 돌릴 수 없고, 한번 뿌리기 시작한 쿠폰은 거둘 수 없다. 이것 또한 진리다.

마케팅 수단으로써 프로모션 ; 가격할인과 쿠폰에 대한 잔상

가격할인은 마케터가 아니더라도 누구나 할 수 있는 도구이다. 그래서 가격할인은 마케팅에서 가장 마지막에 하는 수단이라 생각한다. 할인과 쿠폰은 단기적인 처방일 뿐 지속가능경영에 위배되는 근시안적 행위다. 본질에 충실할 때 음식점은 성공한다.

| 정확한 타켓과 목표를 가지고 마케팅을 해야

10여년 전으로 거슬러 올라가 본다. 강남역 인근을 배회하다가 보면 땀을 흘리면서 어학원 시간표에 형광펜을 끼워서 오가는 사람들을 대상으로 무작위 살포를 하고 있다. 불행하게도 왕복으로 오다가다 보면 형광펜 2자루가 생기고 어학시간표는 쓰레기통으로 직행한다.

내가 이 광경을 오랫동안 지켜보면서 궁금해진게 있었다. “과연 저 마케팅을 누가 기획했을까?”, “이 시간표와 형광펜을 받고서 어학원으로 가는 사람이 얼마나 될까?”, “회수율은 얼마나 될까, 한달 동안 뿌리는 비용은?”이라는 의문말이다. 땀흘리면서 형광펜을 돌리던 아르바이트의 모습을 한참 지켜보다가 무거운 발걸음을 옮긴 적이 있다. 잔상이 깊게 남는다.

마케팅과 프로모션의 목표, 혹여 브랜드의 컨셉까지도 모두 고객의 니즈로부터 출발하고 니즈의 충족을 위해서 진행되어야 한다. 마케팅과 프로모션에서 가장 좋은 것은 원투원 마케팅, 즉 상대방 한명 한명이 원하는 것을 제공해주는 것이다. 하지만 비용적 한계로 인한 원투원 마케팅을 진행하지 못하고 매스마케팅을 진행하게 되는데 위와 같이 비용의 효율적 사용이 이루어지지 않는 경우도 허다하다. 따라서 마케팅과 프로모션은 적절한 비용을 가지고, 적절한 고객의 니즈를 충족시킬 수 있는지 살펴봐야 한다.

고객이 무엇을 원하는지, 우리가 원하는 것은 무엇인지에 대한 명확한 마케팅과 프로모션이 필요하다.

| 가격할인 경쟁에 휘말리는 순간이 모두의 몰락으로

2000년대 초반 모든 음식점들이 뷔페로 몰입할 때 '외식업의 몰락으로 가는 것이 아닌가'라는 우려를 했다. 뷔페야 가성비가 좋아 즐긴다고 하지만 음식점은 다양한 카테고리의 음식들이 상호보완적으로 발전해야 한다는 측면에서 우려를 한 것은 사실이다. 지금 너무 많은 뷔페들이 폐업했다. 뭔가 하나로 몰입이 되어가는 것은 결코 바람직한 현상은 아니다.

당시 햄버거의 전쟁도 시작되었다. 프랜차이즈 햄버거 브랜드에서 천원 버거를 출시하였고, 경쟁 업체 역시 견디다 못해서 천원버거를 울며겨자먹기로 출시했다. 서로에게 돈은 남지 않는 최악의 프로모션이었다. 이런 가격 경쟁에 서로가 휘말리면 시장은 결국 몰락한다. 누구도 승자가 없는 게임이 되어버리는 것이다. 제로섬 게임이다.

가격 할인은 마케터가 아니더라도 누구나 할 수 있는 도구이다. 그래서 가격할인은 마케팅에서 가장 마지막에 하는 수단이라 생각한다. 최근 피자 브랜드들이 저마다 가격 할인과 런치 뷔페 등을 통하여 돌파구를 찾는 모습에서도 안타까움을 느끼는 것은 가격할인이 답이 아니라는 것 때문이다. 간혹 우리는 어려움을 견디지 못해서 10% 할인, 20% 할인 등의 가격 경쟁을 무기로 들고 나오지만 결코 가격 할인이 승부수가 아님을 나중에야 경험을 통해서 느끼게 된다. 가격 할인도 마케팅의 한 부분이기도 하지만 고객이 원하는 것은 가격 할인보다 더 맛있고, 더 훌륭한 서비스를 기대하고 있을 것이다. 우리는 이 부분을 관가하고 가격 할인이 모든 것을 해결할 것이라는 오류에 빠지게 된다. 가격 할인 금액을 서비스와 맛에 투자하는 것이 더 바람직할지 모르겠다.

| 쿠폰의 공급자 마인드를 버려야

A패밀리 레스토랑에서의 일이다. 매장에서 받은 쿠폰을 가지고 가족 식사를 하기 위해서 인근 매장으로 향했다. 입구에서 쿠폰을 보더니 직원이 "날짜가 하루가 지났어요."라고 하길래 "하루인데 좀 쓰게 해주세요."라고 물어봤더니 안된다는 말을 건낸다. 다시 요청해서 책임자에게 묻고 오더니 재차 안된다고 한다. 그래서 우리는 그 레스토랑을 바로 빠져나왔다. 쿠폰 하나에 빈정이 상해서 식사하기 싫어진 것이다. 쿠폰은 고객이 방문하라고 주고서 하루 지난 쿠폰은 안된다는 발상을 하는 그 레스토랑이 못내 아쉬웠다. 다시는 그 레스토랑에 가지 않으리라는 다짐도 했다.

우리는 10만원 식사를 하고 콜라 한병 값 다 받는, 공기밥 가격까지 다 받는 음식점에 빈정이 상한다. "공기밥은 서비스에요."라고 20만원도 아깝지 않다. 천원정도 투자하고 고객의 평생가치를 추구하는 것이 더 낫지 않을까? 평생 그 고객이 우리 브랜드에 지불할 비용이 얼마인가? 계산해보면 공기밥은 서비스로…

쿠폰은 재방문을 위해서 공급자의 입장에서 제공하는 것이다. 그런데 하루 지난 쿠폰, 혹시 2장 같이 쓰게 해달라는 요구 조건에 대해서 공급자의 마인드를 견지하는 것이 결코 좋지 못하다. 고객의 입장이 되어서 생각하는 것이 가장 바람직하지 않을까란 생각이다. 점포에 근무할 당시 나는 직원들에게 늘 "쿠폰으로 고객과 실랑이하지 말라"고 강조했다. 원하는 대로 해드리고, 고객이 만족할 수 있도록 해주면 향후 우리의 팬이 될 것이라고 누차 강조했다. 쿠폰은 철저히 고객의 입장이 되어야 한다. 다만 쿠폰의 오남용은 혹한, 마마, 천연두보다 무섭다는 것을 또한 명심해야 한다. 쿠폰도 중독이 된다.

무수히 많은 기법을 가지고 있는 아날로그적인 마케팅과 프로모션에서 가장 중요한 것은 결국 고객의 니즈와 우리의 정체성에 기반한 기법을 활용하는 것이다. 어떤 마케팅이 가장 좋을지 강남역과 명동을 거닐어보시길 바란다.

제4장 골목식당의 Branding 방정식

고객은 패키지를 구매한다

메뉴 맛이 좋은 것은 기본이고, 서비스는 덤으로 좋았으면 좋겠고 그럴싸한 분위기와 인테리어에 예쁜 기물과 맛있게 담겨진 음식 그리고 적정한 가격과 서로의 시간을 충분히 즐길 수 있는 아늑한 공간까지 합쳐서 패키지(Package)를 구매한다는 생각이다. 어느 하나가 아주 앞서서 맛집으로 장사가 잘되거나 인상적인 컨셉을 가지고 있어서 잘 되는 음식점도는 있다고 판단하지만 긴 음식점의 수명으로 치면 패키지를 잘 갖춰 두는 것이 맞지 않냐는 생각이다.

오랜 시간 음식점을 경영하면서 느끼는 거지만 정말 관리 포인트가 너무 많다. 메뉴, 서비스, 위생, 인테리어, 분위기, 음악, 기물, 직원, 구매 등 헤아릴 수 없을 정도로 관리해야 할 포인트들이 많다. 이래서 음식점을, 외식업을 '종합 예술업'이라고도 한다. 어떤 고객들은 와서 "음식이 왜 이렇게 맛이 없어요."라고 하고 어떤 고객들은 "서비스가 이래 가지고 장사 하겠어요?"라고 무심코 말을 내뱉기도 한다. 더러는 음식이 짜다, 음식이 달다, 직원들의 표정이 왜 이러냐? 등등 음식의 맛과 서비스에 대한 평가가 제 각각이다. 여기에다가 이물질, 생각지도 못한 이슈 사항 등도 늘 발생하곤 한다. 고객의 입장에서도 음식점은 평가해야 할 요소가 많다. 음식점의 입장에서나, 고객의 입장에서나 할 말이 많고, 봐야 할 요소가 많은 것이다. 정말 어려운 사업이다.

| 음식의 경험을 완성한다는 의미

음식점은 어느 누구라도 한마디씩 건네기 딱 좋은 사업 아이템이다. 적어도 한마디씩 할 수 있는 업종이다. '주관적인 요소가 너무 많기 때문 아닐까'란 생각을 하면서 나에게 잠시의 위로를 한다. 우리가 간혹 착각을 하거나 또는 오판을 하는 경우가 있다. 아니 그런 분들도 계시고, 그런 경영자들도 간혹 보게 된다. 음식점이 서비스만 좋으면 되지 또, 메뉴만 맛있으면 되지 이런 류의 얘기들이다. 하지만 저자의 생각은 조금 다르다. 이제 기본적인 것은 물론이고 그 이상을 추구해야 한다. 이제 음식점을 대하는 고객의 수준도 높아졌고, 어떤 메뉴가, 어떤 서비스가 좋고 나쁜지는 판단할 정도의 수준은 충분히 되었다. 그래서 저자는 요즘 고객들은 패키지(Package)를 구매한다고 생각으로 음식점을 정리하였다. 즉 메뉴 맛이 좋은 것은 기본이고, 서비스는 덤으로 좋았으면 좋겠고 그럴싸한 분위기와 인테리어에 예쁜 기물과 맛있게 담겨진 음식 그리고 적정한 가격과 서로의 시간을 충분히 즐길 수 있는 아늑한 공간까지 합쳐서 패키지(Package)를 구매한다는 생각이다. 어느 하나가 아주 앞서서 맛집으로 장사가 잘되거나 인상적인 컨셉을 가지고 있어서 잘 되는 음식점도는 있다고 판단하지만 긴 음식점의 수명으로 치면 패키지를 잘 갖춰 두는 것이 맞지 않냐는 생각이다. 만약 프랜차이즈나 체인사업을 한다면 이 부분에 대해서 더 세밀하게 갖춰져야 좋은 비즈니스 모델이 탄생한다고 생각을 한다.

| 패키지를 잘 관리해야 하는 이유

외식경영전문가 백종원 씨는 음식의 맛은 30%, 나머지가 70%를 차지한다고 했다. 100% 동의할 수는 없지만 어느 정도 일리가 있는 말이다. 음식의 맛,

서비스의 수준도 어느 정도 평준화되었고, 음식의 맛과 서비스는 벤치마킹을 통해서 카피가 가능하다. 그래서 고객들은 이제 음식의 맛에 100%를 두고 평가하지 않는다. 서비스도 마찬가지다. 그래서 전반적인 맥락, 패키지를 구매하는 것이다. 앞서 언급했듯이 패키지에는 메뉴, 서비스, 위생, 분위기, 비주얼, 인테리어, 음악, 기물, 뷰 등을 모두 합쳐서 말하는 것이다.

고객들이 패키지를 구매한다는 판단이라면 우리 음식점에 고객들이 왜 방문하는지에 대한 생각을 정리하고 정리된 생각에 대해서 많은 공을 들여야 한다. 메뉴와 메뉴판에 대한 공도 들여야 하고, 직원들의 서비스에 대한 교육 투자도, 고객들이 사용하는 기물 교체와 조명, 인테리어, 설비, 시설에 대한 정비 등 고객가치를 위한 지속적으로 해야 한다. 왜냐하면 고객들은 어느 한 부분을 구매하기도 하지만 대체로 패키지를 구매하기 때문이다. 패키지가 잘 갖춰져야 긴 수명을 가진 음식점이 되기 때문이다.

특히 우리 나라 소비자들은 음식에 대한 니즈(Needs)가 아주 빠르게 변화하고 진행이 된다. 따라서 장기적으로 사업을 하려면 지속적인 투자는 필수불가결하다. 고객들은 조금의 변화에도 금방 반응을 한다. 좋은 서비스 멘트 하나에도, 아주 훌륭한 맛에 대해서도 자그마한 프로모션에도 반응을 한다. 음식점을 구성하는 많은 부분에서 지속적이고 작은 변화를 주어야 하는 것도 이와 같은 이유에서다.

| 컨셉, 퍼포먼스, QSC의 조화로운 관리가 필요

음식점은 컨셉(Concept) 과 퍼포먼스(Performance)로 구성된다고 생각한다.

컨셉은 브랜드가 나타내고자 하는 핵심요소를 정리한 것으로 어쩌면 브랜드 아이덴티티(Brand Identity)라고 할 수 있고 패키지라 명할 수 있겠다. 또 컨셉은 고객이 우리를 선택할 동기를 주기는 요소이기도 하다. 그 말은 컨셉으로 고객을 유인할 수 있다는 얘기이다. 고객은 늘 컨셉을 보고 시도하기를 하고, 그 시도를 평가하기도 한다. 퍼포먼스는 고객이 실제 매장을 경험하고 나온 느낌이나 기분이다. 즉 실제 경험한 상황에 대한 평가를 말한다. 컨셉과 퍼포먼스에 차이가 발생한다면 퍼포먼스가 컨셉보다 떨어진다면 고객들이 재방문을 하지 않게 된다.

그래서 늘 음식점에서 가장 중요한 것은 QSC라고 하는 것이다. QSC의 경험에 따라서 고객들의 퍼포먼스가 달라지며 브랜드의 존속을 가져다 주는 부분이라 생각한다. 퍼포먼스 즉 패키지에 대한 고객의 상태가 음식점을 재방문하게 하는 원동력인 것이다. QSC, 인테리어, 분위기, 서비스, 맛 모두가 완전하게 고객에게 실현될 때 음식점 사업은 가능성이 있다는 것이다.

이제 음식의 맛과 직원들의 서비스 뿐만 아니라 우리 음식점의 기물, 청결과 위생, 인테리어, 분위기, 음악, 음식이 담긴 비주얼 등 고객의 입장에서 챙겨봐 주길 바란다. 롱런하는 음식점의 비결이다.

고객을 끌어 당기는 힘 ; 한정판 마케팅 이론

한정판은 고객을 불러 모으는 효과를 낳는다. 모든 사람들은 안달과 조바심, 특별한 것을 추구하는 심리가 있다. 음식점에서도 잘 활용해보면 좋겠다. 우리 음식점의 메뉴가, 서비스가 훌륭한다면 한정판마케팅은 효과를 볼 것이다. 성공한 모든 음식점이 훌륭한 메뉴를 가지고 있다는 사실에 기반한다. 메뉴에 자신이 있다면 효과를 기대해볼 만하다.

'한정판 마케팅'이란 대량생산할 수 있는 제품을 소수의 한정 수량을 만들어 제품의 희소성을 강조하는 마케팅 기법이다. '이번 기회가 아니면 더 이상 구입할 수 없다.'는 메시지를 소비자에게 던져 소비자들의 조바심을 불러 일으킨다는 점에서 '안달 마케팅, 조바심 마케팅'이라고 할 수 있다. 또 다른 의미로 '헝거 마케팅'이라고도 한다. 말 그대로 소비자들을 '배고픈'(hungry) 상태에 놓이게 하는 것으로 제품이 흔하지 않고, 구하기 힘들수록 더 갖고 싶어하는 소비자들의 심리를 겨냥한 마케팅 기법으로 설명할 수 있겠다. 한정판 마케팅, 헝거 마케팅 이름은 다른데 같은 기법이다.

한정판 마케팅과 비슷한 양상으로 래플(Raffle) 방식이 있다. 래플이란 상품은 제한적인데 비해 구매하고 싶은 사람이 많을 경우 응모 형식으로 판매하는 방식을 말한다. 다만 추첨을 통하기 때문에 래플은 공정성에 기반한 한정판 마케팅이라는 데서 의미가 더 크다. 물론 한정판 마케팅 역시 공정함에 기반하지만 래플이 좀 더 크다는 의미이다.

이런 마케팅 기법들은 고객들의 심리를 자극해서 구매를 촉진시키는 기법이다. 물론 브랜드의 파워와 고객들에게 화제가 되는 상품과 브랜드라면 더 큰 효과를 발휘할 수 있다. 대부분의 성공한 브랜드들은 이러한 마케팅 기법을 자주 활용한다. 스타벅스의 한정판 굿즈, 나이키의 한정판 운동화, 래플 방식을 활용한 무신사의 의류상품 등 유명한 브랜드일수록 성공하기에도 쉬운 편이다. 특히 개인의 개성과 특별함, 나만 가지고 있는 것에 열광하는 MZ 세대에게는 한정판에 대해서 열광한다. 시대적인 흐름, 세대의 특성과 일치해서 보이는 하나의 트렌드로 인식할 수 있다.

한정판 마케팅은 어떤 효과를 보일까? 몇 가지로 압축해서 볼 수 있는데 아래와 같다.

1) 화제성 ; 고객들로부터 화제가 되고, 화제가 된 마케팅이 전파되는 효과가 있다.

2) 공정성 ; 래플이나 한정판은 고객의 시간, 노력 등의 공정성에 기반한다.

3) 재미와 흥미 ; 한정이 주는 재미와 흥미를 유발한다.

4) 새로운 경험 ; 남들이 하지 못하는, 평소에 하지 못하는 새로운 경험을 준다.

5) 특별함 ; 나만 할 수 있는, 나만 경험할 수 있는 효과가 있다.

6) 브랜드나 상품의 홍보효과 ; 화제가 된 것만으로도 브랜드, 상품의 효과를 톡톡히 본다.

6가지의 아주 큰 효과를 보기에 이런 마케팅 활동은 성공했을 경우 브랜드 인지도, 상품에 대한 긍정적 인식 등 좋은 효과를 보이게 된다. 또, 한정판 마케팅은 한정 방식에 따라 수량 한정, 기한 한정, 가격 한정, 장소 한정의 방법을 사용할 수 있다.

F&B 산업에서 보면 콜라보와 한정판 마케팅을 동원해서 만든 '고창수박을 활용한 오예스'가 성공 사례로 꼽힌다. 2018년 여름을 맞아 '고창수박 맛을 낸 오예스'를 400만개 출시하면서 8월말까지 판매하고 완판했다. '오예스'는 기간 한정과 수량 한정 기법을 동원해서 마케팅 했고 완판하면서 상품의 인지도 향상과 기업의 인지도 향상에 기여했다.

| 한정판 마케팅을 활용한 음식점들

음식점도 이런 사례를 활용한 한정판 마케팅을 하는 곳들이 있다. 다들 성공적인 운영을 하고 있는 음식점들이다. 처음부터 한정판을 활용한 곳도 있고, 사연이 있어서 한정판을 할 수밖에 없었던 곳도 있다. 여하튼 한정판으로 고객들의 애간장을 녹이기는 마찬가지이니 그 효과를 톡톡히 보고 있다.

명동에서 아니 서울에서 가장 유명한 곰탕집 '하동관' 역시 '오후 4시까지 영업'이라는 시간을 한정해서 운영을 한다. 하동관을 아는 사람들이면 이 사실도 모두 알고 있다. 부모님이 곰탕집 하는 것이 싫었고, 이 사실이 알려지지 않기를 바라는 아들의 이야기, 그리고 아들이 하교하는 시간인 4시까지만 영업을 했다. 이런 사실이 '오후 4시'까지 라는 영업 시간으로 굳어진 것이다. 시간을 한정한 마케팅 기법이다. 마포 서교동에 가면 돼지곰탕을 파는 '옥동식'이라는 음식점도 꽤나 유명한 음식점이다. 이베리코를 사용해서 돼지곰탕을 한다는 식자재 이야기, 부산식 돼지국밥을 재해석한 이야기도 고객의 관심을 끌지만 이 집 처음에는 50그릇 한정으로 판매를 했었다. 그래서 고객들이 번번히 먹기를 실패했는데 고객들의 요구가 커지자 최근에는 200그릇 한정으로 판매하고 있다. 수량을 한정한 판매 기법이다. 샤로수길의 텐동맛집 '요츠야'도 마찬가지다. 3번

가서 3번 실패해서 먹지를 못했다. 늘 웨이팅이 길다. 서두르지 않고, 나처럼 게으르면 먹지를 못한다. 한정 수량을 판매한다.

▲ 합정동에 있는 '옥동식'이다. 한정판매를 적절하게 잘 활용한 매장으로 고객들에게 인기가 높다.

이렇듯 패션, 제과, 식음, 외식까지 한정판 마케팅 기법이 동원되어 활용되고 있다. 만약 우리 음식점의 메뉴가, 서비스가 훌륭한다면 한정판 마케팅은 효과를 볼 것이다. 성공한 모든 음식점이 훌륭한 메뉴를 가지고 있다는 사실에 기반한다. 메뉴에 자신이 있다면 효과를 기대해볼 만하다. 그리고 시즌을 활용한 한정판도 좋겠다. 각 시즌별로 좋은 메뉴를 만들어 내고, 기한을 한정하고, 수량을 한정해서 판매하는 기법도 좋은 방법이다. 음식점들은 대개 시즌 음료를 내놓거나, 시즌 메뉴를 내어 판매한다. 좋은 방법이다. 맛이 있다면 말이다.

분명히 한정판은 고객을 불러 모으는 효과를 낳는다. 모든 사람들은 안달과 조바심, 특별한 것을 추구하는 심리가 있다. 음식점에서도 잘 활용해보면 좋겠다.

제4장 골목식당의 Branding 방정식

고객의 음식점 선택에 영향을 미치는 요인들의 변화와 대응

브랜드의 거창성보다 고객 한 명 한 명의 평판들이 모여서 우리 음식점의 매출을 좌지우지 할지 모른다. 매일 들어가서 확인하고 관리하고 개선해 나가자, 그래야 성공한 음식점을 만들 수 있다. 그 기본이 고객들의 리뷰에 달려 있다.

브랜드와 기업이 주는 일방적인 메시지의 영향력이 급격하게 변화되었다는 것을 느낀다. 스마트폰이 보급되고 스마트폰이 개인과 개인, 개인과 사회를 연결해주는 주요 수단이 되면서 판단과 의사결정에 영향을 미치던 주요 매체(신문, 잡지, 라디오, TV 등)의 영향력은 급속하게 감소되고 있다. 향후 주요 매체의 영향력 더 감소되지 않을까 한다. 일방적으로 전달되던 브랜드와 기업의 메시지에 대한 신뢰성이 줄어들었다고 할 수 있다. 과거의 주 매체였던 미디어의 시대는 가고, 개인 미디어의 시대가 온 것이다.

| 정보에 대한 신뢰도 변화

'정보 신뢰도'에 대한 한 조사에 따르면 블로그와 SNS의 신뢰도가 63%로 가장 높았고, TV는 27%, 라디오 8%, 신문 2%, 잡지는 1% 정도의 영향력을 미치는 것으로 나타났다. 개인들이 주고받는, 개인과 연결된 개인의 메시지에 강한 신뢰를 보내는 것이다. 이는 개인 미디어의 시대가 완전하게 활성화된 것이라 할 수 있다. 연결된 개인의 메시지가 정확성과 공정성을 가지고 있다고 믿는 것이다. 앞으로 이러한 현상은 더욱 가속화될 것이다. 브랜드와 기업이 주는, 그리고 주요 매체였던 4대 매체가 주는 메시지는 참고만 할 뿐 받아들이지 않겠다는 것으로 볼 수 있다. 브랜드와 기업에서도 마케터의 영향력은 줄어들고 개인이 공유한 경험과 평가의 영향력이 확대될 것이다.

[표4-7] 정보 신뢰도에 대한 조사

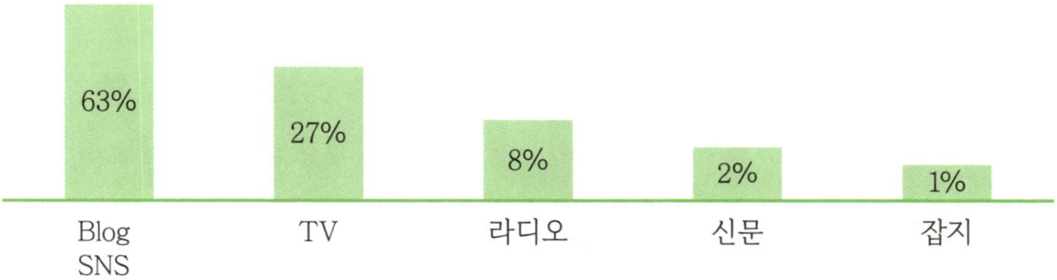

최근 대부분의 고객들의 주요 정보원으로 Blog와 SNS를 활용하며, 맛집을 선정할 때 블로그, 네이버, T-Map등 타 고객들의 평판을 위주로 판단한다고 한다.

개인의 구매 판단에 영향을 미치는 요인으로는 개인적인 믿음과 선호, 경험이 첫 번째이고, 두 번째가 다른 사람의 의견과 정보 서비스다. 세번째로 마케터, 즉 브랜드와 기업의 메시지다. 과거는 마케터, 즉 기업과 브랜드의 메시지가 구매 영향력에 있어서 압도적이었으나 최근에는 다른 사람이 공유한 의견과 정보가 구매에 미치는 영향력이 압도적이다.

| 구매 결정 단계에 대한 변화는 이미 시작되었다

과거 고객의 구매 의사 결정 단계는 표에서 보는 것과 같이 AIDMA(주의, 관심, 욕망, 기억, 행동)의 5단계를 거쳤다. 그래서 브랜드와 기업의 입장에서는 기억 이전 단계에 많은 광고를 집행해서 고객에게 브랜드와 기업을 연상하게 하고, 구매를 촉구하게 했다. 하지만 개인 미디어의 시대에는 AISAS(주의, 관심, 조사, 행동, 공유)의 과정을 거친다. 브랜드와 기업의 메시지보다 고객 중심의 검색을 위주로 판단하게 되고, 그 판단에 영향을 미치는 것이 바로 공유된 경험 메시지다. 따라서 브랜드와 기업이 주는 메시지는 영향력이 감소하였다고 보며, 향후에도 더 많이 감소될 것으로 판단된다.

[표4-8] 고객의 구매결정 단계의 변화

A	I	D	M	A
Attention	Interest	Desire	Memory	Action

AIDMA 모델이 기반해 Memory 이전 단계에 많은 광고를 집행

▼

A	I	S	A	S
Attention	Interest	Search	Action	Share

소비자 주도의 검색, 경험공유 단계 활성화로 전통적인 광과 집행 효과성 감소

음식점도 이와 같다. 블로그를 비롯한 SNS 그리고 각종 음식점 평가앱, 배달앱에서 우리 음식점들을 평가한다. 브랜드를 선호하기도 하지만, 브랜드를 떠나 각 개인이 먹고, 사진을 찍고, 평가하고 공유하는 내용에 강한 신뢰를 보낸다. 그래서 이를 관리해나가야 한다.

관리 방법은 몇 가지로 추려 볼 수 있다. 우선 음식점 내에서 완벽한 QSC가

관리되도록 하며, QSC에 대한 고객들의 평가가 어떤지 확인하고, 개선하는 노력이 필요하다. 음식점 내에서 모든 평가가 이루어진다고 볼 수 있다. 더러는 평가 행사를 통해서 고객들에게 혜택을 주고, 고객들이 좋은 평점을 줄 수 있도록 하는 배려도 필요하다. 가정에서 간혹 AS를 받은 후 관리했던 기사가 "혹시 본사에서 평가에 대한 문의가 오면 꼭 10점 부탁한다.'고 말하는 이유와 같다. 좋은 평점을 받기 위한 앙증맞은 노력도 음식점에서 필요한 시대가 되었다. 배달 평가는 결국 배달 시간과 배달된 음식의 포장 상태와 맛이다. 배달은 이 3가지를 관리해야 한다. 빠른 배달 시간, 다른 음식점과 차별화된 포장 방법, 또 맛의 변질(온도, 소스 등)에 대한 노력도 기울여야 한다. 따뜻한 음식, 차가운 음식, 소스의 농도 등 관리해야 할 포인트가 많다. 어떻게 하면 음식점에서 드시는 정도의 요리를 그대로 전달할지 고민하는 것이다. 배달 봉투 안에 젓가락, 물티슈 등 배려가 묻어나게 되었는지 등도 살펴야 한다. 최근에는 몇 몇 음식점들이 메시지를 적어 포스트잇(사진 참조)을 붙여서 감동을 전해주곤 한다. 이런 여타 노력들이 평판 관리의 핵심이다. 예를 들어 '손님 오늘은 닭다리 하나 서비스로 더 넣어드렸어요.'라는 메시지를 적어 포스트잇에 부착해서 포장했다면 고객은 사소하지만 감동할 것이다. 이렇게 하나씩 평판 관리를 위한 노력을 기울여야 한다.

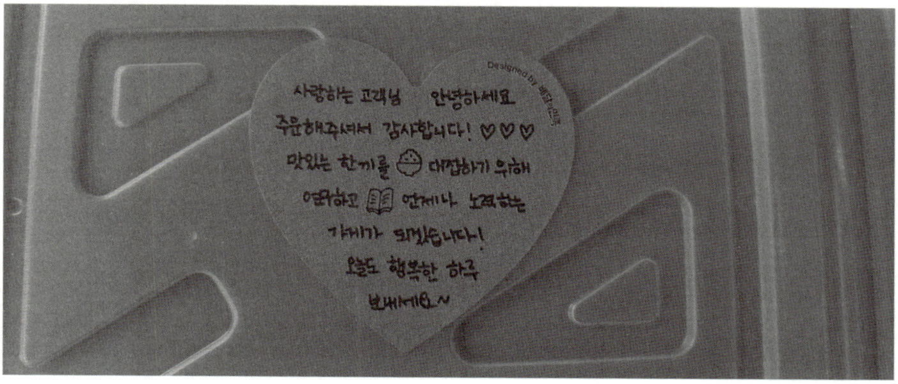

▲ 포장된 음식과 포스트잇 메시지, 고객들은 사소한 것 하나에도 깊은 감동을 한다.

그리고 좋은 평판을 얻기 위해서 이벤트를 마련해 볼 수 있다. 음식점 내에서도, 또 평가앱에 이벤트를 하는 것이다. 음식을 드시고 평가를 하면 할인 또는 무료 서비스 품목을 제공하는 등의 행사를 통해서 좋은 평가 점수를 받도록 하는 것이다. 얼마전 유명한 카페에 가서 음료를 마시는데 '평가 점수를 기입하여 주면 아메리카노 한잔을 서비스하는 행사'를 해서 등록한 기억이 있다. 사실 나쁜 점수를 주기 어려웠다. 직원이 그 내용을 확인하고 무료로 음료를 주는 것이라 좋은 평가와 사진을 올렸다.(물론 맛도 있었다.) 이런 하나 하나의 행동이 우리 음식점의 평판과 평가가 되는 것이다. 또 각종 평가사이트에 들어가서 우리 음식점의 평가에 대한 상황을 리뷰하고, 개선할 부분에 대한 개선 포인트를 찾아서 해결하는 등 평판 관리를 해 나가야 한다.

하나 하나씩 만들어가자. 과거 광고나 홍보를 하려면 엄청난 비용을 지불해야 했다. 이제 작은 돈을 써서 좋은 평판과 이미지를 만들어갈 수 있으니 음식점 입장에서는 오히려 더 좋은 기회가 된 것이다. 어쩌면 브랜드의 거창성보다 고객 한 명 한 명의 평판들이 모여서 우리 음식점의 매출을 좌지우지 할지 모른다. 매일 들어가서 확인하고 관리하고 개선해 나가자. 그래야 성공한 음식점을 만들 수 있다. 그 기본이 고객들의 리뷰에 달려 있다.

제4장 골목식당의 Branding 방정식

모든 음식점의 타겟 고객, 여성

여성의 마음을 잡고, 여성고객의 기준을 통과하기 위해서 갖춰야 할 부분적인 것들을 소개했다. 화장실의 청결, 메뉴의 비주얼과 맛, 인테리어의 감성 등 여성고객의 선택을 받기 위해서 필요한 요소들이다. 여성을 위해서 감각적인 테크닉이 필요하다. 이런 요소들이 충분히 여성을 고려한 것들이라 판단되면 여성고객의 마음을 얻게 될 것이고, 얻게 된 마음은 모든 고객들에게 퍼져 나갈 것이라 확신한다.

내가 운영하고 관리했던 모든 음식점 브랜드의 타겟 고객은 여성이었다. 하나의 브랜드도 예외없이 여성이었다. 여기서의 여성은 20대~30대의 여성을 말한다. 무조건 1차 타겟 고객이었다. 음식점의 성공 여부는 이런 여성 고객을 얼마나 확보하고 관리하느냐가 관건이다. 여성 고객이 없는 음식점이 성공할 리 만무하다. 진실로 말하건대 음식점의 성공은 여성 고객의 확보에 달려 있다.

가장 예민할 시기, 가장 예쁠 시기, 가장 아름다운 것을 찾을 시기가 바로 20대~30대다. 여성은 남성보다 예민하고 까다롭다. 여성은 남성보다 감성적이다. 여성은 안심과 안전을 추구한다. 이런 점이 남성보다 훨씬 우월한 측면이다. 더구나 가장 예민한 시기인 20대~30대 여성이라면 말할 것도 없다. 또 여성의 취향에 따라 음식점을 선택한다. 커플, 부부, 모임 등 모든 만남에서 여성이 주도권을 가지고 있고, 남성은 여성에게 선택권을 양보한다. 그리고 여성 고객들은 트렌드와 변화에도 민감하다. 세상을 잘 읽을 줄 아는 눈을 가진 것이다. 이런 까다롭고 섬세하고 감성적인 여성 고객의 사랑을 차지한다는 것은 음식점의 성공을 보장받는 것이나 다를 바 없다.

물론 20대~30대 여성 고객이 모든 음식점의 핵심 고객은 아닐 것이다. 주부를 대상으로 하는 음식점도 있고, 청소년을 대상으로 하는 음식점도 있고, 남성 직장인을 대상으로 하는 음식점도 있다. 하지만 이럴 경우도 마찬가지라 생각한다. 대상은 주부, 청소년, 남성 직장인이지만 '음식점의 기준을 어느 시선에 두느냐'의 문제이다. 핵심 고객층은 그렇다고 하더라도 음식점의 메뉴 구성, 서비스, 인테리어, 분위기, 음악, 운영 등의 모든 면에서 까다로운 20대~30대 여성 고객을 통과하는 기준이라면 다른 모든 고객들을 만족시킬 수 있다는 관점으로 바라봐 달라는 이야기다.

저자의 경우 음식점을 운영하면서 화장실에 청결에 대한 민감함을 보인다. 화장실은 여성들이 가장 민감하게 반응하는 공간이다. 따라서 화장실의 만족도는 음식점의 만족도로 귀결되는 부분이 있다. 부암동에서 '계열사'를 운영하고 있는 박선옥 대표는 "나는 2가지를 가장 중요하게 생각해, 하나는 화장실 깨끗한 거, 또 하나는 주방 깨끗한 거"라고 말한다. 이 음식점이 잘되는 이유다. 기본을 챙기는 것이고, 여성을 챙기는 것이다. 제주의 카페 겸 독립 서점인 '제주살롱'을 가니 화장실에 잘 말려진 흰색 핸드타올이 포개져 있고, 방향제와 청결제 등이 비치되어 있어서 놀랐다. 호텔급 수준으로 꾸며진 화장실을 보며 사장님의 꼼꼼함과 여성 고객을 위한 배려를 느낄 수 있었다. 이런 디테일이 음식점에 여성 고객을 모은다.

▲ 기본을 강조하는 음식점 '계열사', 주말 늘 웨이팅으로 부적인다.

송파에 위치한 백지원 대표가 운영하는 '마담타이'라는 태국음식전문점은 맛도 맛이지만 비주얼적인 요소가 듬뿍 담긴 음식점이다. 음식점은 원테이블 즉 큰 테이블 하나를 놓고 운영한다. 백지원 대표가 태국 여행을 하면서 공수해온 기물과 그릇으로 음식을 담아내는데 음식에 기품을 더한다. 음식의 비주얼은 무시할 수 없는 요소다. 또 음식점이 크거나 화려하지 않지만 색감과 정감을 동시에 고려해서 만들어졌다. 이런 비주얼적인 요소가 여성의 마음을 움직이는 것이다. 여성의 감성을 녹여야 한다. 건대에 가면 '모모라멘'이라는 라면집이 있다. 여기는 여성들이 사진을 찍는 핫 스팟이다. 몇 번 이곳을 들러도 항상 입구에서 사진을 찍는 여성 고객이 있다. 흰색, 초록색 타일과 나무를 활용한 외부 파사드는 여성의 감성을 녹이기에 충분하다. 사진을 찍으라고 벤치까지 배치한 주인장의 생각이 참 좋다. 감성은 여성과 동의어다. 이를 잘 활용해야 한다.

▲ 건대에 위치한 '모모라멘', 지나가는 행인들이 사진을 찍기로 유명한 공간이다.

메뉴의 맛도 마찬가지다. 나는 새로운 메뉴를 개발하고 시식하고, 평가할 때도 꼭 20대~30대 여직원을 대상으로 모니터링하고, 20대~30대 여성 고객을 대상으로 시식하고, 평가해서 반영하려고 한다. 메뉴를 개발할 때 반드시 모니터링 해야 하는 절차를 여성 고객을 대상으로 둔 것이다. 가장 까다로운 고객을 통과해야 메뉴 성공에 대한 기회가 있는 것이다. 그래서 메뉴를 개발할 때 거치는 통과의례가 되었다. 메뉴의 기준도 여성이다.

여성의 마음을 잡고, 여성 고객의 기준을 통과하기 위해서 갖춰야 할 부분적인 것들을 소개했다. 화장실의 청결, 메뉴의 비주얼과 맛, 인테리어의 감성 등 여성고객의 선택을 받기 위해서 필요한 요소들이다. 여성을 위해서 감각적인 테크닉이 필요하다. 이런 요소들이 충분히 여성을 고려한 것들이라 판단되면 여성 고객의 마음을 얻게 될 것이고, 얻게 된 마음은 모든 고객들에게 퍼져 나갈 것이라 확신한다.

어떤 것이 여성 고객을 향한 마음인지를 되돌아봐야 할 것이다.

제4장 골목식당의 Branding 방정식

Concept과 Performance 그리고 QSC

감성을 녹여줄 패키지 즉 컨셉과 이를 뒷받침할 QSC가 완벽하게 갖춰진 상태가 음식점의 성공 포인트다. 그래서 우리가 향후 지향해야 할 부분은 명확한 컨셉의 실현과 현장에서 이루어지는 완벽한 QSC다.

긴 시간 외식 사업을 하다 보니 다양한 외식 경영자와 직원들을 만나게 된다. 간혹 '잘하고 있다.'고 착각을 하는 경영자를 만나기도 하고, 함께 하는 직원들도 그런 생각을 가진 모습을 보게 된다. '잘하고 있다'는 착각. 그 착각이 상황을 오판하게 만들며 오판은 고스란히 사업의 실패로 이어지는 모습을 보인다. 그 착각 중의 한가지가 바로 '음식점이 서비스만 좋으면 되지 또 메뉴만 맛있으면 되지' 등의 생각이다. 하지만 저자는 다르게 생각한다. 고객들은 패키지(Package)를 구매한다고 생각을 한다. 즉 메뉴 맛이 좋은 것은 기본이고, 서비스는 덤으로 좋았으면 좋겠고 그럴싸한 분위기와 인테리어에 예쁜 기물과 맛있게 담겨진 음식 그리고 적정한 가격 이런 것들을 패키지로 구매한다는 것이다. 어느 하나가 아주 앞서서 맛집으로 장사가 잘되거나 인상적인 컨셉을 가지고 있어서 잘 되는 점포는 분명히 있다는 판단이고 실제 그런 음식점들도 있다. 하지만 이제 메뉴와 서비스는 일정 수준 이상으로 평준화되었고 평준함이 유지되고 있는 것이 외식업의 현실이 되었다. 그래서 변화를 도모해야 한다는 것이다. 잘

하고 있다는 착각과 메뉴와 서비스만 맛있으면 되지라는 착각에 사로 잡혀서는 음식점의 성공을 담보하기 힘들다. 체인 사업도 다르지 않다고 생각한다.

많은 부분에서 공을 들여야 한다. 사소하지만 작은 변화도 자꾸 시도해야 한다. 메뉴에 대한 변화도 줘야 하고, 메뉴판도, 조명과 소품 등의 인테리어도, 서비스에 대한 부분도 시설에 대한 투자도 선제적이고 빠르게 움직여야 성공에 가까이 다가갈 수 있다. 즉 고객 가치를 위한 투자를 게을리하면 안된다는 것이다. 그게 음식점을 바라보는 관점이며 바로 고객들이 패키지를 구매한다는 논리인 것이다.

특히 우리 나라 외식에 대한 고객들의 니즈(Needs)는 아주 빠르게 변화하고 진행된다. 따라서 장기적으로 사업(Business)을 하려면 지속적인 투자는 필수적이다. 우리가 경험했듯이 조금의 변화에도 고객들은 금방 반응을 한다. 좋은 서비스 멘트 하나에도, 훌륭한 맛에 대해서도 자그마한 프로모션에도 반응을 준다. 사소해 보이지만 김이 모락모락 나는 만두 하나에도 박수를 보내고 잘 담겨진 음식과 기물에도 반응을 보인다. 흘러나오는 감성적인 음악에도 감동을 하며, 잘 갖춰진 인테리어에는 감성을 넘어 갬성을 느낀다. 이 모든 것이 모여서 음식점은 완성된다.

그런 의미에서 컨셉(Concept)과 퍼포먼스(Performance) 그리고 QSC의 연관에 대해서 이야기하고자 한다. 우리가 컨셉, 컨셉 이런 얘기를 자주 한다. 컨셉은 말로 표현하기 어려운 부분이다. 컨셉은 눈으로 보고, 코로 마시고, 귀로 듣는 그래서 몸으로 느끼는 그 무엇이기 때문이다. 이런 컨셉은 어쩌면 브랜드 아이덴티티(Brand Identity)라고 할 수 있고 위에서 말씀드린 패키지 일 수도 있다. 컨셉을 만들어 가는 과정은 컨셉션(Conception)이라고 한다. 음식점을 만들 때 가장 먼저 생각해야 할 부분이다. 또 컨셉은 고객이 우리를 선택할 동기를 주는 그 무엇이다. 그 말은 컨셉으로 고객을 유인할 수 있다는 이야기가 된다. 고객은 좋은 컨셉에 따라 구매를 시도한다. 컨셉을 갖추는 일은 그래서 기본이 된다. 최근의 시대에 감성을 느끼게 할 요소 그것이 바로 컨셉이기도 하다. 컨셉이 없다면 고객은 우리 음식점을 선택할 이유를 찾지 못하게 된다는 이야기로도 대변된다. 고객들의 음식점 선택의 기본이 되는 요소가 바로 컨셉이다. 우리가 입버릇처럼 떠드는 "저 음식점 컨셉 좋은데"라는 말의 의미를 한번 새겨보면 좋겠다. 또 우리 음식점의 서비스 컨셉은, 메뉴 컨셉은, 인테리어 컨셉, 기물 컨셉 등등 한번 돌아봐 보면 좋겠다.

퍼포먼스는 고객이 실제 매장을 경험하고 나온 느낌이나 기분이다. 즉 실제 경험한 상황에 대한 평가다. 컨셉과 퍼포먼스에 차이가 발생한다면 퍼포먼스가 컨셉보다 떨어진다면 고객들이 재방문을 하지 않는다는 것이 된다. 그런 의미에서 음식점에서 QSC(Quality, Service, Cleanliness의 줄임말, 이하 QSC)를 강조하는 것이다. 음식점에서 가장 중요한 요소를 꼽으라면 바로 QSC가 된다. 이 부분을 절대 간과하면 안된다. 그리고 고객들이 겪는 퍼포먼스의 상태는 우리 브랜드의 존속을 가져다주는 부분이며 퍼포먼스 즉 패키지에 대한 고객의 상태가 재방문하게 하는 원동력이 되는 것이다. QSC, 인테리어, 분위기, 서비스, 맛 모두가 완전하게 고객에게 실현될 때 음식점은 성공의 가능성이 있게 된다.

그래서 감성을 녹여줄 패키지 즉 컨셉과 이를 뒷받침할 QSC가 완벽하게 갖춰진 상태가 음식점의 성공 포인트다. 그래서 우리가 향후 지행해야 할 부분은 명확한 컨셉의 실현과 현장에서 이루어지는 완벽한 QSC다. 요약하자면 컨셉은 고객의 기대(Expectation)를 나타내고, QSC는 실제만족지수(Performance)를 나타낸다. 컨셉과 QSC가 완벽하게 일치하고 일관성 있게 진행될 때 완전한 음식점이 된다. 경쟁환경도 변하고 고객들도 변하고, 시대도 변한다. 다만 우리가 하고자 했던, 우리가 이루고자 했던 컨셉과 브랜드는 변하면 안된다. QSC도 이와 같다. 우리는 이를 본질이라고 한다. 본질은 변하지 않는다. 본질은 변해서는 안된다. 음식점의 본질은 완전한 QSC다. 이 부분이 변하지 않을 때 음식점의 성공은 담보할 수 있다.

'컨셉은 구매를 시도하게 하고, QSC는 재방문 할 이유를 주는 것'이다.

'가장 좋은 음식점은 고객 가치를 위해서 지속적으로 투자하면서 성장하는 음식점이다.'

이 2가지에 대한 생각과 고민으로 우리 음식점을 바라봤으면 한다. '맛만 좋으면 되지, 서비스만 좋으면 되지'의 생각은 시대착오적인 발상임이 분명하다. 이제 생각을 바꿔야 한다.

'이 음식점 컨셉도 좋고, 맛과 서비스도 만점이네'라는 말을 듣는 음식점만이 생존하고 성공할 수 있다는 생각이다. 음식점 성공 방정식의 대전환이 필요한 시대에 우리가 살고 있다.

제4장 골목식당의 Branding 방정식

브랜드 음식점, 특화매장의 진화와 필요성

개인 오프라인 음식점과 대기업 오프라인 음식점들이 특화매장으로 진화하고 있다. 줄어든 외식의 횟수만큼 특별한 공간에서의 식사를 경험하려고 할 것이다. 어쩌다 있는 외식이, 가끔 있는 외식이 색다른 공간으로 이동하게 만들 것이다. 색다른 경험이 없는 그저 밋밋하다고 표현되는 음식점으로의 방문은 줄어들고 퇴색될 것이다. 우리 오프라인 음식점의 공간이 나아가야 할 방향을 보여주고 있다.

| '위드코로나' 시대가 준 오프라인 음식점의 숙제

모두가 아는 사실이지만 코로나19로 인해서 외식의 기회가 줄어들었다. 오프라인 음식점이 절망했던 이유다. 반면 포장과 배달은 성장세가 뚜렷하게 증가했고 계속 성장세를 보이고 있다. 오프라인 매장들의 고민이 깊다. 향후 더 깊은 고민에 빠질 수 있는 것은 이런 식생활의 흐름이 패턴이 되고, 굳어질 것에 대한 걱정에 기인한 것이다. 사람들은 어느 정도 코로나19를 인정하는 방향으로 흐름을 잡고 있다. 얼마전까지 포스트 코로나를 주창했으나 이제 위드 코로나로 인식하며 코로나와 함께 일상을 보내려 하는 양상을 보이고 있다.

이런 흐름을 사람들이 받아들이기 시작한다면 외식의 횟수는 지금과 같은 양상 정도를 보일 것으로 판단한다. 홈코노미, 홈오피스, 혼밥, 혼술 등과 포장, 배달 등의 흐름과 겹치면서 외식의 횟수는 당연히 줄어들 수밖에 없다. 계속 언급되어 오는 현상으로 1인 가구의 증가, 맞벌이 가구의 증가, 고령사회로의 변화 등이 합쳐지면서 오프라인 음식점들은 과거와 같은 호황을 누리기 어렵다는 게 전문가들의 의견이다. 그렇다고 외식을 안 할 수는 없다. 다만 줄어들 뿐이다. 외식이 일상화되었을 때와는 다르게 외식 장소를 선택할 때는 더 깊은 관여의 태도를 보이게 된다. 음식점에 대한 소비자들의 관여도가 높아짐으로써 완벽하게 차별화된 공간을 찾을 가능성이 높다. 이런 완전하게 차별화된 매장을 특화매장이라고 칭한다. 가끔 있는 외식, 좀 더 독특한 곳, 좀 더 나를 알아주는 곳, 완전히 차별화된 곳을 찾으려는 노력도 할 것이다. 이 부분이 위드 코로나 시대에 오프라인 음식점들이 고민해야 할 부분이다.

지금부터 오프라인 음식점의 빈익빈, 부익부 현상이 더 도드라지게 나타날 것으로 판단된다. 매출의 고민이 사라지고 고객들로 붐비는 음식점과 고객들의 발걸음이 끊겨서 혼비백산이 되는 점포들의 양극화 현상이 심화될 것으로 생각된다. 자영업과 소상공인이 많은 한국 사회에서 큰 고민거리가 아닐 수 없다. 하지만 시대의 흐름을 잘 판단을 하고, 이에 대한 대비책을 세워 준비해야 한다. 자금의 많고 적음의 문제는 분명히 아니다. 일부의 자금과 아이디어로 충분히 차별화할 수 있고, 특화매장으로 진화할 수 있다. 시대는 일반적인 것이 아닌 '특화 매장'을 원하고 있다.

| 오프라인 음식점의 방향, 특화 매장

이런 특화매장에 대한 현상들은 개인 음식점부터 대기업에서 운영하는 음식점에서 찾아볼 수 있다. 앞서 언급했지만 흑석동에 가면 '오후홍콩'이라는 카페가 있다. 흑석동 골목길에 들어서면 한적한 오후를 맞듯 홍콩의 감성과 레트로의 느낌을 그대로 재현하면서 보여주고 있다. 소재는 타일과 철재, 가구로 사용한 나무다. 여느 카페에서 다루는 음식을 재해석하고 적은 자재로 감성적인 공간을 연출해서 젊은 층으로부터 사랑을 받고 있다. 최근 익선동에서 핫한 '온천집'은 일본의 온천 여행을 경험하게 하는 료칸에서의 식사를 하는 경험적인 요소를 구현했다. 메뉴는 샤브샤브다. 일본 료칸이라는 공간과 샤브샤브를 결합해서 독특하고 차별화된 공간으로 특화 매장을 만들어 내면서 젊은층으로부터 사랑을 온몸으로 받고 있다. 홍대로부터 출발한 '홍콩다방' 역시 마찬가지다. 아주 심플하게 공간을 연출했다. 메뉴는 홍콩 스타일의 밀크티와 디저트 베이커리 란퐁유엔(단짠단짠의 홍콩식 프렌치토스트), 까이딴자이(홍콩식 와플) 를 주메뉴로 한다. 여기 역시 타일, 원색의 초록색으로 매장을 꾸몄다. 홍콩이라는 주제로 홍콩 음료와 홍콩 디저트로 재결합해서 만든 특화 매장이다. 홍콩과 술을 매개로 홍콩의 거리를 연상케 하는 '아트몬스터' 역시 특화 매장이다. 너무 홍콩스러워서 홍콩에 온 듯하다. 간판, 네온사인, 소품과 색상 모두 홍콩을 그대로 재현하고, 술은 마신 만큼 내는 차별화를 택했다. 또 양조맥주를 제공한다. 공간과 메뉴를 완벽하게 차별화했다.

▲ 좌측 위부터 순서대로 '오후홍콩', '홍콩다방', '아트몬스터', '온천집' 순이다.

대기업의 특화 매장 진출도 눈에 띈다. 2020년 7월 '베스킨라빈스' 하이브한 남점이 카페 스타일로 오픈했다. 건물 사진만 보아도 기존의 베스킨라빈스를 벗어난 특화 매장이다. 이곳은 유기농 아이스크림을 판매하는 첫 번째 매장으로 12가지 유기농 아이스크림을 판매한다. 공간은 총 5층으로 구성되어 있으며 1층은 디저트팩토리, 2층은 커피와 아이스크림 3층과 4층은 휴식공간, 5층은 루프탑으로 특별한 모임 공간으로 만들었다. 특히 3층과 4층의 휴게공간은 그라나, 프란체스카 카폰 등과 협업해서 활기찬 캘리포니아를 연출했다. 외벽은 브랜드 패턴피플이 디자인하고 국내 그래피티 디자이너 범민(BFMIN)이 완성해서 벽화를 그려 넣었다. 완벽한 특화 매장으로 고객들의 주목을 받고 있다.

21년 3월에 오픈한 스타벅스 '별다방'점 역시 특화 매장이다. 고객들이 부르던 애칭을 점포명으로 한 첫번째 사례이기도 하고, 공간과 메뉴를 재해석한 특화매장으로 고객들의 인기를 받고 있다. 특히 내부 공간은 주목할 만하다. 벽면의 구성된 디지털아트월은 가로 8미터, 세로 4미터의 크기로 매장으로 들어가면 한눈에 들어온다. 스타벅스의 직영농장인 '하시엔다 알사시아 커피 농장의 하루'를 표현한 것으로 일러스트레이터 이규태 작가와 협업한 아트월이다. 잠시의 머무름으로 커피 농장의 하루를 볼 수 있다. 또 공간마다 다른 콘셉트를 적용해서 인테리어를 구성했다. 특히 한국의 가옥을 표방하는 기와를 모티브로 진행했고, 각 공간마다 충전기를 배치하고, 대학 강의 공간 같은 층별 구조 형태의 룸과 가정집 거실을 표방한 모닥불이 있는 공간 등을 배치하면서 이색적인 구조로 만들었다. 메뉴도 리저브 매장과 티바나 매장에서만 경험할 수 있는 음료와 푸드를 결합했다.

▲ 베스킨라빈스 '하이브한남점'의 전경이다.

이렇듯 개인 오프라인 음식점과 대기업 오프라인 음식점들이 특화 매장으로 진화하고 있다. 줄어든 외식의 횟수만큼 특별한 공간에서의 식사를 경험하려고 할 것이다. 어쩌다 있는 외식이, 가끔 있는 외식이 색다른 공간으로 이동하게 만들 것이다. 색다른 경험이 없는 그저 밋밋하다고 표현되는 음식점으로의 방문은 줄어들고 퇴색될 것이다. 우리 오프라인 음식점의 공간이 나아가야 할 방향을 보여주고 있다. 포장과 배달, 밀키트는 지금보다 더 발전할 것이고, 온라인으로 언텍트한 방식도 진화할 것이다. 이에 발맞추어 오프라인 음식점의 방향은 특화 매장, 이색적인 매장, 다른 곳에서 경험할 수 있는 요소가 있는 곳으로 진화되어야 할 것으로 보인다. 오프라인 매장이 생존할 수 있는 방법이다. 공간적인 요소만 이야기되었으나 공간, 음식, 안전, 스토리, 위생, 안심, 경험 등 다양한 요소와 결합되었을 때 오프라인 음식점은 강한 생존력을 가질 수 있을 것이라 판단된다.

우리 음식점의 미래에 대한 고민을 풀어내길 바란다.

제4장 골목식당의 Branding 방정식

식자재 커뮤니케이션의 필요성

모든 식자재를 최상의 식자재로 요리할 수 없다.'는 것은 불편한 진리다. 그럼에도 음식점에서는 믿음을 주기 위한 세부적인 노력을 기울여야 하고, 최상의 식자재는 아니더라도 최선의 식자재는 사용해야 한다. 가장 값비싼 식자재가 아니고 내가 선택할 수 있는 최선의 식자재를 의미한다. 좋은 메뉴는 좋은 식자재에서 출발하고 좋은 식자재와 메뉴는 고객들에게 커뮤니케이션 해야 한다. 지금의 시대, 안심의 시대다.

안전과 안심은 시대의 화두이며, 외식업계의 화두다. 외식업뿐만 아니라 다른 업종도 예외는 아니다. 팬데믹으로 인해 오프라인 매장이 주축을 이루던 외식업의 타격은 불가피했고, 많은 희생을 동반했다. 이로 인해 과거보다 더 맹렬히 고객들은 안전과 안심에 대한 화두를 던지고 있다. 고객들이 가진 불만을 해결하고, 고객들이 가지는 이슈에 대해 적극 대응하는 것은 브랜드와 기업의 의무이자 기업이 해야 할 역할이다. 따라서 외식업의 식당, 브랜드, 기업들은 이 화두를 해결해줘야 할 의무감과 역할을 동시에 가지고 있다. 생존의 조건이기도 하다.

| 위드 코로나 시대에 집중해야 하는 요소, 안전과 안심

자발적인 것은 아니었지만 2020년 이후 외식업은 안전과 안심에 관해서 많은 변화를 일으켰다. 함께 먹던 탕과 국, 반찬 등 식탁 문화의 변화도 일부 있었고, 입장부터 발열 체크, QR 코드 인식 등으로 시작해서 비대면 주문, 테이블의 칸막이, 소독제의 제공 등 안심과 안전에 관한 극심한 변화를 이끌었다. 이제 음식점은 안전과 안심, 편리를 동시에 제공해줘야 하는 공간으로 변화된 것이다.

음식점의 안전과 안심(Restaurant Safety)은 공간, 위생, 식자재에 대한 3가지로 나눠서 살펴볼 수 있다. 과거의 공간은 오밀조밀 구성하는 효율성 중심의 테이블 배치가 이루어졌다. 하지만 이제 공간은 안전한 공간거리를 유지함을 시작으로 효율성을 고려한 테이블 배치가 필수적이다. 프라이빗(Private)하면서 물리적 배치로 안전감을 줄 수 있는 공간이 되어야 한다. 두번째가 위생에 대한 안심이다. 바이러스 케어 제품이 나와서 설치가 되고 있고, 메뉴 생산 공간인 주방의 청결과 요리 과정의 안정성도 담보해야 한다. 그래서 생겨난 제도가 '안심식당'과 '위생 등급제' 등이다. 매월 위생 용역 업체로부터의 방역도 필수적인 시대가 되었다. 위생과 관련된 안전한 음식점의 믿음을 전달해야 한다. 세번째가 식자재에 대한 믿음이다. 이제 셀프 메디케이션의 시대가 왔다. '셀프 메디케이션이란 가벼운 질환이나 만성 질환을 예방하거나 건강 상태를 개선시키기 위해 구입 가능한 약을 구입해 자체 처방하는 것'이다.(김용섭, '라이프트렌드 2021'에서 인용) 스스로 자신의 건강을 챙기고, 자신의 건강을 위한 약품과 식자재의 소비는 더욱 더 발전할 것으로 판단된다. 음식점에 이와 같은 이슈에서 예외는 아니다. 음식의 가장 본질은 '사람의 건강'이다. 미래의 음식점은 지금보다 더 강한 '식자재에 대한 믿음'을 줘야 한다. 그중 이번 글에서는 식자재에 대한 믿음을 이야기하려고 한다.

공간, 위생, 식자재에 위와 같이 조치를 하면 비용을 감당하기 어렵다고 하소연할 수 있다. 이유있는 논리다. 당연히 메뉴의 가격을 올릴 수밖에 없는 구조로 전환이 되거나, 음식점의 이익률을 줄이는 방향으로 전환이 될 수밖에 없다. 설령 그렇다 하더라도 포기할 수 없는 고객의 이슈이자 트렌드이다. 따라서 음식점은 이를 피하거나 관가 할 수 없다. 고객의 이슈를 외면한 브랜드나 기업이 살아남은 적은 역사상 한번도 없기 때문이다.

| 좋은 메뉴는 좋은 식자재로부터 출발한다

'모든 식자재를 최상의 식자재로 요리할 수 없다.'는 것은 불편한 진리다. 그럼에도 음식점에서는 믿음을 주기 위한 세부적인 노력을 기울여야 하고, 최상의 식자재는 아니더라도 최선의 식자재는 사용해야 한다. 가장 값비싼 식자재가 아니고 내가 선택할 수 있는 최선의 식자재를 의미한다. 또 모든 식자재를 좋은 식자재로 대체할 수 없다. 우리가 사용하는 일부 품목의 식자재, 우리 음식점에서 가장 필요한 부분의 식자재는 최선의 식자재로 대신할 수 있다. 그런 노력을 기울이고, 고객의 선택을 기다려야 한다. 식자재에 대한 믿음과 식자재에 대한 스토리를 고객들에게 알리고 고객의 선택을 기다리는 노력이 필수적인 시대가 되었다. 음식점의 식자재를 가지고 고객들에게 커뮤니케이션하고, 만약 식자재로 커뮤니케이션할 요소가 없다면 대체 식자재를 만들어서라도 식자재 커뮤니케이션을 진행해야 한다. 이런 흐름은 이미 벌어진 일이다. 벌어진 일이 없었던 일이 될 수 없다.

낙원동(송해길)에 위치한 '배터져숯불갈비'라는 고기집은 '전남 영암에서 재배한 친환경 유기농과 쌀과 국내산 김치를 제공한다.' 높지 않은 메뉴 가격으로 고기를 제공하면서도 좋은 식자재를 사용해 고객들에게 사랑을 받고 있다. '원가가 조금 오르더라도 좋은 식자재를 써서 고객들의 건강을 생각해야 한다.'는 주인장의 마음이 그대로 담겨져 있다. 남현동(사당역)에 위치한 '담양죽순추'어탕 도 '죽순, 된장, 김치, 묵은지 등은 담양에서 제조 또는 재배하여 사용하고 있습니다'라는 문구를 내걸고 메뉴에 들어가는 식자재에 대한 믿음을 전해주고 있다. 좋은 식자재 사용에 대한 믿음은 고객들의 방문으로 이어지기 마련이다.

한번씩 들리는 '바른치킨' 역시 테이블에 식자재로 커뮤니이션을 해주고 있다. 식용유에 대한 불신이 팽배한 시대에 일시적으로 살았다. 지금도 식용유에 대한 불신은 어느 정도 있는 편이다. 바른치킨의 테이블에 "고객의 건강을 위해 현미 전용유 한통으로 58마리만 튀깁니다.'라고 새겨져 있다. 치킨집 식자재의 아킬레스건이었던 식용유에 대한 불신을 믿음으로 돌려준 커뮤니케이션이라 하겠다. 청담동에 있는 미역국전문점, '청담25'에 가면 '물에 대한 믿음'을 전해주기 위해서 벽면에 '깐깐한 물부터'라는 문구가 붙어 있다. 에버퓨어 정수기를 사용하고 있고, 물부터 좋은 음식점이라는 커뮤니케이션을 하고 있다.

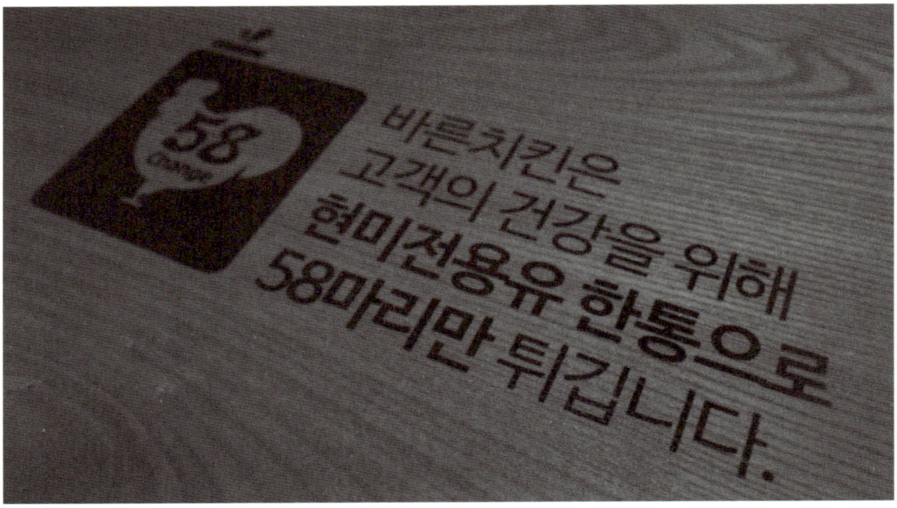

▲ '바른치킨'의 식자재에 대한 커뮤니케이션

조리법에 대한 믿음을 주는 베이커리 전문점도 있다. '빵드빱빠'라는 문정도에 있는 베이커리 전문점이다. 이 가게는 불편함을 감수하고 이스트대신 '천연

발효종'(크랜베리, 건포도, 토마토)을 사용하고, 전라도 장흥에서 가져온 통밀을 직접 도정해서 사용하고 있다. 이 집의 빵은 기존 프랜차이즈 베이커리의 보통의 빵과 단짠의 빵을 거부하고 건강한 빵을 제공하고 있다. 발효, 도정, 식자재에 대한 믿음을 전해주면서 꾸준히 사랑과 성장을 하고 있다. 이외에도 이런 식자재에 대한 믿음을 전해주는 음식점들은 상당히 많고 꾸준히 성장하고 있다. 일부를 소개한 것뿐이다. '우리 음식점은 과연 어떤가'를 돌아봐야 한다.

이 모두 코로나19가 오기 전에 이미 시행되고, 사용하던 방법들이다. 코로나19와 만나면서 다시 한번 반추해보는 계기가 된 것이다. 이 브랜드들의 선명이 시대를 타고 더 부각되고 있다. 건강함과 안전함이 믿음으로 변화되어야 한다. 음식의 기본이기 때문이다. 우리 음식점에 어떤 식자재를 어떤 방식으로 어떻게 믿음을 전달할 지를 고민해야 한다.

식자재에 대한 2가지 생각이 있다.

'좋은 음식은 좋은 식자재로부터 출발한다.'

'최상의 식자재는 아니지만 최선의 식자재를 사용해야 한다.'

공간, 위생, 식자재 이 3가지에 대한 믿음. 음식점에서 꼭 필요한 시대에 살고 있다.

제 5장

식당의
숫자 관리

제5장 식당의 숫자 관리

남기는 경영 ; 손익계산서의 이해

음식점에서는 매출과 손익의 구조를 알기 위해서 손익계산서를 운영한다. 물론 손익 계산서는 월단위, 분기단위, 반기단위 연단위로 나눠볼 수 있지만 그 최소 단위는 월단위이다. 모든 매출과 비용은 월단위로 마감하는 것이 가장 이상적이다.

'얼마를 벌어서 얼마를 남겨야 하는가?' 질문과 답변, 그리고 생각은 음식점을 하면서 끊임없이 따라 다니는 문제다. 음식점뿐만 아니라 사업을 하는 모든 조직이 그렇다. 음식점의 경우 영세한 사업장이 많다 보니 이런 계산마저도 안 하시는 음식점 사장님들이 있다. 수치에 대한 관리가 명확하지 않으면 향후 어떤 조치를 취할지 손익과 비용과 매출에 대한 계획을 세우지 못한다. 따라서 가장 기본적인 손익에 대한 지식을 가지고 가야 한다.

남기는 경영을 위한 '손익 계산서'에 대해서 살펴 보도록 하자. 우선 음식점을 하거나, 장사를 하면 20~30% 정도의 이익은 남아야 한다고 생각한다. 이 정도의 손익이 남지 않는다면 음식점을 하지 말고 그냥 직장을 선택하는 것이 훨씬 현명한 방법이다. 계산법에 따라서 이익의 구조가 천차만별이니 학습한 내용을 바탕으로 본인 음식점의 손익에 대한 기준을 만들어 주시기 바란다.

기업에서는 경영 상태와 경영 성과를 판단하기 위해서 4가지의 재무제표를 운영하고, 이를 감사받고 보고하게 되어 있다. 4가지의 재무제표는 재무 상태표, 포괄 손익 계산서, 이익 잉여금 처분 계산서, 현금 흐름표이다. 재무나 회계를 담당하는 담당자가 아니라면 굳이 이 모두를 학습할 필요는 없다. 특히 기업을 운영하지 않는 음식점의 경우는 손익 계산서 정도만 학습하면 된다. 나머지는 참조해서 알아 두면 된다.

[표] 재무제표의 이해

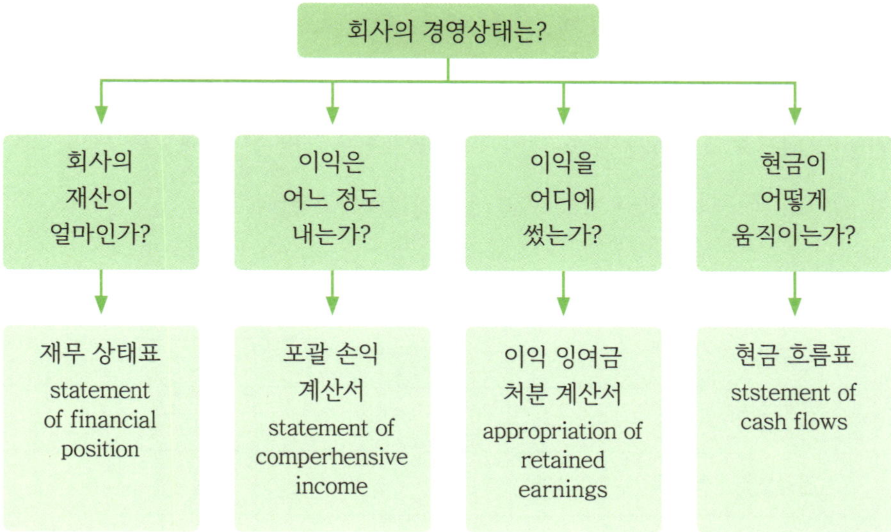

음식점에서는 매출과 손익의 구조를 알기 위해서 손익 계산서를 운영한다. 물론 손익 계산서는 월단위, 분기단위, 반기단위 연단위로 나눠볼 수 있지만 그 최소 단위는 월단위이다. 모든 매출과 비용은 월단위로 마감하는 것이 가장 이상적이다. 따라서 월단위로 손익 계산서를 마감하도록 한다. 협력 업체들(구매 업체, 소모품 업체, 수도 광열비 등 모두 월단위 마감이다.)도 월단위 마감을 하기에 음식점도 월단위로 손익을 계산하는 것이 타당하다고 할 수 있다.

손익 계산서에 들어가는 매출, 인건비, 식자재 원가, 임대료, 수도 광열비, 소모품비 등을 '계정'이라고 한다. 이 계정에 대한 이해를 하여야 하며, 약식으로 설명을 하도록 하자. 매출액은 우리 매장에서 발생한 매출을 의미한다. 그리고 음식점을 운영하면서 들어가 모든 비용을 제외하고 남은 돈을 이익이라고 한다. 예를 들어 3월 매출액이 3천이고, 모든 비용이 2천5백만원이었다고 하면 3월의 이익은 5백만원이 된다. 매출과 이익에 대한 계정이다.

음식점에서 비용은 크게 인건비, 식자재비, 임대료, 제경비 등으로 살펴볼 수 있다. 인건비는 직원들에게 지급되는 인건비와 4대보험비, 직원들의 부식비, 상여금 등 직원들을 위해서 지급되는 모든 비용을 말한다. 4대보험 요율은 매년 변동이 되므로 고용노동부 홈페이지에 가서 확인하면 된다. 또 직원들의 식사와 상여로 제공되는 모든 것을 포함해서 인건비라고 한다.

[표5-1] 2022년 4대보험 요율

구분	근로자(%)	사업주(%)	비고
국민연금	4.5	4.5	
건강보험	3.495	3.495	
장기요양보험	12.27	12.27	건강보험에서의 비율
고용보험(실업급여)	0.9	0.9	
고용보험(고용안정)	0.25	0.25	150인 미만
산재보험	0.25	0.7~1.0	기타 사업군

식자재 원가는 매출을 발생시키기 위해서 발생한 식자재의 모든 비용으로 식재 원가(공산품/야채/과일), 음료 원가, 주류 원가를 모두 포함한다. 당월 식자재 원가는(전월 기말재고 + 당월 매입액 – 당월 기말재고 = 당월 식자재 원가) 이렇게 계

산한다. 이렇게 계산된 원가를 모두 식자재 원가라고 한다. 월말에 재고 조사를 할 필요가 있다.

식자재 원가 = 전월재고액 + 당월 매입액 - 기말재고액

제경비는 음식점의 운영과 관련된 비용으로 주요 항목으로는 수도 광열비, 소모품비, 임대료, 마케팅비 등 모든 제반 경비를 말한다. 임대료와 감가상각비(별도 설명)를 별도로 분리해서 사용하기도 한다. 매출액 대비 어느 정도가 제경비의 일정비율일까? 평균적인 비율 기준으로 설명을 드리면 수도광열비의 경우 3~5%은 정도가 일반적이며, 임대료의 경우 10% 내외가 나와야 적정 임대료 비율이라고 할 수 있다.(업체의 성격, 상권의 특성, 매출의 규모에 따라 다르므로 참조만 하기 바란다.) 소모품의 경우 1~2% 정도가 일반적이다.

이를 통해서 약식 손익 계산서를 만들어 보면 다음과 같다.

[표5-2] 약식 손익계산서

계정	금액	비율	포함내역
매출액			음식, 음료 매출
식자재 원가			식자재, 음료 주류
인건비			급여, 상여, 4대 보험 등
제 경비			수도광열비, 소모품비, 기타
임대료			임대료, 건물관리비
감가상각비			
손익			

향후 약식 손익 계산서를 토대로 하여 매월 '월별 손익 계산서'를 작성하기 바란다. 다음의 주어진 자료를 이용하여 손익 계산서를 작성해보기 바란다.

예) 3월 OO분식의 매출액은 5천만원, 임대료는 5백만원이고, 건물 관리비는 10만원이다. 식자재 원가는 30%가 나왔으며, 인건비로는 1천2백만원이 발생했다. 소모품비 1백50만원, 수도 광열비 1백만원, 기타 운영경비로 2백만원이 나왔다. 감가상각비는 2백만원이다. 손익을 계산하시오.

[표5-3] 예시문제 정답

계정	금액	비율(%)
매출액	50.000.000	100.0
식자재원가	15.000.000	30.0
인건비	12.000.000	24.0
제 경비	3.500.000	7.0
임대료	5.100.000	10.2
감가상각비	2.000.000	4.0
손익	12.400.000	24.8

위의 학습을 토대로 매월 손익 계산서를 작성하고, 우리 음식점의 손익에 대해서 분석하면서 이익 구조를 만들어 가야 한다. 목표로 하는 이익이 얼마이고, 인건비 목표는 얼마이고, 식자재 원가 비율의 목표는 얼마인지를 명확히 알고 계획을 수립해야 얼마를 벌어 얼마를 남기는지 알 수 있다. 손익 계산서는 반드시 매월 작성해야 한다.(편의상 부가가치세, 종합소득세에 대한 설명을 제외했다.)

#감가상각비란?

감가상각비란 '토지를 제외한 모든 유형자산에 대해서 자산의 취득원가를 일정한 방법에 의해 배분시키는 방법이다. 감가상각 방법에는 정액법, 정률법, 연수합계법, 생산량비례법 등이 있는데 음식점에서는 정액법을 사용한다. 정액법의 공식만을 제공한다. 예를 들어서 음식점을 오픈할 때 2억원(인테리어, 장비 구매 등)을 투자했다면 정액법으로 5년 상각할 경우 매월 3백33만원을 감가상기비로 책정하게 된다.

$$감가상각액 = (취득원가 - 잔존가치) \times \frac{1}{내용연수}$$

얼마를 벌어서 얼마를 남길까? ; 손익분기점(BEP) 계산 1

음식점을 한다는 것도 결국은 경영이다. 얼마의 매출을 확보해서 얼마의 이익을 남기느냐가 관건이다. 영리를 목적으로 운영하는 조직은 모두 그렇다. 들어오는 돈과 나가는 돈을 계산해서 얼마를 버느냐가 목적 중의 하나가 된다. 손익분기점(BEP)은 이익도 적자도 발생하지 않는 제로 지점을 말한다. 자신의 음식점의 손익분기점을 파악하고 있는 것은 매출경영의 기본이 된다.

음식점을 하시는 주인장들에게 물어보면 궁금해하는 것이 2가지로 압축된다. 한가지는 돈 좀 많이 벌게 하는 방법을 알려 달라는 것이고, 하나는 고객들이 많이 오게 하는 마케팅 비법을 알려달라는 것이다. 결국 2가지는 매출과 이익을 확보하는 방법, 즉 How to를 알려 달라는 것이다. 말이 쉽지 전문가들도 어려워하는 부분이다. 하지만 이 방법을 잘 아는 사람들이 전문가다. 음식점, 외식업계에 전문가들이 얼마나 될까? 자못 궁금해진다. 전문가에게 질문을 하려면 일단은 기초지식이 있어야 한다. 돈과 비용과 관련해서는 더 그렇다.

음식점을 한다는 것도 결국은 경영이다. 얼마의 매출을 확보해서 얼마의 이익을 남기느냐가 관건이다. 영리를 목적으로 운영하는 조직은 모두 그렇다. 들어오는 돈과 나가는 돈을 계산해서 얼마를 버느냐가 목적 중의 하나가 된다. 이익을 남겨야 직원들도 건사하고, 미래를 위해서 투자할 수 있다. 얼마를 벌어서 얼마를 남기느냐, 얼마의 매출이 되어야 적자를 보지 않느냐 하는 것은 그래서 중요하다. 어느 매출 시점에서 이익이 발생하고, 적자가 발생하지 않느냐 하는 그 지점을 손익분기점(BEP, Break Even Point)이라고 한다. 즉 매출과 비용의 총액이 같은 지점을 말한다. 우리 음식점에서 매월 2천만원의 매출이 발생하고, 2천만원의 비용이 발생한다면 우리 음식점의 손익분기점은 2천만원이다. 즉 2천만원 이상의 매출을 올려야 이익이 발생한다는 것이다. 이를 손익분기점이라고 한다.

[표5-4] 손익분기점

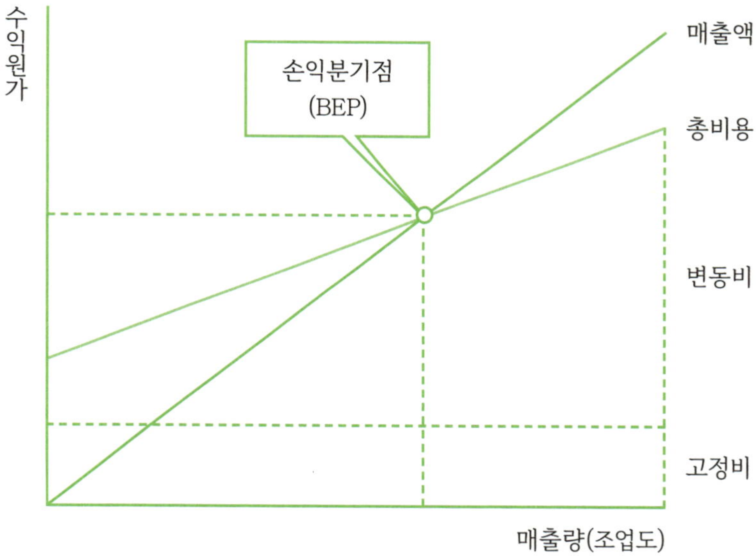

비용은 크게 고정비와 변동비로 나눈다. 즉 비용은 고정비와 변동비의 합계다. 고정비는 매출과 상관없이 발생하는 비용 즉 고정임대료(월 1백만원 고정으로 낸다면 고정비다.), 포스사용료(월 3만3천원 고정으로 낸다면 고정비다.) 등 매출과 상관없이 고정적으로 나가는 비용을 말한다. 변동비는 매출에 따라 일정하게 동반해서 변동하는 비용을 말한다. 수도비, 전기료 등은 매출에 따라서 사용량이 늘어나므로 변동비로 봐야 한다. 소모품비도 고객이 증가하면서 사용량이 증가하므로 변동비로 봐야 한다. 즉 변동비는 매출과 비례해서 발생하는 비용을 말한다.

[표5-5] 음식점에서 고정비와 변동비의 구분

고정비	매출과 상관없이 일정하게 지급되는 비용
	정직원 인건비, 감가상각비, 통신비, 포스사용료, 보험, 지급이자 등
변동비	매출과 비례하여 지출되는 비용
	식자재비, 수도광열비, 소모품비, 쓰레기처리비, 마케팅비 등

손익분기점을 낮게 하려면 고정비를 줄이는 노력이 필요하다. 임대료, 포스사용료, 정직원 인건비 등 고정적으로 발생하는 비용을 줄여야 손익분기점이 낮아진다. 하지만 고정비를 줄이는 것은 한계가 있다. 따라서 식자재비, 수도 광열비, 소모품비 등 제반 경비를 낮추는 노력을 함께해야 이익을 늘릴 수 있다.

손익분기점 계산공식

손익분기점 계산 공식(BEP) = 고정비/(1 - 변동비율)

아래의 예제를 통해서 손익분기점을 학습하기 바란다.

예제 손익분기점의 계산

[문제] (주) 세종 레스토랑은 신규브랜드로 돈가스전문점을 오픈하려고 한다. 아래와 같은 조건으로 운영하려고 할 때 돈가스전문점의 BEP를 산출하고, 신규브랜드를 오픈해야 하는지 의사결정 하시오.

1. (주) 세종 레스토랑은 아파트 상가에 7%의 수수료 점포를 임차하여 돈가스전문점을 오픈하려고 준비하고 있다.
2. 돈가스의 평균 식자재 원가는 35%이며, 월 수도광열비는 약 1,200,000원 이고, 통신비는 150,000원, 카드수수료는 2.5%, 인건비(변동비로 봄) 약 25%, 투자비로 매월 지불금액이 650,000원, 은행이자로 350,000원의 비용이 든다.
3. 상권조사, 이지조사를 통해서 나온 월 예상매출약 약 79,000,000원 정도 될 것으로 보고 있다.
4. (주) 세종 레스토랑은 오픈 투자금액은 2억 원이며, 연간 기대수익률이 15%이다.

[풀이] 변동비 : 임대료 7%, 식자재 원가 35%, 카드수수료 2.5% 인건비 25%
합계 69.5%

고정비 : 수도광열비 1,200,000원 + 통신비 150,000원 + 투자비 650,000원 + 은행이자 350,000원
합계 : 2,350,000원

손익분기점 = 2,350,000원/ 1 - 0.695 = 2,350,000원/ 0.305
= 7,704,918원

따라서 (주) 세종 레스토랑의 돈가스전문점 속익분기점은 7,704,180원이다. 예상매출액이 약 79,000,000원이므로 연간영업이익은 (79,000,000 - 77,049,180) × 12(개월) = 23,409,840원이 된다. (주) 세종 레스토랑의 연간 투자수익률은 15%이므로 200,000,000 × 0.15 = 30,000,000원이다. 이에 따라 본 점포는 기대수익률에 미치지 못하므로 오픈하지 않는다는 것으로 의사결정을 한다.

제5장 식당의 숫자 관리

필요한 매출 올리기 ; 손익분기점(BEP) 계산 2

우리 음식점에 필요한 고정비와 변동비를 나누어 보고, 고정비와 변동비로 손익분기점 매출과 고객수를 계산할 수 있으며, 어느 시점에서 이익일 발생하는지 파악할 수 있다. 계산하고 분석해야 관리해야 할 포인트가 생긴다. 관리해야 할 포인트를 가지고 운영하는 것과 포인트가 없는 체 관리하는 것은 극명한 차이가 발생한다. 손익분기점을 알아야 하는 이유다.

앞서 설명한 손익분기점(BEP) 계산방식을 알면 우리 음식점이 이익을 내기 위해서 필요한 고객수와 매출을 계산할 수 있다. 만약 우리 음식점의 식자재비가 30%, 인건비(비정규직 인건비) 20%, 임대료 등 기타경비를 모두 합쳐서 15%라면 우리 음식점의 변동비율은 65%가 된다. 고객 한명이 와서 1만원의 객단가가 나온다면 1명당 3,500원이 남는다. 또 우리 음식점 하루의 매출이 1백만원이라고 하면 변동비가 650,000원이 되는 것이다. 즉 1백만원의 매출을 올리면 변동비로 650,000원 지출되고, 고정비와 이익의 합계가 350,000원이 되는 것이다. 만약 매출이 2백만원이 된다면 고정비와 이익의 합계는 700,000원이 된다. 이런 방식으로 계산된 즉 매출에서 변동비를 제한 금액을 공헌이익이라고 한다. 공헌이익은 고객수의 증가와 비례하여 높아진다. 여기서 손익분기점 매출이란 매출과 비용의 합계가 같아지는 것으로, 고정비와 매출이 같아지는 지점의 매출액을 의미하는 것이다.

매출 - 변동비 = 공헌이익

손익분기점 매출 = 고정비/공헌이익률

또 손익분기점 고객수를 계산할 수 있다. 고객 1인당 공헌이익은 위에서 보듯이 1인 고객의 객단가가 1만원이고, 변동비가 65%였다면 고객 1인당 공헌이익은 3,500원이 된다. 이를 토대로 우리 음식점의 손익분기점 고객수는 아래와 같은 방식으로 계산할 수 있다.

손익분기점 고객수 = 고정비/고객 1인당 공헌이익

손익분기점 매출은 즉 고정비와 일치하는 지점에서 생긴다. 고정비를 초과하는 경우가 바로 이익이 된다. 그래서 고정비와 목표 이익을 더하고 이를 다시 공헌이익률도 나누면 우리 음식점이 목표로 하는 목표 매출이 된다.

목표 매출액 = (고정비 + 목표이익)/공헌이익률

예제 **다음 주어진 자료를 통해서 손익분기점 매출액과 목표매출액을 계산하시오.**

[문제] 우리 음식점의 고객 1인당 객단가는 1만원이다. 변동비율은 60%이다. 한달에 고정비로 6백만원이 지출되며, 지난 4월의 매출액은 천만원이다. 목표이익은 3백만원이다. 4월의 손익분기점 매출액과 5월의 목표매출액을 구하시오.

[풀이] 손익분기점 매출액 = 6,000,000원/(1 - 0.6) = 15,000,000원
5월 목표매출액 = 6,000,000 + 3,000,000/ (1 - 0.6) = 22,500,000원

이와 같이 우리 음식점에 필요한 고정비와 변동비를 나누어 보고, 고정비와 변동비로 손익분기점 매출과 고객수를 계산할 수 있으며, 어느 시점에서 이익일 발생하는지 파악할 수 있다. 계산하고 분석해야 관리해야 할 포인트가 생긴다. 관리해야 할 포인트를 가지고 운영하는 것과 포인트가 없는 체 관리하는 것은 극명한 차이가 발생한다. 또 목표가 있어야 노력할 수 있고, 노력해야 목표를 달성할 수 있다. 가장 기본적인 계산과 우리 점포의 흐름을 파악하는 것이 그래서 필요하다.

제5장 식당의 숫자 관리

효율적인 인건비 관리

인건비의 목표는 점포의 상황, 서비스, 메뉴 생산의 스킬 등에 따라서 목표비율이 달라진다. 음식점에서 식자재원가와 인건비는 가장 많은 비율을 차지하고 있는 경비이기 때문에 인건비 컨트롤을 통해서 적정한 인건비 운영이 되고 있는가를 항상 점검해야 한다.

음식점의 인건비는 크게 월급과 연봉으로 규정되는 급여의 항목과 퇴직금, 연금, 4대보험(4대보험 요율은 매년 변경 항목이니 확인해서 운영해야 한다.) 등 부가적으로 제공되는 급여 성격의 법정부가급 그리고 직원 식사, 통근, 회식 등의 성격을 지닌 복리후생비를 포함한 것을 통칭한다. 인건비의 목표는 점포의 상황, 서비스, 메뉴 생산의 스킬 등에 따라서 목표비율이 달라진다. 음식점에서 식자재원가와 인건비는 가장 많은 비율을 차지하고 있는 경비이기 때문에 인건비 컨트롤을 통해서 적정한 인건비 운영이 되고 있는가를 항상 점검해야 한다. 실제 생산성의 지표로 볼 수 있는 항목들은 매출액, 고객수, 점포 목표 인건비, 인건비 금액, 근로시간당 인건비, 절대 인건비 금액 등이다. 아래의 표 [표5-6]에서 보는 것처럼 예측된 매출액을 바탕으로 하여 전월 시간당 인건비를 산출하고 이번 달 매출 대비 인건비 목표를 설정하여 일별로 관리해 나가야 한다. 별첨된 인건비 시트를 작성해봄으로써 점포의 인건비 관리를 해 볼 수 있다.

[표5-6] 인건비 컨트롤 시트

인건비관리시트

예측매출액	예측고객수	점포목표인건비	인건비금액	전월시간당인건비	현재인건비
100,000,000	13,333	25%	24,400,000	7,500	22.9%

4월		예측 매출액				근로시간						
날짜		예측고객수	실제고객수	예측매출액	실제매출액	목표근로시간	주방사용시간	홀사용시간	TOTAL	인건비율%		
1일	일요일	667	600	5,000,000	5,160,000	167	80	70	150	1,125,000	[illegible]	달성
2일	월요일	373	380	2,800,000	2,812,000	93	50	44	94	705,000	[illegible]	달성
3일	화요일	333		2,500,000		83			0		#DIV/0!	#DIV/0!
4일	수요일	333		2,500,000		83			0		#DIV/0!	#DIV/0!
5일	목요일	360		2,700,000		90			0		#DIV/0!	#DIV/0!
6일	금요일	380		2,850,000		95			0		#DIV/0!	#DIV/0!
7일	토요일	700		5,250,000		175			0		#DIV/0!	#DIV/0!
8일	일요일	653		4,900,000		163			0		#DIV/0!	#DIV/0!
9일	월요일	307		2,300,000		77			0		#DIV/0!	#DIV/0!
10일	화요일	367		2,750,000		92			0		#DIV/0!	#DIV/0!
11일	수요일	393		2,950,000		98			0		#DIV/0!	#DIV/0!
12일	목요일	433		3,250,000		108			0		#DIV/0!	#DIV/0!
13일	금요일	467		3,500,000		117			0		#DIV/0!	#DIV/0!
14일	토요일	707		5,300,000		177			0		#DIV/0!	#DIV/0!
15일	일요일	653		4,900,000		163			0		#DIV/0!	#DIV/0!
16일	월요일	320		2,400,000		80			0		#DIV/0!	#DIV/0!
17일	화요일	360		2,700,000		90			0		#DIV/0!	#DIV/0!
18일	수요일	387		2,900,000		97			0		#DIV/0!	#DIV/0!
19일	목요일	400		3,000,000		100			0		#DIV/0!	#DIV/0!
20일	금요일	427		3,200,000		107			0		#DIV/0!	#DIV/0!
21일	토요일	533		4,000,000		133			0		#DIV/0!	#DIV/0!
22일	일요일	487		3,650,000		122			0		#DIV/0!	#DIV/0!
23일	월요일	400		3,000,000		100			0		#DIV/0!	#DIV/0!
24일	화요일	267		2,000,000		67			0		#DIV/0!	#DIV/0!
25일	수요일	280		2,100,000		70			0		#DIV/0!	#DIV/0!
26일	목요일	280		2,100,000		70			0		#DIV/0!	#DIV/0!
27일	금요일	333		2,500,000		83			0		#DIV/0!	#DIV/0!
28일	토요일	733		5,500,000		183			0		#DIV/0!	#DIV/0!
29일	일요일	667		5,000,000		167			0		#DIV/0!	#DIV/0!
30일	월요일	333		2,500,000		83			0		#DIV/0!	#DIV/0!
						0			0		#DIV/0!	#DIV/0!
		13,333	1,060	100,000,000	7,500,000	3,333	130	114	244			

작성순서는 아래와 같다.

① 예측 자료를 가지고 예측 매출액, 예측 고객수, 점포 목표 인건비, 인건비 금액 등을 기입한다.

② 전월 인건비 데이터를 가지고 점포의 시간당 인건비를 구한다.(전월 인건비 총액 ÷ 총근로시간 = 시간당 인건비)

③ 예측 자료를 가지고 시트 아래쪽 예측 고객수와 예측 매출액을 기입한다.

④ 근로 시간의 목표 근로 시간(주방, 홀 총 근로 시간 합계)을 일별로 산정해서 기입한다.

⑤ 일자별로 실제 발생한 매출액을 기입하고, 근로 시간 사용액을 기입한다.

⑥ 그러면 자동적으로 인건비율이 계산되게 되며, 일별 인건비 목표가 달성되었는지 미달성되었는지 엑셀 마지막 칸에 자동적으로 나타나게 된다.

⑦ 시트 위의 현재까지의 인건비율을 확인하면서 인건비율을 조절해 나간다.

기본적인 인건비율에 대한 관리 방법 외에 우리 음식점의 생산성이 적정한지를 판단해야 한다. 인건비의 생산성을 측정하는 방법은 총 7가지 항목으로 볼 수 있다.

① 시간당 인건비

② 접객생산성

③ 시간당 매출액

④ 객단가

⑤ 시간당 메뉴생산량

총 5가지 항목을 월별로 계산해서 우리 음식점의 목표를 정해서 운영해야 한다. 목표보다 낮거나 부족하면 문제점을 파악하고 개선책을 수립하여 운영하여야 한다. 계산을 하는 이유는 개선점을 찾기 위한 것이다. 5가지 항목을 토대로 목표점을 만들어 보았으면 한다.

[표5-7] 음식점에서 고정비와 변동비의 구분

$$\text{한 시간 당 인건비} = \frac{\text{인건비}}{\text{근로시간}}$$

$$\text{접객생산성} = \frac{\text{근로시간}}{\text{고객 수}}$$

$$\text{한 시간 당 매출액} = \frac{\text{인건비}}{\text{근로시간}}$$

$$\text{객단가} = \frac{\text{매출액}}{\text{고객 수}}$$

$$\text{시간 당 메뉴 생산량} = \frac{\text{메뉴판매량}}{\text{근로시간}}$$

제5장 식당의 숫자 관리

효율적인 비용 관리

비용은 관리를 먹고 산다. 고객에게 아끼지 말고, 내부적으로 아끼는 것이 부자가 되는 방법이다. 인건비, 식자재원가와 더불어 소모품비, 수선유지비, 수도광열비, 통신비 등 모든 비용은 관리를 통해서 관리를 해야 한다.

일반 관리비는 마케팅비, 소모품비, 사무 용품비, 수선 유지비, 수도 광열비, 통신비, 차량비, 연구비, 보험료, 조세공과금, 청소비, 기타 경비 등으로 구성되어 있다. 일반 관리비의 관리는 어려울 것이 별로 없다. 각 점포의 특성에 맞게끔 일반 관리비의 목표 비율을 정할 필요가 있고, 또 매월 일반 관리 비용의 목표 금액을 설정하여 목표에 의해서 일반 관리비를 관리하면서 운영할 수 있도록 하면 된다.

1) 수도 광열비 관리

매일매일 수도 광열비를 관리한다는 것은 분명히 어려운 일임에 틀림이 없다. 하지만 이 매일하는 관리를 한 달로 보면, 또 연간으로 보면 큰 비용이다. 직원들의 입장에서 보면 편한 게 좋은 것이고 이러다보니 점포에서 쓰지 않는 가스 틀어놓기, 수도밸브를 많이 열어두고 수돗물 펑펑 쓰기, 필요 없는 전구 틀어놓기, 에어컨/난방기 필요 없이 틀어놓기 등은 일반적으로 일어나는 일이다. 비용의 관리는 모두가 한마음이 되어서 목적의식을 가지고 수행해야 하는 부분이다.

따라서 점포의 모든 직원과 함께 비용절감에 대한 의식을 가지고 움직이는 게 좋다. 수도 광열비 역시 점포에서 사용 목표 비율에 대한 것은 가지고 가는 것이 좋다. 과거의 데이터를 이용하여 고객 1인당 평균 사용 금액 등을 산출하여 목표치를 분명히 가지고 가는 것은 필요하다고 하겠다. 표준이 설정되면 관리 포인트를 찾기 쉬우므로 반드시 수도 광열비에 있어서도 표준을 설정해두어야 한다. 수도 광열비 관리를 위해서는 무엇보다도 매일매일 검침을 하고 이를 기입해서 사용량을 파악하는 것이 가장 중요하다. 또 이를 직원들이 보는 게시판과 매니저들이 볼 수 있도록 컴퓨터에 파일을 만들어서 관리하는 것도 한 방법이다.

일별로 검침하고 이상이 없는지 확인하고, 각종 기기의 이상, 점포의 온도, 화장실과 주방의 수압 등이 적정한지를 체크해야 하며 이를 점장뿐만 아니라 점포의 매니저, 캡틴 등 관리자 모두의 공동 운영방안으로 만들어야 한다.

(1) 가스의 체크 포인트

① 한가한 시간이나 필요없는 시간에 가스를 틀어두고 있는지 확인한다.

② 필요 없는 주방기기가 운영되고 있지 않은지 확인한다.

③ 너무 과하게 가스를 틀어서 조리를 하고 있지 않는지 확인한다.

④ 가스라이터를 사용하고 있는지 확인한다.

⑤ 불필요하게 물을 오랫동안 끓이기 위해서 가스를 틀어두고 있지 않는지 확인한다.

⑥ 직원들이 가스 절약에 대해서 상기하고 실천하고 있는지 항상 질문한다.

(2) 전기의 체크 포인트

① 영업 시간 외의 불필요한 조명이 on 되어 있지 않는지 확인한다.

② 배전판에 필요한 시간대별로 on/off 할 수 있도록 표시를 해두고, 각 시간에 맞게 운영한다.

③ 홀에 온도와 풍량 등을 적절하게 조절한다.

④ 한가한 시간에 불필요한 주방기기, 전기 등을 사용하고 있는지 확인한다.

⑤ 콘덴서의 청결 상태를 확인하다. 콘덴서의 청결 상태는 전기사용량과 밀접한 관계가 있다.

⑥ 주방기기의 온도 설정은 적정한지를 점검한다.

⑦ 조명의 on/off에 잘 체크하고 있는가?

⑧ 백열등보다 형광등이 효율이 좋으므로 형광등 사용이 가능한 곳은 형광등을 사용하는가?

(3) 수도의 체크 포인트

① 수압은 항상 조절하여 적정한 수압으로 유지되고 있는가? 밸브를 반으로 줄이면 엄청난 수도요금을 줄일 수 있다.

② 수도꼭지와 수도관은 깨진 곳이 없고 잘 작동하고 있는지 확인한다.

③ 고무패킹의 마모는 없는지 확인한다.

④ 불필요한 물을 틀어놓고 사용하고 있지 않은지 확인한다.

⑤ 수냉의 공조 수위는 적정한지 점검한다.

⑥ 화장실 변기에 무게가 있는 돌 등을 넣어서 물 사용량을 최소화하고 있는가?

〈점포의 수도사용량 관리 시트 작성 순서〉

① 점포의 사용수도 단가를 확인해서 기입한다.

② 점포의 수도요금 반영기간을 확인해서 기입한다.

③ 전월 마지막 날 검침기록을 기록한다.

④ 일자별로 실제 고객수와 실제매출을 기록하고 목표사용량을 기입한다.

⑤ 매일 검침을 해서 검침수치를 기입한다.

⑥ 그러면 사용량이 뜨고 일별목표가 달성되었는지 되지 않았는지 나타나게 된다. 그런 후 사용량이 초과되었으면 원인 파악을 해야 한다.

비용은 관리를 먹고 산다. 고객에게 아끼지 말고, 내부적으로 아끼는 것이 부자가 되는 방법이다.

제5장 식당의 숫자 관리

식자재 원가 계산 방법

식자재원가를 계산하는 방법은 2가지로 나눈다. 기말재고자산을 인정하는 방법과 당월 매입량으로 계산하는 방법이다. 두가지 방법 모두 장단점을 가지고 있으나 정확한 원가를 산정하기 위해서는 기말재고자산을 인정하는 방법을 추천한다.

음식점을 처음 시작할 때 식자재 원가는 20% 초반대에서 20% 후반대까지(매출대비 식자재원가 비율) 낮게 형성이 되었다. 지금의 상황에서 식자재 원가가 20% 초반대가 나오는 업종과 업태가 거의 없을 정도로 식자재 원가가 높아져 있다. 당연한 이치다. 식자재 가격이 오른 만큼 메뉴의 가격이 오르지 않았기 때문이다. 고객들은 가격에 민감하다. 특히 저렴한 메뉴 가격으로 운영되는 식당에서는 5백원, 천원의 인상에도 민감함을 보인다. 이 같은 현상을 '가격 민감도가 높다.'라고 표현한다. 저렴한 식당은 가격 변화에 대한 민감도가 높다. 동네 중국식당에서 짜장면 가격 천원을 올리면 고객들이 난리나는 이치다.

음식점에서 식자재 원가는 2가지 방법으로 계산된다. 음식점들은 대부분 월단위로 마감을 하기 때문에 여기서도 월단위 원가로 가정하고 계산하기로 하자. 첫번째는 기말재고를 인정하는 방법이다. 따라서 당월 마감의 식자재 원가는 전월재고액에다 당월 매입액을 합산한 후 당월 기말재고액을 빼 주면 당월의 식자재 원가가 나온다. 재고액을 인정하는 방법으로 이 방법이 가장 타당하며, 대부분의 음식점들이 이 방법을 사용한다.

두번째는 당월 매입액을 그대로 식자재 원가로 인정하는 경우다. 이 방법은 간편해서 사용하는 방법이기는 하나 재고액을 인정하지 않음으로 타당성도 결여가 되고, 재고액에 대한 기준점을 제시하지 못해서 문제가 있는 방법이다. 간편하게 사용하기를 원하면 사용해도 무방한 방법이다.

1. 식자재 원가 = 전월재고액 + 당월 매입액 - 기말재고액
2. 식자재 원가 = 당월 매입액

어떻게 다른 지를 살펴보자. 3월 식자재 원가를 마감한다고 가정해보자. 2월 기말재고액이 5백만원, 3월 매입금액이 6백만원, 기말재고액이 4백만원이다. 3월의 매출액은 3천만원이다. 이 때 기말재고액은 다음과 같이 계산된다. 1번의 방법으로 계산했을 때 3월의 식자재 원가율은 23.3%가 나온다.

식자재원가 = 전월재고액 + 당월 매입액 - 기말재고액

7,000,000 = 5,000,000 + 6,000,000 - 4,000,000

식자재원가율 7,000,000 / 30,000,000(매출액) = 23.3%

이 방법으로 계산할 때 동일한 매출 금액, 동일한 당월 매입액으로 가정할 때, 전월 재고액보다 당월 재고액이 늘어나면 식자재 원가는 감소하고, 반대로 전월 재고액보다 당월 재고액이 감소하면 식자재원가는 증가한다. 재고가 식자재원가에 미치는 영향이다. 따라서 '적정 기말재고 금액'의 기준을 설정할 필요가 있다. 전월 재고액과 당월 재고액이 증감이 없다면 원가에 영향을 주지 않기

때문이며, 적정 재고액을 관리하는 것은 식자재원가의 변동 폭을 줄일 수 있는 방법이기 때문이다.

2번의 경우로 계산하면 식자재 원가는 당월 매입액으로 계산되므로 당월 매입액이 6백만원, 매출액이 3천만원이므로 20%가 나온다.

식자재 원가 = 당월매입액

6,000,000 = 6,000,000

식자재원가율 6,000,000 / 30,000,000(매출액) = 20.0%

두 계산 방식에 의하면 약 3.3%의 원가 차이가 발생한다. 재고의 인정 여부에 따라서 원가가 차이가 나므로 1번을 권장하고, 1번의 번거로움이 있다면 2번 계산방식을 사용하기를 바란다.

음식점에서는 식자재 원가가 인건비와 더불어 가장 중요한 관리항목이므로 재고를 조사하는 것이 맞고, 관리하는 것이 맞다.(식자재 원가와 인건비를 합쳐서 주요관리항목, 즉 Prime Cost라 한다.)그런 측면에서 1번 방법이 타당하다고 하겠다. 재고 관리는 일별로 매일 하는 것은 어려울 수 있으나 매월 3번 정도 재고를 조사할 필요성은 있어 보인다. 10일 간격으로 전체 식자재 재고를 조사하는 방법을 추천 드린다. 매월 10일, 20일, 말일 이렇게 3번 정도의 조사를 통해서 식자재가 잘 관리되고 있는지 검토하는 것이 식자재 원가를 관리하는 한 방법이다.

우리 음식점의 식자재 발주 리스트를 만들고 메뉴 판매량과 비교하면서 적정 수준의 식자재가 입고되고 사용되고 있는지 점검할 필요가 있다. 우리 음식점의 적정 식자재 원가율을 정하는 것도 필요하다.

*식자재 원가의 관리 포인트

식자재 원가는 음식점의 주요 관리 항목이다. 아래와 같은 방법을 반드시 진행하기 바란다.

1) 재고 조사를 위한 식자재 리스트를 작성한다.
2) 작성된 식자재 리스트를 가지고 매월 3회 정도의 재고 조사를 실시한다.
3) 월 식자재 원가 마감 방법은 1번의 방법을 활용해서 진행하는 것이 좋다.

제5장 식당의 숫자 관리

메뉴 분석 적어도 이것만은 하자

메뉴 판매분석을 하는 이유는 메뉴의 인기 정도와 식자재원가의 산정, 또 메뉴의 현황과 문제점을 파악하기 위함이다. 분석을 해야 현상을 파악하고 파악된 현상을 가지고 대책을 세울 수 있다. ABC분석 방법은 메뉴의 인기도, 식자재원가, 관리해야 할 포인트, 메뉴의 운영방안 등 다양한 분석 자료를 제공하고 있다.

메뉴를 판매하고 난 이후 '어떤 메뉴가 얼마나 판매가 되었고, 식자재 원가는 어느 정도인지'에 대해서 살펴보지 않는 음식점 사장님들이 많다. 판매량과 식자재 원가를 분석하지 않고서 메뉴를 통해서 나타난 문제점과 나타나 현상들을 파악할 수 없다. 또 식자재 원가가 어느 정도 형성이 되었고, 원인이 무엇이냐, 앞으로 어떤 대책을 가지고 메뉴를 운영해야 하는지도 판단할 수 없다. 그래서 최소한의 판매량과 식자재 원가에 대한 분석은 해야 한다. 또한 재고 관리를 위한 자료를 제시해 준다. 메뉴의 분석 단계는 개발된 메뉴들이 종류와 가격면에서 고객들의 요구를 충족시키고, 음식점의 적절한 수익을 산출할 만큼 합리적인지의 여부를 분석하는 작업으로 메뉴에 있어서 중요한 마감 단계이다.

메뉴 판매 분석 기법은 많이 소개되고 있으나, 가장 기초적인 분석인 ABC분석방법 즉, 판매량 매출이 높은 것부터 낮은 것까지 순서대로 나열하는 방식에 대해서 설명하고자 한다. 판매량과 레시피상의 원가만 알고 있으면 분석할 수 있는 가장 초보적인 방법이다. 적어도 한달에 한번 정도는 ABC 분석 방법을 통해서 분석을 하도록 하자.

ABC 분석 방법을 통해서 메뉴 판매량의 순위와 더불어 표준 원가를 산출할 수 있고, 산출된 표준 원가를 바탕으로 하여 실제 점포에서 반영되는 할인율과 로스율, 쿠폰 회수 현황 등을 파악해서 보이지 않는 손실율도 구할 수 있다.

ABC 분석 방법을 구체적으로 살펴보면 보자. 아래와 같은 순서로 기입해 보면 된다.

1) 1개월간의 판매된 메뉴 수와 금액을 합계한다.

2) 매출액이 많은 순서로 나열한다. 이 때 하나도 판매되지 않은 메뉴도 기재한다.

3) 총합계를 낸다.

4) 각각의 메뉴 금액을 총합계로 나누어 전체에서 차지하는 %를 낸다.

5) %의 누계를 낸다.

아래표와 같이 수치를 기입해보면 된다.

[표5-8] 메뉴 분석 방법(ABC 분석 방법)

NO	메뉴명	판매가 (부가세 제외)	판매 수량	매출 (판매가* 판매수량)	식자재 원가	총식자재 원가 (판매수량* 식자재 원가)	이익 (매출 - 총식자재 원가)	원가율
1	라복이	5,000	200	1,000,000	1,000	200,000	800,000	20%
2	크림떡볶이	9,000	100	900,000	2,700	270,000	630,000	30%
3	로제떡볶이	8,000	50	400,000	2,000	100,000	300,000	25%
4	국물떡볶이	6,000	150	900,000	1,500	225,000	675,000	25%
5	궁중떡볶이	8,000	80	640,000	2,200	176,000	464,000	27.5%
합계			580	3,840,000		971,000	1,969,000	25.29%

간단한 수치의 기입을 통해서 우리 메뉴의 식자재원가는 25.29%가 나온다.(이는 표준원가이다.) 하지만 실제 원가가 27%(1,036,800원)가 나왔다면 1.71% 차이가 나며, 금액으로는 65,000원만큼의 차이가 난다.(이 부분에 대한 차이를 검증해야 한다.) 수치상으로 보면 가장 인기가 있는 메뉴는 '라볶이'이며, 원가가 가장 좋은 메뉴 역시 '라볶이'이다. 고객의 요구와 원가적인 측면에서 보면 라볶이 판매량을 늘리는 것이 좋으나, 객단가 측면에서는 '크림떡볶이'나 '로제떡볶이'를 판매하는 것이 좋다. 따라서 이런 수치를 통해서 향후 우리 음식점의 목표로 가야할 메뉴의 방향성을 정할 수 있는 것이다.

이 분석방법은 가장 기초적인 분석 방법이니 단순한 수치 기입을 통해서라도 반드시 우리 음식점 메뉴의 현황을 파악하도록 하자.

memo

제 6장

골목식당 운영

Technic

제6장 골목식당 운영 Technic

모든 것을 다 할 줄 알아야 한다 ; 주인장의 기본

이끌리지 않으려면 이끌어야 한다. 그래서 다 할 줄 알아야 한다. 주방의 일도, 서비스도, 손익계산도, 비용관리도 모두 다 할 줄 알아야 한다. 사소하다고 생각하는 것부터 전체적인 운영까지 다 알아야 된다. 음식점의 경영자는 Specialist가 되는 것이 아니고 Generalist가 되어야 한다.

외식업과 음식점의 매출이 과거처럼 호황을 누리지 못하다 보니 교육 프로그램 자체가 많이 줄었다. 기업도, 브랜드도, 개인 음식점도 마찬가지다. 외식업은, 음식점업은 교육사업이라고 그렇게 강조하면서 지금까지 왔는데 현 경제 상황이 그렇게 녹녹치 않다. 경기가 어려우면 대부분의 기업과 브랜드들이 교육 비용과 마케팅 비용을 먼저 줄인다. 어쩔 수 없는 선택이라지만 아쉬운 부분이다. 과거를 돌아보니 남는 것은 교육뿐이었는데 말이다.

한참 서비스와 음식을 배울 때 점포의 점장이 되려면 홀과 주방을 다 할 수 있어야 했다. 회사에는 점장 육성 프로그램이 만들어져 있어서 홀 출신은 주방으로, 주방 출신으로 홀로 보내어 3개월에서 6개월 정도의 교육 과정을 거쳐서 점장을 양성시켰다. 점장은 점포의 책임자이기 때문에 홀, 주방을 다 할 줄 알아야 한다. 점장은 점포의 총책임자다. 따라서 하나에만 치우치고, 하나만 할 줄 알면 균형 감각 있는 관리를 하지 못한다. 그리고 바쁜 시간, 직원들이 어려워할 때 도움을 주지 못한다. 점포의 흐름을 파악하기도 힘이 든다. 그래서 과거에는 홀과 주방 업무에 대한 완벽한 교육 후 점장을 시켰다. 서비스 흐름과 매뉴얼을 다 숙지하고, 주방의 메뉴 생산과 레시피를 숙지하고 생산할 수 있을 때 그리고 경영자로서의 역량을 갖추게 되었을 때 점장을 시킨 것이다. 최근에 이런 프로그램들이 많이 없어지고 홀과 주방이 양분된 상태가 되어 아쉬움이 남는다. 전문화되어 구분되었다고 하기에는 아쉬움이 남는 부분이다. 인건비와 효율의 문제로만 치부되는 외식업의 현실, 음식점의 현실이 안타까울 따름이다.

| 이끌리지 않으려면 이끌어야 한다. 그래서 다 할 줄 알아야 한다

큰 기업이고, 작은 음식점이고를 상관하지 않는다. 음식점에서 주인은 총책임자이며 관리자다. 음식을 모르고, 계산하는 방법을 모르고, 서비스하는 방법을 모르면 음식점 관리도 어려울 뿐 아니라 직원 관리도 힘들다. 특히 영세한 업장에서는 인력난으로 허덕이는 경우도 많고, 간혹 주방장이나 홀매니저 등도 결근과 퇴사가 잦다 보니 이 부분을 해결하기 위해서 주인장이 모두를 할 수 있는 역량을 갖추어야 한다. 주인장이 아무것도 모른다고 생각하면 직원들이 임의대로 행할 수 있도록 여유를 주는 것이나 마찬가지다. 음식 맛이 이 맛인지, 저 맛인지 구분도 할 수 없다. 잘못된 서비스에도, 잘못된 계산에도 어떤 멘트를 할 수 없는 지경이 되고 만다. 그러는 와중 음식점은 서서히 무너진다. 그래서 주인장은 다 할 줄 알아야 한다.

근무하는 시간과 날에도 근무 위치를 변경할 필요가 있다. 하루 정도는 주방에서 일하면서 주방의 어려움을 경험하기도 하고 식자재, 위생, 메뉴 품질 등을 점검해야 한다. 더러는 평소 직원들과 나누지 못했던 이야기를 하면서 긍정적인 분위기를 만들어 갈 필요도 있다. 또 한달에 한번 정도는 아침 근무자와 함께 출근해서 근무하기도 하고, 또 한달에 한번 정도는 마감 업무를 같이 하면서 점포의 흐름과 직원들의 생각, 문제점 등을 파악해야 한다. 근무를 하면서 필요하다고 생각되면 수정하고 변화를 주기 위해서 노력을 해야 한다. 또 가급적 홀에 위치하면서 고객들의 서비스에도 만전을 기해야 한다. 단골 고객, 충성 고객, 어르신 고객 등은 주인장이 직접 다니면서 인사도 건네고, 서비스 음식도 내어주면서 관계를 만들어 가야 한다. 단골 관리는 직원의 몫이기도 하지만 주인장의 몫이 더 크다.

주인장이 직접 일하면서 운영하는 점포도, 주인장 없이 오토로 돌아가는 점포도 이 부분은 모두 마찬가지다. 주인이 없는 곳에 음식점은 누수가 생기기 마련이고, 주인이 함께 하지 않는 곳에 반드시 빈틈이 생기기 마련이다. 따라서 주인장은 반드시 홀과 주방의 업무를 모두 익히고, 직원들이 어려워할 때 도움을 주도록 해야 하며, 음식점의 QSC에 빈틈이 생기지 않도록 함께 해야 한다. 그래서 다 할 줄 알아야 한다.

최근 인력난이 심각하다. 주인장이 대신할 수 없으면 인력 문제도, 인건비의 문제도 해결할 수 없는 경우가 많다. 따라서 창업 초기라면 반드시 업무를 다 익힐 필요가 있고, 한참 장사를 하고 있는 과정이라면 다시 한번 업무를 익히는 노력이 필요하다. 음식점은 주인장의 관심을 먹고 성장한다. 한시의 빈틈이 큰 물결이 되어서 어려움에 봉착한다. 하나하나 꼼꼼하게, 세심하게 음식점을 관리하는 습관을 들였으면 한다.

다 할 줄 아는 주인장이 음식점에 머무를 때 음식점은 성장한다.

제6장 골목식당 운영 Technic

뭐가 문제인지를 모르는 주인장

주변 음식점을 보면 외부환경의 영향도 크지만, 내부의 문제가 심각한 경우가 더 많다. '잘한다고 착각해서 안되며, 경영자는 외부환경을 탓해도 안된다.' 내부의 문제를 점검하고, 고객의 이야기를 듣고, QSC를 개선하는 활동을 지속적으로 해야 한다. 분명 문제는 내부에 있다. 기본을 지켜야 한다.

일년에 한두 번 조개구이를 먹는다. 아주 간혹 생각나는 메뉴다. 조개를 연탄으로 구이해서 먹으면 또 별미가 된다. 공간이 바다라면 금상첨화다. 이런 배경으로 조개구이집이 탄생하고 완성되고 또 어떤 집은 무한리필까지 해주면서 음식점으로 거듭 탄생된다. 일년에 한두 번 맛집이 생긴다면 3번~4번 정도 방문할 용의가 있는 메뉴다.

동네에 조개구이집이 있는데 일년을 벼르다가 드디어 방문을 했다. 오픈한지 일년 정도 된 음식점이다. 어제 방문하니 손님이 별로 없었다. 우리까지 3테이블. 테이블 단가는 5만원 정도 나올테니 결국 15만원 정도의 매출이다. 평수는 대략 35평 정도의 규모. 그러니 한참 바쁠 저녁 시간에 손님이 없는 것으로 보인다. 손님이 없는 이유를 식사를 하면서 알게 되었다. 손님들은 그 이유를 알고, 주인장과 일하는 사람들만 모른다.

대부분의 식당 주인장들이 매출의 탓을 외부 환경으로 돌린다. 내부에 원인이 있는지 파악을 못하고 있다. 결국 식당의 매출과 문제는 내부에 있음을 명심했으면 좋겠다. 정치, 경제, 천재지변의 외부 환경은 있었다. 어려운 환경에도 불구하고 만석에, 웨이팅까지 있는 식당들도 많이 보인다. 오늘간 조개구이 음식점은 분명하게 내부에 문제가 있다. 그 문제가 손님을 끌어들이지 못하고 있는 것이다.

착석하자마자 한 이모님이 주문을 받는다. 덥다는 이유로 슬리퍼에 양말도 신지 않았다. 음식을 먹으면서 누군가의 맨발을 보는 것은 그리 유쾌하지 않은 일이다. 그것도 서비스하는 직원이라면 더욱 그렇다. 손님은 싫은데 일하시는 분은 시원해서 좋을지 모르겠다. 조개구이를 시켰다. 반찬으로 달랑 번데기와 옥수수 알갱이를 그저 그런 소스로 버무려서 나왔다. 그리고 조개구이 등장. 조개를 구우면서 생각했다. '호박 조금 넣고, 양파 조금 넣어 된장을 푼 된장국 하나라도 주면 안되나?'라는 생각. 참 아쉬웠다. 달랑 2개를 가지고 조개구이 한판을 먹어야 했고, 조개구이는 찍어 먹는 초장과 간장에 와사비는 맛이 없어 도저히 먹지를 못할 지경. 그래서 차라리 소금을 달라고 요청하니, 이모님의 표정이 '소금이 왜 필요한데'라는 표정으로 억지스러운 말을 건넨다. 초장이 맛이 없는지, 간장이 이상한지 물어볼 이유를 생각지도 못한 것 같다. 더욱 중요한 것은 주방에 있는 주인장은 핸드폰으로 프로야구를 즐기고 고객에게는 관심이 없어 보였다. 조개구이를 먹고 보통 해물라면 하나나 칼국수 하나 정도 먹고 나와야 하는데 그냥 나왔다.

'뭐가 문제인지'를 보지 않는다. 그리고 본인들은 잘 한다고 착각하면서 음식점을 운영하고 있다. 그 착각이 긍정적 착각인지, 부정적 착각인지 모를 일이지만 음식점은 이렇게 운영하면 절대 안된다. 나라면 '소금을 달라는 고객'에게 뭐가 문제가 있는지, 어떤 용도로 쓰고 싶은지를 물어보았을 것이다. 주인장은 손님의 표정을 살피면서 음식의 만족도를 체크해야 했을 것이다. 이모님 맨발의 슬리퍼와 주인장의 프로야구는 다시 본연의 모습으로 우리를 지켜봐야 했을 것이다.

음식점을 하다 보면 외부 환경의 영향도 크지만, 이 음식점은 자체에 문제가 있다. 나라도 다시 가지 않는다. 음식점의 가장 기본인 맛과 서비스가 이루어지지 않고, 고객보다 프로야구가 더 좋은 주인장이 있는 곳에 구지 방문할 이유를 찾지 못하는 것이다.

'잘한다고 착각하면 안된다.', '문제를 외부의 탓으로 돌려서는 더더욱 안된다.'

정말 기본으로 돌아갔으면 한다. 음식점을 개업했을 때 초심으로 돌아갔으면 한다. 진심으로 바란다.

제6장 골목식당 운영 Technic

벤치마킹을 통해서 재창조하라

음식점에서의 벤치마킹은 단순히 메뉴만이 아니라 서비스, 위생, 운영, 주방 공간, 홀 공간, 인테리어, 컨셉 등 다양한 요소에서 필요하다. 또 지속적이고, 주기적으로 벤치마킹하고, 우리 음식점에 적용해야 한다. 음식점은 빠르게 변화하기 때문이다. 음식점에 고수가 많기 때문이다. 벤치마킹은 재창조의 어머니다.

공부를 어느 정도 했다고 생각이 들다가 또 부족한 게 너무 많이 느껴져서 심리적 갈등을 많이 겪었다. 지금도 겪고 있고, 앞으로도 그 마음의 충족은 없을 듯 하다. 직업이 외식업이라 그런 마음을 더 느끼지 않을까 생각한다. 유독 흐름이라는 트렌드에 민감하고, 고객들은 지속적이고, 주기적으로 새로운 것들을 요구한다. 또 세상의 모든 메뉴와 컨셉은 다 나온 듯 하다가 누군가에 의해서 새로운 것들이 재탄생하기도 한다. 그래서 '배우고 때때로 익히니 또한 기쁘지 아니한가?'의 공자님 말씀이 그렇게 새록새록 다가온다. 외식업과 음식점을 하는 우리는 늘 '배우고, 익히고'를 평생 반복하면서 살아야 하지 않을까 싶다.

| 벤치마킹은 재창조의 어머니다

공부는 독서나 교육을 통해서 내가 스스로 하는 것이 있고, 남이 한 것을 보면서 배우는 것이 있다. 남이 만들어 놓거나, 새롭게 시도한 것을 배우는 방식을 우리는 벤치마킹이라고 한다. 벤치마킹의 사전적 정의는 '어느 특정 분야에서 우수한 상대를 표적으로 삼아 자기 기업과의 성과 차이를 비교하고 이를 극복하기 위해 그들의 뛰어난 운영 프로세스를 배우면서 부단히 자기 혁신을 추구하는 경영 기업이다.'고 정의하고 있다. 음식점의 벤치마킹은 타 산업에 비해서 많은 요구를 필요로 하는 업종이다. 좀 전 설명한 것처럼 고객의 요구도 있지만, 음식점의 고수들이 많기 때문이다.

브랜드를 만들고, 브랜드를 운영하면서 많이 느낀다. 브랜드 하나를 새롭게 론칭 하려면 흡사한 운영 컨셉을 가진, 흡사하지 않더라도 배워야할 이종 업종 등을 백 여 곳 이상을 다니게 된다. 사진을 찍고, 대상 음식점의 장단점을 쓰고, 정리하고 다시 이를 요약해서 창조의 과정을 거치면서 일년이상의 시간을 투자해야 겨우 하나의 브랜드를 만들 수 있다. 또 만들어진 브랜드를 운영하면서도 벤치마킹을 통해서 새로운 기법으로 도입하곤 한다. 음식점에서의 벤치마킹은 단순히 메뉴만이 아니라 서비스, 위생, 운영, 주방 공간, 홀 공간, 인테리어, 컨셉 등 다양한 요소에서 필요하다. 또 지속적이고, 주기적으로 벤치마킹하고, 우리 음식점에 적용해야 한다. 음식점은 빠르게 변화하기 때문이다. 음식점에 고수가 많기 때문이다.

| 벤치마킹 시 필요한 자세

벤치마킹을 단지 요식 행위로 해서는 안된다. 음식을 먹기 위해서 진행해서는 더더욱 안된다. 벤치마킹은 타 음식점의 장점과 단점을 배워서 우리 음식점에 적용하기 위해서 하는 행위이다. 따라서 잘 정리된 절차에 의해서, 진지한 마음으로 임해야 한다. 그 절차와 마음에 대해서 정리해 보자.

우선 마음가짐이다. '지피지기'란 말은 알고 있는 말이다. 벤치마킹을 하기 전에 이런 마음으로 스스로를 다스릴 필요가 있다. 나를, 우리 음식점을 가장 먼저 알아야 한다. 나를 모르고 상대방을 보려고 하면 보이는 것이 한정이 되어 있다. 따라서 우리 음식점의 QSC, 메뉴, 인테리어, 운영 등에서의 장단점을 먼저 파악하고 이를 토대로 하나라도 더 배우려는 마음가짐이 첫 번째다.

두번째 내가 '고수'라고 생각하는 마음을 버려야 한다. 나 이외에 음식점의 고수는 상당히 많다. 거만한 마음으로 내가 고수임을 자처할 때 배울 것이 없어진다. 보지 않으려고 한다. 때문에 먼저 내가 최고의 '고수'가 아님을 스스로 인정하고 낮추는 자세가 필요하다.

세번째, 벤치마킹에 참여하는 태도의 문제다. 벤치마킹을 위해서 사전 준비를 철저히 해야 한다. 우리 음식점의 상황에 대해서 작성하고, 벤치마킹을 통해서 어떤 것을 배울 것인지를 먼저 정리하고 참석해야 한다. 또 벤치마킹을 위해서 사진기, 필기구, 노트, 줄자(기물 사이즈, 테이블 사이즈 등 크기 측정) 등 필요한 물품을 미리 준비하는 마음도 있어야 한다.

네번째, 벤치마킹 전에 사전 정보를 잘 정리해야 한다. 인터넷을 검색하고, 주변에서 추천하는 집들도 살펴봐야 한다. 인터넷에 남겨진 고객들의 기록들도 살펴보면서 정리해야 한다. 그래야 볼 수 있는 명확한 포인트를 가질 수 있다.

이 네 가지가 벤치마킹에 필요한 사전 마음가짐과 태도이다. 이렇게 해야 벤치마킹을 통해서 타인의 것을 배우고, 나의 것으로 재창조할 수 있다.

그리고 벤치마킹은 반드시 리포트를 작성해서 남겨둬야 한다. 벤치마킹 리포트를 작성하고, 리포트를 가지고 액션플랜도 작성해서 우리 음식점에 적용할 수 있도록 해야 한다. 기록은 기억보다 오래간다. 기록은 습관이고, 기록이라는 습관이 작품으로 탄생할 수 있게 해준다. 기억은 한계가 있다. 반드시 벤치마킹은 기록으로 남겨두도록 한다. 벤치마킹 리포트는 일정한 양식이 필요하다. 양식 안에는 아래의 표와 같이 업체명, 업체의 정보, 벤치마킹 목적, 벤치마킹 요소(QSC, 인테리어, 메뉴, 분위기, 차별화 포인트, 적용할 요소 등)이 기록되는 것이 좋겠다. 아래의 양식을 참조해서 우리의 것으로 만들어서 사용해도 무방하다. 리포트는 아주 세밀하게 작성할 필요가 있다. 메뉴를 예로 들자면 메뉴의 가격, 메뉴의 포인트(온도, 비주얼, 맛, 향기, 기물 등), 메뉴의 제공 방법 등 상세히 기록하는 게 좋다. 그리고 우리 음식점에 적용했으면 하는 내용을 기록하는 것이 좋겠다.

이렇게 벤치마킹을 통해서 기록한 내용을 토대로 내부에서 회의하고, 결정해서 우리의 것으로 재창조할 필요가 있다. 이런 과정을 통해서 벤치마킹이 의미있는 작업이 되도록 해야 하며, 우리의 것으로 재창조 되어야 한다. 단순하게 베낀다고 생각하면 안된다. 벤치마킹은 베끼는 것이 아니고 재창조하려고 하는 행위이다.

무수한 벤치마킹을 통해서 메뉴를 만들고, 컨셉을 만들고, 서비스를 만들고, 인테리어 컨셉을 재창조했던 기억이 많다. 그리고 그런 행위들이 모여서 브랜드가 되었다. 오롯이 혼자 하였다면 못했을 일이다. 누군가의 고수에게 배우고, 누군가의 하수에게서 배우고, 이런 배움을 생각으로 정리한 결과들이다. 음식점에서의 벤치마킹은 주도적, 지속적, 주기적으로 행해야 하는 필수적인 일이다.

[표6-1] 벤치마킹 리포트 예시

업체명		방문목적	
상권, 입지		매출액	
방문일정		매장정보	
고객층		점유율	
브랜드 정보			
Signature Menu			
Quality			
Service			
Cleanliness			
Interior			
Menu			
분위기			
POD (Point of Difference)			
벤치마킹 포인트			

제6장 골목식당 운영 Technic

10분 교육의 효과

음식점을 운영하는 경영자는 더 많은 공부를 해야 한다. 하루 10분 직원들을 교육시키기 위해서는 경영자는 30분을 공부해야 한다. 30분 공부를 통해서 직원들에게 10분의 교육을 진행해야 한다.

'사람도 없는데 무슨 교육이냐?', '시간도 없는데 무슨 교육이냐?'고 항변과 투덜거림을 많이 들었다. 교육을 가서도 듣고, 매장을 운영하는 사장님들에게 많이 듣는 이야기다. 우리 직원들도 내게 투덜거리는 이야기다. 그들의 관심은 오로지 매출과 이익이다. 혹 더 필요하면 어떻게 마케팅해서 손님을 더 오게 하냐는 방법론적 이야기에 마음이 쏠려 있었다. 그 심정이 이해가 되다가도 그 심정이 이해가 가질 않을 때도 많았다. 교육은 돈이고, 교육은 시간과 사람의 여유가 있어야 가능하다는 논리에 반박하고자 한다. 내게 돌아보니 교육이 남긴 것이 지금의 나였고, 나의 성장이었고 음식점의 성장이었다.

음식점에서 근무할 때 아침과 저녁으로 10분씩을 할애했다. 간혹 이야기거리가 많을 때는 10분을 넘기기도 했지만 딱 10분만 미팅을 진행했다. '아침조회 반드시 하라'에서 언급했지만 10분을 통해서 인사 연습, 예약 상황, 기본 교육, 프로모션 설명, 매뉴얼 교육, 고객의 소리 공유 등 다양한 이야기를 주고받고 또는 교육을 받았다. 10분이 모여 한달에 300분이 되었고, 300분이 1년간 모여서 3,600분 즉 60시간이 된다. 교육 프로그램으로 치면 60시간은 제법 긴 교육과정이다. 하루의 10분이 모여서 꽤나 큰 교육이 된다. 하루 10분이 소홀하지 않은 이유다.

음식점과 외식업의 폐업이 많은 이유는 교육의 부재에서 일어난 일이라고 생각한다. 창업 시 교육의 부재, 운영 시 교육의 부재, 모두가 교육의 부재가 나은 결과라고 생각한다. 쉽게 생각한 결과라고 생각한다. 음식점을 쉽게 보고 몇 개월만에 창업한 음식점의 폐업이, 급하게 오픈하라고 떠미는 프랜차이즈 본사가, 오픈하고 세월의 흐름과 트렌드를 놓쳐서 진행된 음식점의 폐점을 보면서 교육의 절실함을 느끼게 된다. 음식점은 다양한 교육이 필요한 업종이다. 창업 교육, 마케팅 교육, 손익과 재무 교육, 인사 관리 교육, 메뉴 교육, 서비스 교육 등 관리 요소에 대한 교육이 어느 업종보다 많다. 그래서 교육이 부재하면 음식점은 쉽게 폐업이나 폐점을 하게 된다. 결코 쉽지 않다는 이야기다. 또 음식점을 운영하면서 음식점을 비우고 교육을 받기가 쉽지 않다. 매일매일의 노동으로 지친 몸으로 교육을 받기는 쉽지 않다. 그리고 음식점의 경영자로 주인으로 일하면서 교육의 필요성을 느끼지 못하는 분들도 많다. 그렇게 도태되고, 후퇴되면서 음식점까지 노후화되어 버리는 것이다. 그래서 하루 10분의 교육을 주창하는 것이다. 몇 일을, 몇 십시간을 교육으로 투자할 수 없으니 하루 10분의 교육 시간을 가지자는 이야기다.

음식점을 운영하는 경영자는 더 많은 공부를 해야 한다. 하루 10분 직원들을 교육시키기 위해서는 경영자는 30분을 공부해야 한다. 30분 공부를 통해서 직원들에게 10분의 교육을 진행해야 한다. 하루는 식자재 관리 교육, 하루는 서비스 교육, 하루는 고객의 소리 공유, 하루는 메뉴 교육, 하루는 트렌드 교육 등 일주일을 다른 주제로 매일 10분간 교육하는 것이다. 10분의 교육이 습관이 되고 습관이 모이면 행동이 바뀌고, 바뀐 행동은 실력으로 증빙되는 것이다. 그래서 10분의 교육을 쉽게 생각해서는 안된다. 하루 3시간, 4시간 투자하기는 쉽지 않지만 하루 10분은 노력하면 투자가 가능하다. 어렵게 보지 말고 하루에 한 두 번 모이기를 시작하자. 아침 오픈 하기 10분 전 모여서 하루의 일과를 공유하고, 어제 고객들이 주신 말들을 공유하고, 인사 연습을 하고, 오늘 매출 목표를 공유하고, 어제보다 나은 오늘을 약속하고, 서로 파이팅하고 하는 시간을 습관적으로 가져보자. 그렇게 딱 일년만 시간을 보내어 보자. 1년 후 나도 모르게 성장한 음식점이 되어 있을 것이다.

미팅과 교육은 소통이고, 성장이다. 서로가 알아가는 시간이고, 고객을 알아가는 시간이다. 그 시간을 소중히 생각해야 한다. 음식점을 운영하기 위해서는 식자재를 만들고, 요리하는 과정이 필요하듯 더 좋은 음식점을 운영하기 위해서는 서로 소통하고, 교육하는 시간이 꼭 필요하다. 식자재가 음식을 만들기 위한 필요한 것이라면, 소통과 교육은 음식점을 운영하기 위해 필요한 것이라 할 수 있다. 그래서 피곤하다, 시간이 없다. 무슨 얘기를 하냐, 사람이 없다는 이야기를 하지 말고, 두사람이라도, 단 10분이라도 꼭 미팅과 교육을 했으면 좋겠다. 아무 말도 할 말이 없을 때에는 인사 연습이라도 하자. 습관을 만들자. 그래야 성장한다. 아래와 같이 전달하고 공부할 것이 너무 많다.

1.인사 연습 ; 우리 음식점의 인사 방법

2.메뉴 연습 ; 우리 메뉴 맛있게 만들어 보기

3.고객의 소리 전달과 피드백 ; 고객들이 주신 이야기들의 정리와 수정

4.손익교육 ; 매출과 이익에 대한 학습, 비용 절감에 대한 공유

5.롤프레이 ; 고객 응대 방법 연습

6.경쟁자와 현황

7.음식점의 트렌드 ; 온라인 자료, 신문을 읽고, 잡지를 읽고 정리, 학습

직원들에게도 강조하고, 강조하는 것이 있다. 반드시 지켜야 한다고 강조하는 것이 있다. 그것이 아침, 저녁 조회와 미팅이다. 교육할 것은 만들어서 내려준다. 교육하기 위해서 현장의 관리자들을 먼저 교육한다. 교육도 전파되고, 감염된다. 지금도 머리가 복잡한 이유는 교육때문이다. 어떤 이야기를, 어떤 교육을 시켜서 개인을 발전시키고, 음식점을 발전시키고, 조직을 발전시킬 것인가에 대한 고민때문이다.

꼭 실천하자. 경영자는 하루 30분, 직원들은 하루 10분 반드시 교육을 하자. 아니면 미팅과 조회를 하자. 1년 후 몰라보게 달라져 있는 우리 직원과 음식점을 발견하게 될 것이다.

Just 10minutes, 이효리도 노래했다. 딱 10분이면 된다.

제6장 골목식당 운영 Technic

Full hand in, Full hand out, 매뉴얼을 곱씹으며…

음식점에 일할 직원을 구하기 어려운 세상이 되었다. 간혹 로봇이, 기계가 인간을 대신하기도 한다. 하지만 사람만큼의 훌륭한 서비스를 대체할 도구로는 부족하다. 사람과 로봇에 대한 생각, 노동의 생산성에 대해서 생각할 볼 필요가 있다. 'Full hand in, Full hand out'의 의미는 노동의 생산성과 '일의 효율성'을 강조한 것이다. 이렇게 해야 잠시의 짬이 생기고 일의 효율성이 늘어나고, 고객에게 서비스할 시간도 생긴다. 노동의 의미와 노동의 생산성에 대해서 깊은 생각을 해봐야 한다.

과거 패밀리레스토랑에 근무할 당시 매뉴얼 내용이었던 'Full hand in, Full hand out'이 생각나는 요즘이다. 내용은 이렇다. 세척실이나 백디쉬 또는 주방으로 갈 때 홀에서 정리할 기물, 세척할 기물 등을 가득히 싣고서 들어가라는 것이었고, 나올 때는 기물을 보충(Restock)할 것들을 가득 들고 나와서 보충하라고 하는 내용이었다.

이 부분은 노동의 생산성과 일의 효율성을 강조한 매뉴얼 내용이다. 이렇게 해야 잠시의 짬이 생기고 일의 효율성이 늘어나고, 고객에게 서비스할 시간도 생긴다. 오래된 내용이지만 이런 생각이 문득 드는 시간을 보내고 있다. 2022년 최저 시급이 9,160원이다. 이제 일만원에 가까운 시급에, 4대보험과 주휴수당, 복리후생비까지 합치면 감당하기 어려운 지경이 되어 버렸다. 결국 일의 효율성과 생산성을 높여가야 하는 형국이 된 것이다. 아니 이미 오래전 그리해왔다. 인건비를 줄이기 위해서 키오스크가 등장하고, 서빙 로봇이 인간의 노동력을 대체하고 있고, 많이 대체하려는 움직임이 보인다. 긍정과 부정을 판단하지 못하고 머뭇거리고 있다.

'Full hand in, Full hand out'의 의미의 완벽한 실현은 모든 직원들을 'Multi Player'로 만드는 것이 아닐까? 적어도 그렇게 생각한다. 다가올 골목식당의 미래는 주방과 홀을 한정하지 않고 모두가 소화가능한 인력을 양성하고 그런 인력을 배치해야 하지 않을까? 일의 생산성과 효율성을 논하기 전, 모두의 일이 가능한 인력이 되는 바가 더 중요해지는 시점이다.(주방의 전문성도 기계가 대체할 수도 있고, 전문화된 요리보다 누구나 할 수 있는 시스템을 갖추는 것도 하나의 방편일 수 있다. 실제 초밥을 잡는 기계가 정교화되었고, 짜장과 짬뽕을 볶는 기계도 정교화되어 출시 되었다. 교자 기계도 그러하다. 사실 인간이 인간의 노동을 배척하는 세상이 올까 두렵기까지 한다.)

멀티 플레이어의 양성은 기본이고, 기본적인 매뉴얼인 생산성과 효율성을 높이는 방법인 'Full hand in, Full hand out'의 의미를 되새겨 보면 어떨까 한다.

제6장 골목식당 운영 Technic

Give, give, give and Take

음식점은 Give & Take 하면 안된다. Give, give, give 하고 혹시 take 할 기회가 있으면 하면 좋겠다. 음식, 식자재 관련해서는 그러면 좋겠다. 열혈장사꾼의 저자 박인권씨는 "가격으로 주목하게 하는 것은 3류 상인이고, 가치로 주목하게 하는 것은 2류 상인이며, 가슴으로 주목하게 하는 것은 1류 상인이다."고 했다. 우리 음식점 따뜻한 가슴을 가진 사람들이 많아졌으면 좋겠다.

누구는 정치를 기브앤테이크라고 하고, 누구는 선물을 기브앤테이크라고 한다. 또 누구는 사랑을 기브앤테이크(사랑까지 이래서야 쓰나)라고 하는데, 음식점에 적용하기는 힘들어 보인다. 나는 음식점을 give, give, give and take라 생각한다. 철저하게 음식점은 그렇다.

| 고객에게 주는 것은 아끼지 말자

어느 갈비탕집의 이야기다. 갈비탕 주인이 주방장을 하도 못살게 굴어서 주방장이 '사장이 망했으면 좋겠다.'고 생각하고 갈비탕에 들어가는 갈비를 2배로 넣어주었다고 한다. 이랬더니 고객들에게 갈비를 많이 넣어주는 음식점으로 소문이 나서 갈비탕집은 대박이 났다. 그 덕에 주인장은 큰 재산가가 되었다고 한다. 주방장의 화를 푸는 방식이 사장에게는 행운이 되어 준 것이다. 음식점은 이와 같다. 퍼줘서 남는게 장사다. 고객이 정성스럽고 만든 음식 잘 먹고, 배부르게 먹고, 맛있게 먹고 하면 절반의 성공은 오는 것이다. 음식장사를 하면서 음식을 아끼고자 했다면 성공 가게를, 성공 브랜드를 운영하지 못했을 것이다. 음식을 넉넉히 퍼주는 음식점이 성공에 한걸음 나아간다.

군대에 있을 때 휴가 나오면 항상 들렸던 김치찌개집이 있었다. 아주머니는 우리가 가면 항상 '돼지고기 듬뿍, 가격은 3천원'만 받았다. 추가 공기밥은 돈을 받지 않았다. 그리고 항상 "군인들이 돈이 어디 있어? 다 아들 같고 딸 같아서". 이런 말을 주셨다. 늘 잊지 않고 지내고 있다. 몇 년 전 속초에 갔을 때 역시 다른 김치찌개집을 갔는데 계란후라이가 더 먹고 싶어서 4개를 추가 주문했는데 계산 할 때 돈을 내려고 하니 할머니가 "뭐, 그런 걸 돈을 받아 그냥 가, 맛있게 먹었으면 됐지"라고 하신다. 돈을 떠나서 그 훈훈한 말씀들이 내게는 감동이 되어 아직도 잊혀지지 않는 기억으로 남아 있다. 군대를 다녀와서 대학을 졸업하고 외식업을 하면서 그 마음을 잊지 않고 지내려고 노력한다. 그게 내 외식업에 대한 생각의 기조가 되었다. 모든 사람들은 하나의 장면, 하나의 말, 하나의 상황에 따라서 인생의 향방이 결정되는 경우가 많다. 우연히 음식점을 하게 된 나는 그 말씀을 잊지 않고 생활하려고 한다. 음식점에서 고객을 향한 음식은 아끼지 말아야 한다. 불변의 진리다. 아끼면 망한다.

그래서 늘 음식이 조금 작아 보이면 더 드리려고 한다. 아이들이 오면 귀여워서 음식값을 받지 않은 경우도 부지기수였다. 그렇게 마음을 이해해준 고객들, 관계를 맺었던 고객들은 꼭 다시 찾아와 주었다. 다시 와 주실 때마다 그 사랑을 돌려받는 기분이다. 받기 위해서 주는 것은 아니지만 음식점을 하면서 음식을 통해서 마음을 주려고 노력하니 고객들도 마음으로 다시 돌려주었다. 우리 음식점은 Give & Take 하면 안된다. Give, give, give 하고 혹시 take 할 기회가 있으면 하면 좋겠다. 음식, 식자재 관련해서는 그러면 좋겠다. 한번씩은 주변에 어려운 사람들을 위해서 무조건의 give도 하면 좋겠다. 이게 음식을 통한 사랑이지 않을까 한다. 내 생각이 틀렸다고 할 수 있을지 몰라도 내가 음식점을 하는 동안은 적어도 그렇게 하고 살려고 한다. Give, give, give and Take, 테이크가 안되어도 할 수 없다. 그런 마음으로 음식점을 할련다.

열혈장사꾼의 저자 박인권씨는 "가격으로 주목하게 하는 것은 3류 상인이고, 가치로 주목하게 하는 것은 2류 상인이며, 가슴으로 주목하게 하는 것은 1류 상인이다."고 했다.

우리 음식점 따뜻한 가슴을 가진 사람들이 많아졌으면 좋겠다.

제6장 골목식당 운영 Technic

MST(Menu Serving Time)

우리 음식점의 MST의 시간은 어느 정도가 적정할까'를 생각하고 MST 잘 세팅하기 위해서 제시했던 다양한 요소들을 검토하고, 주방의 준비, 홀서빙 속도 등도 검토해봐야 한다. 그래서 적정한 MST를 세팅하고 고객이 만족할 수 있도록 하고, 테이블 회전율을 극대화해야 한다. 더러는 이런 만족도가 고객의 재방문에 영향을 미치므로 '고객에게 아주 적정한 시간에, 아주 잘 만들어진 메뉴를 제공할 필요가 있다'고 할 수 있다.

메뉴가 제공되는 시간, 어떤 기준으로 선정하는 게 제일 좋을까? 이를 MST(Menu Serving Time, 메뉴 서빙 타임, 이하 MST)이라고 말한다. 고려해야 할 요소가 너무 많다. 우리 음식점의 MST를 다양한 요소를 살펴보고 결정할 필요가 있다. 세팅하고 지속적으로 관리할 필요가 있다.

예전 유명한 중식당을 갔을 때였다. 귀한 손님과의 식사자리였다. 메뉴판을 보면서 메뉴를를 고르고 있는데 소고기 탕수육이 보였다. 귀한 손님이라 '늘은 돼지고기 탕수육 대신 소고기 탕수육을 시켜야겠다'고 마음을 먹고 직원을 불러서 주문을 하니, "소고기 탕수육이 잘 나가지 않아서 냉동시켜서 보관하고, 이를 해동해서 튀기려면 30분 정도 걸리는데 괜찮겠냐"고 답을 주었다. 뭐라고 할 말이 없었다. 먹지 말라는 소리와 같았다. 직원의 이 대답에는 2가지 잘못이 있다. 하나는 냉동 식재에 대한 언급이다. 이 고급 음식점에서 4만원을 웃도는 메뉴에 냉동 식재(아니면 냉장고기를 냉동해뒀다의 의미가 있을 수도)를 쓴다고 언급한 것은 식재에 대한 불신을 언급한 것이다. 두 번째는 '식사 제공 시간' 이다. 점심 시간에 메뉴 하나 제공하는데 30분이 걸린다면 그리고 요리를 먹고 식사를 해야 하는데 30분 동안 첫 음식을 기다리라고 얘기하는 것은 말이 되지 않는 것이다. 메뉴 하나가 나오는 데까지 30분의 기다림은 고객에게 너무 많은 인내를 요구하는 것이다. 그래서 그날 평소 먹던 '돼지고기 탕수육'을 먹고 나왔다. 역시 먹던 거 먹어야 한다.

| MST가 소중한 이유

MST는 고객의 시간에 대한 만족도 측면과 음식점의 입장에서는 '테이블 회전율'과 관계가 있다. 적정 MST에는 다양한 요소가 결합이 되어서 결정되어져야 한다. 음식점이 누구 대상으로 영업을 하는지, 어떤 장소에서 영업을 하는지, 방문 목적(즉 만남의 목적)이 무엇인지, 음식점의 객단가가 어느 정도인지, 음식점의 크기가 어느 정도인지 등 다양한 요소가 결합되어서 결정되어져야 한다.

직장인의 점심을 상대하는 식당이라고 가정하자. 직장인들의 점심시간은 1시간이다. 이동 시간을 제외하면 30분 정도가 식사 시간으로 주어진다. 따라서 메뉴가 15분 이내에 나오고, 15분 정도 식사를 하면 적정 수준으로 메뉴가 제공되는 것이다. 따라서 직장인의 점심 시간을 상대하는 음식점이면 모든 메뉴가 나오는 시간, MST가 15분 정도가 적당하다. 이런 기준으로 우리 음식점의 MST를 산정할 필요가 있다.

마포에 '천지식당'이라는 곳이 있다. 점심에는 직장인을 상대로 백반정식, 오징어볶음, 낙지볶음 등 식사 위주의 음식을 내고, 저녁에는 돼지고기, 홍어 등 안주류의 음식을 제공하는 식당이다. 위치적 열악함에 있어도 직장인의 사랑을 받는 곳이다. 이 음식점 주인장 차정식님은 "점심은 직장인들이 대부분 오기 때문에 음식은 무조건 5분 안에 낸다. 그래야 직장인들이 편히 점심을 먹고 갈 수 있다"고 했다. 내가 방문해서 음식을 시켰을 때 정확히 4분30초만에 나왔다. 주인장이 음식 제공 시간이 고객에게 어떤 영향을 미치는지 알고 있는 것이다.

▲ '마포에 위치한 '천지식당', 직장인들을 상대하기에 5분이라는 정확한 MST를 유지하고 있다.

| 우리 음식점의 'MST'는 몇 분인가요?

나는 모든 메뉴가 20분 안에는 나와야 한다는 입장을 고수한다. 20분이 넘는 시간을 들여서 만들어지는 메뉴이면 음식점의 메뉴로서 적정하지 않다고 판단한다. 그리고 음식점이 만석이라고 할지라도 모든 메뉴는 20분 안에는 나와야 한다는 입장이다. 이런 생각으로 메뉴를 개발한다.

MST가 중요하듯이 고객이 앉아서 주문한 후 고객을 심심하게 해서는 안된다. 웰컴푸드(Welcome Food)를 제공해서라도 메인 메뉴가 나올 때까지 마냥 기다리게 하는 것은 좋지 않다고 생각한다. 그런 의미에서 아웃백의 '부시맨브

레드'는 좋은 역할을 한다. 어떤 주점에서는 '양배추와 마요네즈'를 에피타이저로 제공해줘서 고객을 심심하게 하지 않는다. 대부분 중식당은 티를 제공함으로써 이런 심심함을 달래 준다. 아주 좋은 포인트다.

MST에는 코스 메뉴인가, 단품 메뉴인가에 따라서도 다르다. 코스 메뉴인 경우 음식이 끊어지면 안된다. 코스 메뉴에서 메뉴와 메뉴 사이의 제공 시간이 길어지고, 한 요리를 다 먹었는데 다음 요리가 나오지 않고 시간이 지체되면 안된다. 이럴 경우 음식 맛이 떨어진다. 먹다가 중지하면 음식이 맛이 없어진다. 단품 메뉴의 경우도 여러 명이 와서 다른 메뉴를 시켜도 동시에 나와야 한다. 이를 동시동탁 이라고 하는데 반드시 필요한 요소다.

MST는 식사의 목적에 따라서 달라진다. 접대의 모임이냐, 친구들의 모임이냐, 직장인들의 식사냐, 가족 모임이냐에 따라서 식사의 시간은 달라진다. 모임의 취지를 알고 식사 시간을 조절해줄 필요가 있다. 중간 중간에 고객들에게 식사타이밍을 물어보거나, 묻기 어렵다면 분위기를 보면서 주방과 소통해야 한다. 테이블을 체크하는 습관이 중요하다.

메뉴를 만드는데 시간이 많이 걸리면 안된다. 초벌해야 하는 재료, 다듬어 두어야 하는 재료, 미리 준비되는 소스, 그리고 주방에서의 짧은 동선 이런 모든 것들이 결합이 되어서 메뉴는 20분이 넘지 말도록 구성되어야 한다.

'우리 음식점의 MST의 시간은 어느 정도가 적정할까'를 생각하고 MST 잘 세팅하기 위해서 제시했던 다양한 요소들을 검토하고, 주방의 준비, 홀서빙 속도 등도 검토해봐야 한다. 그래서 적정한 MST를 세팅하고 고객이 만족할 수 있도록 하며, 테이블 회전율을 극대화해야 한다. 더러는 이런 만족도가 고객의 재방문에 영향을 미치므로 '고객에게 아주 적정한 시간에, 아주 잘 만들어진 메뉴를 제공할 필요가 있다.'고 할 수 있다.

MST 음식점 영업에서 관가해야 할 부분이 아니다. 다시 한번 점검하도록 하자.

제6장 골목식당 운영 Technic

디테일의 힘 ; 사소한 것을 챙기는 습관

모든 사업은 고객들의 불편함을 해소하고 욕구를 채우는 것으로부터 시작된다. 음식점도 이와 같다. 사소함과 고객의 불편을 해소하는 것들을 지속적으로 고민하고 찾아야 한다. 사소함과 세심함에서 고객들은 감동받는다. 사소함이 모여 비범함을 만든다. 음식점은 사소함을 챙기는 업종이다.

한비자에 나오는 말이다. '군자는 태산에 걸려 넘어지는 게 아니라, 작은 돌부리에 걸려 넘어진다.' 인생 늘 조심하면서 살라는, 겸손의 미덕을 가지라는 말이다. 돌려서 얘기해 보면 '사소한 것을 챙기는 것이 큰 것을 챙기는 것보다 더 훌륭한 결과를 낫는다.'는 말로 풀이 될 수 있다. 사소한 것, 사소한 일, 생활하다 보면 놓치기 쉽고, 챙기기 어려운 일들이 있기 마련이다.

음식점도 사소함을 챙기는 디테일이 있어야 한다. 사소한 것에 고객들은 감정이 상하고, 사소한 것에 고객들의 웃음짓고, 만족한다. 20만원 넘게 먹고도 콜라 한 병 값 서비스주기 싫어하는 모습에 못내 속상하고, 공기밥 천원까지 다 받는 음식점에 속상함이 나타난다. 또 몰래 서비스로 갔다 주는 반찬 하나에 만족하고, 감동해서 충성 고객이 되기도 한다. 이렇듯 음식점에서 사소한 하나가 고객을 울고, 웃게 만드는 것이고 사소한 하나가 음식점의 미래를 결정한다고 본다. 비단 서비스뿐만 아니다. 사소함의 챙김은 식자재, 메뉴, 포장, 서비스 등 여러 곳에서 나타난다. 사소함을 챙기는 것을 우리는 '디테일'이라고 한다. 디테일은 힘이 세다. 당장 힘을 발휘하지 않아도 후에 큰 힘이 생겨서 돌아온다.

잘 다니는 청담동의 '청담25'라는 미역국 전문점이 있다. 여기 미역도 울릉도 앞바다에서 수확한 것으로 미역국을 만든다. 울릉도라는 주제를 가지고 식자재를 커뮤니케이션한다. 반찬과 국, 밥맛까지 완벽하다. 식자재의 디테일에 제일 감동받은 것은 벽면에 붙은 에버푸어 정수기에 관한 '깐깐한 물'에 대한 소개다. 대부분의 음식은 물이 베이스가 되어 조리된다. 따라서 '물부터 관리하겠다.'는 주인장의 깐깐함을 그대로 들어낸 것이 바로 에버푸어 정수기 물이다. 벽면에 큼지막하게 붙은 이 시트가 믿음으로 안내한다. 김밥의 포장은 일반적으로 호일을 사용해서 한다. 동네 김밥 음식점들이 대부분 그렇다. 이런 룰과 틀을 깬 것이 '고봉민김밥'이었다. 처음 고봉민김밥은 호일을 벗어나서 종이로 김밥을 포장하고 그 위에 어떤 김밥인지 스티커로 표기를 해주었다. 김밥을 여러 종류 포장하다 보면 열어보지 않고, 먹어보지 않으면 어떤 김밥인지 알 수가 없었다. 이런 불편함을 고봉민김밥이 해결한 것이다. 최근에는 이를 벤치마킹해서 동네 김밥음식점들도 적용하고 있다. 디테일 하나가 고객의 불편함을 해소하고 만족감을 부여한 사례다. 이래서 그 김밥집이 장사가 잘되지 않았을까?

▲ 김밥을 먹을 때 어떤 김밥인지 구분하기 힘든데 '고봉민김밥'은 이런 어려움을 스티커 한장으로 해결해 주었다. 디테일이란 이런 것이다.

코로나19 이후로 포장의 사례도 많이 늘었다. 코로나19 이전에 비해 개인적으로 포장과 배달도 2배 이상 늘어난 것 같다. 대부분의 사람들이 이와 비슷할 것이다. '천사곱창'에서 포장을 했더니 '천사 곱창을 맛있게 먹는 법'이 포스트잇이 붙어 있다. 그리고 애교스럽게 '별 다섯개를 부탁한다.'는 멘트까지.. 애교와 더불어 감동스러운 메시지다. 담긴 음식의 정성, 물티슈와 젓가락, 숫가락까지 정성스럽게 포장된 음식이 음식점에서 먹을 때와 같은 기쁨을 전해주었다. 대구에 가면 '모모야스시'라는 곳이 있다. 참치를 전문점으로 파는 곳이다. 전문가가 아니면 참치를 먹을 때 어떤 부위인지 모를 경우가 많다. 이런 고객의 불편함을 해소해주기 위해서 모모야스시는 각 참치 부위마다 '부위의 명칭'을 적어서 꽂아 두었다. 주인장의 생각이 참 기발했다. 고객들의 일일이 물어볼 수 없는 애매함과 부위를 확인하면서 먹도록 하는 세심함을 잊지 못할 것 같다. 정말 굿이다.

최근 위생과 방역에 관심을 많이 두고 있다. 몇 개월 전 동네에 있는 쭈꾸미 전문점을 갔는데 사장님 벌써 세스코에서 나오는 '바이러스 케어' 제품을 설치해 두었다. 선제 공격이다. 나오자마자 설치했다고 한다. 고객의 안심을 걱정하고 배려하는 마음이다. 수저는 하나하나 일일이 개별 포장해서 위생에 대한 안심도 시켜준다. 고맙다는 생각을 하면서 여기를 벗어 나왔다.

최근 방문한 '아웃백스테이크하우스'에서도 감동의 서비스를 받았다. 나오는 길에 서버에게 "빵 하나만 넣어주세요."라고 했다. 포장을 받고 나오는 길에 서버가 다가오더니 내 귓에 속삭이듯 "2개 더 넣었어요. 아이들이랑 하나씩 드세요."라고 멘트를 한다. 와, 이 감동…. 이런 세심함에 하루 종일 기분이 좋았다.

이렇듯 세심한 배려를 잊지 않고 준비하는 음식점 주인장과 직원들이 많다. 사실 이 세심함에서 오는 고객 감동과 만족은 깊다. 사소한 것 같지만 이런 사소함이 비범함을 낫는다. 음식점을 하는 우리는 이런 사소함을 잊어서는 안되는 것이다. 유리창의 법칙은 '깨진 작은 유리창이 많은 범죄를 양산한다.'를 결과를 우리에게 보여주었다. 깨진 유리창과 더불어 사소함을 관리하는 디테일은 많은 감동과 만족, 충성 고객을 양산하는 기회를 제공해줄 것이다.

우리 음식점에서도 고객의 아주 사소한 불편이 없는지 체크하고, 어떻게 하면 고객 만족과 감동으로 끌어갈 수 있는지를 늘 고민하고 생각하는 것이 필요할 것이다. 그리고 아이디어가 생각나면 즉시 행해야 할 것이다. 절대 명심하자. 사소함이 비범함을 낳는다.

제6장 골목식당 운영 Technic

상권과 입지 1 ; 한달을 걸어 다녀야 한다

상권이 좋다고 해서, 입지가 좋다고 해서 장사가 무조건 잘된다는 착각에서 먼저 벗어나야 한다. 장사는 상권요인, 입지요인, 음식점 운영요인, 고객요인 등 다양한 것들이 결합되어서 나타나는 현상이기 때문이다.

음식점을 운영하거나 창업하면서 가장 골머리를 앓는 것이 창업 자금, 업종, 입지와 상권의 3가지다. 창업 자금과 업종이 마련되고 입지를 선택하는 경우도 있고, 입지가 선택되고 창업 자금과 업종을 선택하는 경우도 있다. 이건 순서의 문제는 아니고, 상황의 문제다. 상황은 늘 변할 수 있으니 어떤 것이 먼저인가를 따져 물을 필요는 없다. 다만 3가지가 고르게 잘 마련되어야 음식점의 성공 확률을 높일 수 있다는 것이다.

'음식장사는 목이다.', '음식장사는 자리싸움이다.'라는 말은 무수히 들어왔다. 어떤 상권이 좋은지 나쁜지, 어떤 입지가 좋은지 나쁜지 잘 구분하는 것이 성공의 여부에 50% 정도 성큼 다가간다고 할 만하다. 요즘 상권이 무너지고 있다고 한다. 상권의 의미가 희석된다고 표현하는 것이 맞겠다. 상권의 좋고, 나쁨을 떠나 콘텐츠가 좋으냐, 나쁘냐로 판단해서 고객들은 이동한다는 의미로 받아들이면 좋겠다. 과거에 비해서 상권의 힘은 다소 약해졌다. 콘텐츠의 힘이 더 세졌다고 보는 것도 맞는 말이다. 최근 이수역 상권에 얼마 되지않는 우동집이 문을 닫고, 새로운 분식점이 오픈을 했다. 우동집은 오픈한지 일년이 되지 않았다. 그 앞을 지나가면서 보면 고객이 거의 없었다. 하지만 최근 새로 오픈한 분식점은 늘 손님들로 북새통을 이룬다. 점심이나 저녁이나 늘 웨이팅이다. 이는 단지 입지, 상권이 매출과 고객수에 별다른 변수가 아니라는 얘기로 설명될 수 있다. 입지 조건과 상권은 변하지 않았다. 다만 콘텐츠가 변했을 뿐이다. 콘텐츠의 중요성이 필요한 시대라는 이야기다.

상권이 좋다고 해서, 입지가 좋다고 해서 장사가 무조건 잘된다는 착각에서 먼저 벗어나야 한다. 장사는 상권 요인, 입지 요인, 음식점 운영 요인, 고객 요인 등 다양한 것들이 결합되어서 나타나는 현상이기 때문이다. 좋은 상권과 입지에서 망하는 이유가 무엇인지 돌아본다면 답이 나온다. 상권과 입지가 절대 요소는 아니다는 얘기다.

그럼에도 불구하고 상권은 중요한 요소다. 상권이란 '어떤 사업을 영위함에 있어서 대상 고객이 존재해 있는 시간적, 공간적 범위'를 말한다. 점포가 위치하고 있는 조건(입지 조건)에 따라서 상권의 범위가 달라진다. 상권과 입지 조건은 서로 맞물려 사용되기도 하며 실제로 혼용해서 사용되기도 한다. 상권은 지형, 지세 등 지리적 요인에 의해서 결정되며, 같은 위치에 있더라도 점포의 크기나 취급하는 업종에 의해서 달라진다. 상권은 개개 점포의 상권 범위라는 뜻으로 사용되지만 상가가 형성되어 있는 범위 전체인 A급지, B급지, C급지의 합을 가리키기도 한다.

[표6-2] 상권과 입지

구분	입지	상권
개념	· 대지나 물건(점포)이 소재하고 있는 위치적인 조건(location) · 입지 주체가 정한 장소(정적, 공간적 개념)	· 대지나 물건(점포)이 미치는 영향권(거래권)의 범위(trading area) · 넓은 의미의 상권/좁은 의미의 상권 · 점, 선, 면, 흐름으로 구성됨
물리적 특성	평지, 도로변, 상업시설, 도시계획지구 등 물리적 시설	대학가, 역세권, 아파트 단지, 시내 중심가, 먹자상권 등 비물리적인 상거래 활동 공간
등급 구분	1급지, 2급지, 3급지	1차 상권, 2차 상권, 3차 상권
분석 방법	점포분석, 통행량분석, 통행인구분석	업종경쟁력 분석, 구매력 분석
평가 기준	매출, 권리금, 임대료(평당 단가)	반경 거리 (250m, 500m, 1km)

상권과 입지는 늘 변한다는 것을 전제로 움직여야 한다. 그리고 상권과 입지를 찾을 때 우선 고려해야 할 것들이 있다. 체크해봐야 할 요소들이 있다.

1) 배후지역의 상주인구와 유동인구

2) 교통요소(교통량, 교통체증, 횡단보도, 차선, 도로 노출 정도 등)

3) 역세권(기차, 지하철, 버스 정류장 등 확인)

4) 대형 집객시설(학교, 대형마트, 백화점, 영화관 등)

이런 기본적인 요소는 반드시 체크를 해야 한다. 물론 매출의 절대 변수는 아니지만 영향을 주는 요인이기 때문이다.

과거 신촌 상권을 체크할 때의 일이다. 지금은 대중교통이 통제가 되고 있지만 당시 신촌역에서 연세대로 이어지는 곳에 대중교통이 다닐 시기였다. 유동인구로 따지만 신촌은 분명히 최고의 상권임에 틀림이 없었다. 지하철역에서 연세대로 이어지는 상권은 대단한 유동인구를 유발한다. 유동인구 체크를 하면 반드시 들어가야 할 상권이다. 유동인구를 기반해서 그런지 다른 지역에 비해서 임대료와 보증금도 높은 편이다. 유동인구를 믿고 상가를 얻고 음식점을 오픈했다. 점포개발팀의 실수였다. 유동인구가 가진 허점을 보지 못한 것이다. 등교시간과 하교시간을 보면 유동인구의 특징이 있다.(많기는 정말 많다.) 하지만 모두가 등하교시간에 급히 움직인다는 것이다. 옆을 볼 여유도, 옆을 볼 이유도 없이 목적지를 향해서 가고 있다. 등교시간은 학교가 목적지이고, 하교 시간은 지하철이 목적지가 된다. 이러니 음식점이 잘 될 리가 없다. 유동인구 체크가 가진 한계점이다. 그리고 두번째가 입점률 체크다. 유동인구는 많지만 하고자 하는 업종의 음식점에 들어가는 비율을 말한다. 입점률을 명확히 체크했어야 했다. 지난 얘기지만 오픈하고 입점률을 보니 몇 %도 채 되지 않았다. 이것 역시 상권을 체크할 때 염두에 두어야 하는 부분이다. 유동인구의 허수와 입점률 체크, 반드시 행해야 하는 일이다.

음식점 하나를 오픈하려고 상가를 한참을 찾았다. 온라인 포털에서 제공하는 부동산 정보와 발품을 팔기도 하고, 부동산에 의뢰하기도 했다. 전문가에게 의뢰도 했다. 처음으로 부동산 포털에서 제공한 상가를 보기 위해서 문의를 했더니 담당자가 이런 말을 건넸다. '거기 2호점을 운영하고 있는데 그 점포는 안 내놓기로 했고, 건너편 점포를 내놓기로 했어요.'라고 말이다. 내어놓은 점포보다 건너편 점포는 입지조건이 좋지 않음에도 보증금은 1천만원, 임대료는 1백만

원이 더 높은 점포였다. 믿음이 가지 않아서 그 점포는 포기했다. 장난치는 듯하고, 기분 나쁨을 감출 수가 없었다. 주위에 이런 경우가 허다하다. 또 하나의 가게는 음식점을 하고 있어서 권리금을 좀 더 주더라도 시설과 인테리어에 비용이 조금 덜 들어가니 해보자 싶었는데 결국 서로의 의견이 맞지 않아서 포기했다. 부동산에서 좋은 물건을 소개해주겠다며 안내한 상가는 마음에 들었으나 불법으로 개조해서 사용중이라 터무니없는 권리금이 마음에 들지 않아서 포기했다. 권리금도 정보 사이트에 나와 있는 금액과 현장에서의 금액, 부동산의 금액이 상이해서 참 이상하다는 생각을 가지게 되었다. 상가 구하기가 쉽지 않다. 또 잘못된 상가 하나 얻어서 모은 돈 모두 날려버릴 수도 있다. 결국 상가는 내가 발품을 팔아서 구했다. 결국 '상가는 발품이라는 이야기다.'

상가 구하기가 쉽지 않다. 정말 어렵다. 체크해야 할 것들도 너무 많기 때문이다. 상가를 구할 때 몇 가지 마음가짐이 필요하다. 우선 '내가 잘 아는 지역과 좋아할 수 있는 지역'을 선택해야 한다. 내가 모르는 지역이라면 적어도 '한달은 걸어 다니며 파악'해야 한다. 그리고 내가 좋아하는 상권과 입지로 마음이 편한 곳이어야 한다. 가기 싫은 곳으로 가는 고통은 이루 말할 수 없다. 아는 곳이라 하더라도 상가를 구할 때는 한달 이상을 투자해야 한다. 걸어 다녀보고, 음식점의 입점 고객도 파악하고, 상권의 연령층, 유동인구, 타겟층도 파악해봐야 한다. 차량으로 이동해서 보면 이런 것들은 안 보인다. 적어도 한달은 발품을 팔아서 투자해야 상권이 조금씩 보이기 시작한다. 두번째 마음에 드는 점포가 있더라도 반드시 더블체크를 해야 한다. 정말 '코 베어 간다.' 부동산마다, 사이트마다 다른 정보가 있다. 그 정보를 믿지 말고 알아볼 수 있는 곳은 다 알아봐야 한다. 셋째 유동인구 체크와 입점률을 조사할 때는 4회 정도 정밀하게 분석해야 한다. 주중 점심과 저녁, 주말 점심과 저녁의 4회 그리고 이를 2회 정도 반복해서 유동인구와 입점률를 체크하고 결정해야 한다. 네번째, 고객들이 머무르는 동선인지 흐르는 동선인지를 체크해야 한다. 흐르는 동선은 음식점으로서 100% 불합격 요인을 가지고 있다. 음식점은 머무르는 공간에서 잘된다. 흐르는 동선은 피하는 것이 좋다.

이러한 기본적인 생각을 바탕으로 상권조사를 시작해야 한다. 가장 기본이다. 쉽게 믿지 말고 반드시 발품을 팔 생각을 해야 한다. 발품없이 절대 좋은 점포를 얻지 못한다는 것을 명심했으면 한다.

상권과 입지 2 ; 좋은 입지를 선정하는 방법

입지의 영향력이 많이 사라졌다고 하나, 여전히 입지는 고객을 유인할 수 있는 가장 강력한 도구이며 경쟁수단으로써 유용한 수단이다. 접근성과 가시성이 떨어지는 점포는 결국 고객의 유입을 차단하는 것이기에 접근성과 가시성의 2가지 요소를 충족하는 입지를 선정해야 한다.

입지란 음식점이 위치하는 지점, 사람들이 방문하는 공간을 말한다. 쉽게 우리가 구하는 점포가 위치한 곳이 입지다. 음식점과 외식업을 입지 산업이라고 하는데 이는 음식점에서 입지가 매출에 차지하는 비중이 큼을 의미하는 것이다. 그렇다면 좋은 입지는 어떤 입지를 말하는 것일까? 저자의 경우 좋은 입지는 광고나 홍보 비용을 투자하지 않더라도 음식점의 인지도를 올릴 수 있는 장점을 가진 곳, 혹은 부족한 경험으로 인한 창업이나 운영상의 미숙에도 불구하고 입지의 요건이 일부를 해결해 줄 수 있는 것을 좋은 입지라고 판단한다. 또 좋은 입지는 가시성과 접근성이 좋은 곳을 말한다. 음식점의 모든 입지는 가시성과 접근성으로 A, B, C급지로 분류한다. 가시성이란 고객이 얼마나 쉽게 점포를 식별할 수 있는지를 말하는 것이고, 접근성이란 물리적으로 점포에 얼마나 쉽게 접근할 수 있는가를 말한다. 물론 입지가 모든 것을 해결해주는 만병통치약은 아니다. 음식점의 매출은 영업력, 상권과 입지의 요소, 브랜드 인지력, QSC 레벨 등 다양한 것이 포함되어 형성되기 때문이다.

입지의 영향력이 많이 사라졌다고 하나, 여전히 입지는 고객을 유인할 수 있는 가장 강력한 도구이며 경쟁수단으로써 유용한 수단이다. 접근성과 가시성이 떨어지는 점포는 결국 고객의 유입을 차단하는 것이기에 이 2가지를 잘 판단하고 점포를 결정해야 한다. 또 현재의 점포가 가시성과 접근성이 떨어진다면 물리력을 동원해서 가시성과 접근성을 높여야 한다. 다니다 보면 같은 2층인데도 올라가기 꺼려지는 점포가 있고, 2층이지만 접근이 용이한 점포가 있다. 이를 잘 판단해야 한다는 것이다. 시인성이 떨어진다면 간판, 홍보 방안, 조명, 음향 등을 활용하여 시인성을 높여야 한다. 점포를 구할 때 바라보는 관점은 경영자마다 다르다. 저자도 나름의 기준을 가지고 음식점 점포를 구한다.

우선 시인성과 접근성의 관점에서 살펴보자. 몰이나 백화점 등 특수 상권을 제외하고는 2층 점포는 90% 이상 얻지 않는다. 2층은 음식점으로서 적합하지 않다. 시인성과 접근성에서 모두 다 떨어지기 때문이다. 성공 확률도 1층에 비하면 절반이 아니라 20% 밑을 돈다. 그래서 2층은 권하지 않고, 작더라도 1층을 권한다. 거리를 다녀보면 이 부분은 안다. 2층으로 눈을 올려서 쳐다보는 경우가 거의 없고, 간혹 2층을 보면서 "아, 저런 집이 있었어?"라고 이야기할 것이다. 대부분의 사람이 그렇다. 그래서 절대 2층은 하지 말라고 한다. 2층에 음식점을 해서 성공했다면 대부분 브랜드력이 높거나 QSC에서 경쟁력이 탁월한 음식점일 것이다. 절대 잊으면 안된다. 간혹 돈이 부족해서 2층 점포를 얻는 경우가 있는데 자금 부족으로 인해서 2층 점포를 얻는 것 역시 좋지 못하다. 1층 점포라고 해서 모두 다 좋은 점포는 아니다. 1층, 15평 정도의 점포를 얻더라도 저자만의 기준을 가지고 있다. 전면이 좁은 것은 절대 하지 않는다. 작은 점포라도 전면의 길이 6m를 넘는 점포를 선호하고 그런 입지만 계약을 한다. 점면의 길이가 2m~3m 되는 점포들은 가시성과 접근성, 점포의 이미지를 나타내는 데 한계가 존재하기 때문이다. 그래서 전면이 좁은 1층도 피하는 편이다.

두번째 지역적인 관점이다. 일반적인 이론이기는 하지만 유동인구, 우리 업종과의 조건 현황, 대형 상점과 빌딩, 상권 내의 주택 현황과 소득의 정도를 파악해야 한다. 이중 중요하게 생각하는 것은 입지와 상권과 업종의 조합이 잘 맞는가의 여부다. 상권과 입지와 업종이 맞지 않는 곳이라면 양질의 입지라도 피하는 것이 좋다. 분식점으로 점포를 구할 때 일이다. 상권에는 문제가 없어 보였고 점포가 난 곳의 임대료와 권리금도 적정했다. 그럼에도 그 점포와 계약하지 않았던 이유는 그 점포가 술집라인에 섞여 있었기 때문이다. 상권이 좋고, 입지조건은 좋았음에도 업종과 궁합이 맞지 않아서 포기를 했다. 잘 한 선택이었다. 이렇듯 입지와 업종이 잘 맞는지를 판단해야 한다.

세번째 매출과 입지와의 관계다. 경쟁 점포는 존재하고 있고, 경쟁 점포의 매출은 어느 정도 형성되고 있고, 상권의 평균 매출액은 어떤지를 살펴보고 내가 예상하고, 목표로 하고 있는 매출이 형성될지의 여부를 판단해서 가능한 상권이어야 한다. 따라서 목표 매출을 선정하고 점포의 입지를 구할 필요성이 있다. 같은 운영력이라면 비슷한 매출이 나올 수밖에 없다. 따라서 채산관계를 파악해서 입지를 구해야 한다.

네번째 입지의 가격이다. 임대료는 매출과 비교해서 10% 이하로 발생하는 구조가 가장 이상적이다. 예상 매출 대비 10%를 초과하는 범위라는 계약을 고려해보는 것이 좋다. 그리고 10%를 초과하더라도 절대 매출액이 높다면 다시 고려해보는 것이 좋으나 일반적인 기준으로 10%를 초과하지 않는 점포를 구하는 것이 좋다. 또 시설 구조다. 전기 용량, 가스 상황 등 공과금의 기준도 체크해봐야하는 부분이다. 이런 비용 구조가 좋지 못한 점포와 초기 시설 투자가 많은 입지는 피하는 것이 좋다.

마지막으로 입지의 교통 조건이다. 좋은 입지는 인지성, 유도 시설, 동선, 도로, 교통, 통행량, 유동인구 등이 뒷받침 된다. 큰 점포의 경우 주차장의 확보도 필수적이다. 따라서 이런 부분을 교통 조건이 좋은 점포가 좋은 입지라 할 수 있다.

다섯가지 기준으로 점포의 입지력을 살펴보았다. '좋은 입지는 50%를 먹고 들어간다.'는 말은 진실이다. 좋은 입지의 조건을 파악하고 나만의 가지고 있는 입지의 기준을 만들어봤으면 한다. 그 기준이 만들어졌다면 기준을 가지고 입지를 판단하면 된다. 앞서 얘기를 했지만 좋은 입지는 부족한 역량의 일부를 채워주는 조건이 된다.

제6장 골목식당 운영 Technic

권리금 이야기 1 ; 권리금의 이해

권리금이 법적 효력을 가지게 되었다. 권리금은 시설권리금, 영업권리금, 바닥권리금의 3가지 형태로 나뉜다. 점포를 구할 때 형성된 권리금을 3가지의 기준으로 객관적인 판단을 하고 점포계약을 진행해야 한다.

권리금 주기 참 아깝다는 생각이 들다가 내가 점포를 처분할 때는 본전 생각이 나는 이상한 헤게모니를 가진 놈이다. 우리나라에만 존재하고 있으니 없어질 법도 한데 권리금을 주고 들어간 주인장들이 장사를 하고 있으니 없앨 수도 없는 기형성을 어찌할 수 없다.

대법원 판례를 통해서 보면 '권리금 자체는 점포의 영업 시설, 비품 등 유형물이나 거래처, 신용, 영업상의 노하우 또는 점포의 위치에 따른 영업상의 이점 등 무형의 재산적 가치'라고 정의하고 있다. 따라서 현실적으로 시설 권리금, 영업 권리금, 바닥 권리금의 3가지를 아울러 권리금이라 칭하고 있으며, 이는 우리나라에만 있는 형태의 무형 자산으로 법적인 보호를 받을 수 없는 재산이다. 따라서 계약 시 권리금에 대해서 신중을 기해야 하고, 권리금을 투자해야 할 때에는 계약기간 안에 회수할 수 있는지, 계약 해지 후 받아서 나갈 수 있는지 등을 점검한 후 투자해야 한다. 권리금은 영업이 활발한 곳에서 형성되는 돈임에는 틀림이 없다. 따라서 권리금은 그 상권을 반영한다고 할 수 있으며 상권이 좋으면 권리금이 있고, 상권이 좋지 못하다면 권리금이 없는 경우가 많다. 즉 권리금의 크기나 유무에 따라서 상권을 판단할 수 있다. 우리나라의 경우 권리금이 있는 곳이 좋은 상권이라는 생각하는 경향이 많지만 요즘은 몰, 종합상가 등이 많이 형성되고 있어서 권리금 없이도 영업할 수 있는 좋은 입지들은 많다.

1) 시설 권리금

시설 권리금이란 점포 오픈 당시 투자한 인테리어, 비품, 집기, 기기 등의 시설물에 대한 금액을 보전해주는 성격으로서의 권리금이다. 이는 감가상각을 통해서 3년에서 5년 사이에 소멸한다고 파난하면 되는데 시설 수준과 관리상태에 따라서 금액의 차이는 있을 수 있다. 통상적으로 권리금에 대한 감가상각 기간은 5년 정도로 보고 있으나 명확한 기준이라 할 수는 없다. 그러나 시설에 대한 인정 금액은 동종 업종으로 창업했을 시 감안되어야 하는 부분이고, 다른 업종이 창업이라면 인정되지 않는다. 예를 들어 1억 원으로 점포를 오픈했고 3년 동안 영업 후 점포를 양도한다고 가정했을 경우 5년을 감가상각 기준으로 하면 6천만원은 이미 비용처리되었고 나머지 4천만원 정도를 시설 권리금으로 본다.

2) 영업 권리금

영업 권리금이란 점포의 경영자가 영업을 하면서 단골 고객을 많이 확보했고, 영업력 등을 발휘하여 높은 매출과 수익을 올리고 있었다면 새롭게 오픈을 해서 영업을 하더라도 기존의 매출을 어느 정도 보장받을 수 있으므로 그 매출과 수익의 보전적인 측면에서 지급되는 돈을 말한다. 이는 통상적으로 1년간의 순이익이 얼마인가를 계산해서 판단한다. 이 역시 동종 업종으로 창업했을 시 감안되는 부분이며, 다른 업종의 창업이라면 인정되지 않는다. 예를 들어서 월5백만원 정도의 순이익을 올리고 있는 점포라면 연간 이익은 6천만원이 되는데 이것이 바로 영업 권리금이다. 영업 권리금 계산 시에는 정확한 데이터와 정보를 가지고 계산해서 지급해야 한다. 그리고 재창업 시 추정 손익 계산서를 작성해 보고 이런 순이익이 가능한지도 점검해봐야 한다.

3) 바닥 권리금

바닥 권리금이란 점포가 좋은 상권, 좋은 입지에 자리잡고 있는 경우 그 위치에 대한 프리미엄이라고 보면 된다. 좋은 입지에서의 영업은 기본적인 매출을 보장받을 수 있는데 매출에 대한 권리금이 바로 바닥 권리금이다. 실제 시장에서는 바닥 권리금이 권리금의 대부분을 차지하고 있다. 각 상권별로 대략적인 바닥 권리금은 형성되어 있다. 하지만 권리금은 법적인 보호를 받을 수 없는 부분이므로 거품이 많은 권리금에 주의해야 하며 영업기간 내에 권리금 회수가 가능한지를 점검해야 한다.

제6장 골목식당 운영 Technic

권리금 이야기 2 ; 적정 권리금의 계산

적정권리금이라는 정의는 사실상 없다. 매수자와 매도자가 협의하는 지점이다. 그럼에도 객관적인 근거를 통해서 적정권리금을 산정할 수 있어야 한다. 적정권리금의 객관적인 산정은 입지조건, 영업 현황, 영업이익 현황, 점포의 위치, 점포의 시설, 점포의 크기 등을 모두 고려하여서 결정해야 한다.

적정 권리금이라 표현하는 것이 맞는지 모르겠다. 정해진 룰이 없고, 다양한 상황을 고려해야 하는 것이 권리금이기에 적정 권리금이라 표현하는 것이 맞다고 판단하기에는 다소 무리가 있다. 다만 없는 룰이지만 일정한 틀을 만들어서 그것을 기초로 하여 계산해보는 것은 일정 부분 타당성과 신뢰성을 부여한다고 본다.

적정 권리금을 산정하는 방법으로 다음 6가지 정도로 정리했다. 즉 입지 조건, 영업 상황, 손익 측면을 고려하여 적정한 권리금을 산정해야 한다. 아래의 [표]에서 제시한 권리금 산정 방법을 보면 다음과 같다.

[표6-3] 입지조건별 권리금 산정방법

계산	입지조건	영업현황	이익	권리금 산정방법
1	좋음	좋음	좋음	순수권리금 + 시설비
2	좋음	보통	손익분기점	약간의 순리원리금 + 시설비
3	좋음	나쁨	나쁨	약간의 시설비(바닥권리금 정도)
4	나쁨	좋음	좋음	주변 점포들의 순수의 감안 산정
5	나쁨	보통	손익분기점	약간의 시설비(바닥권리금 정도)
6	나쁨	나쁨	나쁨	시설비도 책정하기 어려움

(1)1번의 권리금 산정(입지조건 좋음/영업현황 좋음/이익 좋음)

1번의 방법으로 권리금을 산정한 경우에는 '1년 동안의 순이익'인 순수 권리금과 함께 '시설비'도 인정해준다. 이 권리금을 제대로 평가받는 곳은 유명 상권의 B급 이상인 경우가 많다.

예제 **권리금의 계산(1번 계산, 입지조건 좋음/영업현황 좋은/이익 좋음)**

[문제] 목동 A 주상복합 지하(A 급지)에 점포 크기가 25평 정도인 설렁탕집이 매물로 나왔다. 이 설렁탕집의 경우 월 순수익이 1천만 원 정도 되고, 영업이 잘 되는 곳이다. 시설의 경우 고급 자재를 사용하여 총 5천만 원을 투자하였고, 현재 영업은 2년 정도 영업을 한 상황이다.

[풀이] ① 영업권리금 : 월 순수익 1천만 원 × 12개월 = 120,000,000원
② 시설권리금 : 3년을 감가상각기간으로 했을 경우
총 2년의 시설 감가상각금액을 제외하고 1년 치인 16,667,000원
③ 권리금 = ① + ② = 120,000,000 + 16,667,000 = 136,667,000원

(2) 2번의 권리금 산정(입지 조건 좋음/영업현황 보통/이익 손익분기점 정도)

2번의 경우 입지 조건은 좋고, 영업 현황은 보통의 수준이며, 영업이 활발하지 못해서 이익은 손익분기점 정도 나오는 점포이다. 2번과 같이 입지 조건이 좋음에도 불구하고 영업이 안되는 경우는 업종의 선택이 잘못되었거나 운영 능력이 좋지 못한 경우가 대부분이며 이때는 권리금 역시 절반 정도로 감액하여 책정해야 한다.

예제 권리금의 계산(2번 계산, 입지조건 좋음/영업현황 보통/이익 손익분기점)

[문제] 목동 A 주상복합 지하(A 급지)에 점포 크기가 20평 정도 되는 부대찌개집이 매물로 나왔다. 이 부대찌개집의 경우 월 순수익이 200만 원 정도 된다. 시설, 집기의 경우 총 2천만 원 정도 투자하였고, 현재 영업은 1년 정도 한 상황이다. 적정 권리금을 산정하시오.

[풀이] ① 영업권리금 : 1월 순수익 2백만 원 × 12개월 = 240,000,000원
이의 절반 금액 12,000,000원
② 시설권리금 : 3년을 감가상각기간으로 했을 경우
총 1년의 시설 감가상각금액을 제외하고 1년 치인 13,333,000원의
절반 금액 6,000,000원
③ 권리금 = ① + ② = 120,000,000 + 6,000,000 = 18,000,000원

(3) 3번의 권리금 산정(입지 조건 좋음/영업현황 나쁨/이익 나쁨)

3번의 경우 입지 조건만 좋고 영업현황이나 이익 측면은 좋지 않은 점포로 운영 능력과 업종이 모두 좋지 못하다고 볼 수 있다. 이 경우 입지 조건만 좋은 조건이므로 시설비 정도만 권리금으로 형성될 수 있다. 바닥 권리금이라 생각해도 무방하다.

예제 권리금의 계산(3번 계산, 입지조건 나쁨/영업현황 나쁨/이익 나쁨)

[문제] 목동 A 주상복합 지하(A 급지)에 점포 크기가 30평 정도 되는 죽집이 매물로 나왔다. 이 죽집의 경우 월 이익이 현재 적자 수준이며, 초기 오픈 시 투자금액을 6천만 원 정도 들여서 오픈하였고, 현재 오픈한지 2년 정도 지났다. 적정 권리금을 산정하시오.

[풀이] ① 영업권리금 : 없음
② 시설권리금 : 3년을 감가상각기간으로 했을 경우
총 2년의 시설 감가상각금액을 제외하고 1년 치인 20,000,000원의
③ 권리금 = ① + ② = 0 + 20,000,000 = 20,000,000원

(4) 4번의 권리금 산정(입지 조건 나쁨/영업 현황 좋음/이익 좋음)

4번의 경우 입지 조건은 좋지 않지만 영업도 잘 되고 이익도 좋은 점포로 운영능력이 뛰어나거나 메뉴 등 다른 부분에서 탁월한 점이 있다고 볼 수 있다. 입지가 좋지 못하므로 다른 점포가 들어왔을 때 영업 여부는 판단하기 어려워진다. 따라서 이런 경우는 권리금의 산정에 있어서도 주변 영업 점포들의 순이익과 우수한 운영 능력으로 인한 이익의 절반 정도를 감안해서 산정하는 것이 일반적이다.

예제 권리금의 계산(4번 계산, 입지 조건 나쁨/영업현황 좋음/이익 좋음)

[문제] 영등포시장 골목 뒷길에 30평 정도의 분식집이 있다. 이 분식집은 단골고객이 많아서 영업이 잘되어 월 순이익이 6백만 원 정도이다. 바로 인근의 경쟁점포들은 월평균 1백만 원 수준의 순이익을 보이고 있다. 이 분식집의 권리금은 얼마인가?

[풀이] ① 경쟁점포들의 1년 동안의 순수익 1백만 원 × 12개월 = 12,000,000원
② 운영능력으로 인한 1년 동안의 순이익
6백만 원 × 12개월 = 72,000,000원 72,000,000원
이의 절반 금액 36,000,000원
③ 권리금 = ① + ② = 12,000,000 + 36,000,000 = 48,000,000원

(5) 5번의 권리금 산정(입지 조건 나쁨/영업현황 보통/이익 손익분기점)

5번의 경우 입지 조건도 좋지 못하고 영업은 손익분기점을 유지하는 곳으로서 이때 권리금 약간의 시설 권리금으로 책정된다. 사실 이런 입지와 영업 정도라면 영업하기가 힘든 곳이다. C 급지나 주택가 등에서 흔하게 볼 수 있는 곳이다.

(6) 6번의 권리금 산정(입지 조건 나쁨/영업현황 나쁨/이익 나쁨)

6번의 경우는 입지 조건도 나쁘고, 운영현황도 매우 안 좋은 점포로 권리금은 거의 없다고 보면 된다. 만약 권리금이 있다고 하더라도 일부이 기기 매각대금 정도이며, 점포의 양도도 힘든 경우가 대부분이다. 이런 경우는 외식 점포로서 운영하기는 힘들다.

(7) 점포 크기별 적정 권리금 산정 방법

적정 권리금을 도출하기 위해서는 입지 조건별 권리금 산정 방법에 의해 도출한 권리금과 실제 이미 형성되어 있는 상권별 권리금을 활용하여 조율해야 한다. 또한 권리금은 점포 크기와 점포 층수에 따라서도 달라지므로 그 모든 상황에 맞는 권리금을 도출하 수 있어야 한다. 점포 크기별 적정 권리금 산정 방법은 다음과 같다.

· 권리금 산정방법에 의해 권리금 도출
· 상권별 권리금(10평 기준)에 점포 크기 적용법
- 10평 미만 점포의 권리금 : 점포 크기 비례대로 적용
- 11평 이상~20평 미만 점포의 권리금 : 10평 크기 권리금의 1.1배~1.6배
- 21평 이상~30평 미만 점포의 권리금 : 10평 크기 권리금의 1.7배~2배
- 30평 이상 점포의 권리금 : 2배 + a

[표6-4] 점포 크기별 주택지 상권 권리금 적용 예

상권별	급지	실평수	권리금	실평수	권리금	비고
점포 수 70~80 개인 상권	A	10	8,000만 원	8 20 30	6,400만 원 1억 2,800만 원 1억 6,000만 원	10평의 80% 10평의 1.6% 10평의 2배
	B	10	4,000만 원	8 20 30	3,200만 원 6,400만 원 8,000만 원	상동
	C	10	2,000만 원 이하	8 20 30	1,600만 원 3,200만 원 4,000만 원 이하	위와 같으며, C급지는 약간 배수가 낮다.

점포 크기는 매출액이나 업종에 미치는 영향력이 크다. 10평 크기를 기준으로 이루어지고 있는 권리금 시세인 상권별 권리금을 점포 크기에 맞추어 적용해야 한다. 그러면 상권에서 이루어지고 있는 점포 크기별 권리금 시세가 된다.

(8) 층별 적정 권리금 산정 방법

동일 조건, 동일 아이템일 경우에 1층과 지하 1층, 지상 2층의 이용률을 보면 1층이 접근성과 가시성에서 얼마나 유리한지를 알 수 있다. 즉 층수가 올라갈수록 접근성과 가시성이 떨어지며 그에 비례해서 권리금도 떨어질 수밖에 없다.

[표6-4] 점포 크기별 주택지 상권 권리금 적용 예

구분	이용율	권리금	비고
1층 점포	100%	100%	
2층 점포	50%	60%	
지하 1층	60%	50%	

[표6-6] 점포 크기별 주택지 상권 권리금 적용 예

상권별	급지	실평수	권리금	실평수	권리금	비고
점포 수 70~80 개인 상권	A	10	8,000만 원	지하 1층 지상 1층	4,000만 원 4,800만 원	1층의 50% 1층의 60%
	B	10	4,000만 원	지하 1층 지상 1층	1,600만 원 2,000만 원	상동
	C	10	2,000만 원 이하	지하 1층 지상 1층	800만 원 1,000만 원	1층의 40% 1층의 50%

제6장 골목식당 운영 Technic

배달을 하지 않는 이유

'오프라인 음식점'의 가장 큰 매력은 고객들이 매장으로 와서 잘 만들어진 메뉴, 세련된 서비스, 귀를 적시는 음악, 개성이 넘치는 인테리어, 예쁘게 담아낸 메뉴의 기물 등 다양한 요소가 결합되어 고객들에게 훌륭한 경험을 선사하는 것이다. 배달과 포장은 이를 충족해주지 못한다. 오프라인 음식점을 창업했던 이유를 생각해보면 좋겠다.

팬데믹 상황이 길어지면서 오프라인 사업이 모두 온라인으로 많이 이동이 되어가고 있다. 또 대부분의 음식점이 밀키트, HMR, 배달로 시장 이전을 하고 있다. '식품외식경제'에 따르면 2020년 우리 나라 전체 외식시장 매출 26조 3926억원 중 배달앱을 통한 매출액은 16조 4340억6천만원에 달했고, 오프라인으로 방문해서 외식을 한 매출액은 9조 589억4천만원에 머물렀다. 즉 배달앱 외식업 매출은 62.3%, 오프라인 외식은 34.3%이다. 이전과 상반된 매출의 구조다. (2019년 전체 외식업 매출액은 22조 6720원이었고 이 중 배달앱 매출액이 40%, 오프라인 음식점 방문 매출액이 57.1%였다.) 즉 코로나19의 대유행을 지나면서 반사이익은 배달업체와 음식의 OEM 업체, HMR 업체들로 전이가 되었다. 현재 시대의 흐름이 그러하고 현재의 상황이 그러한 것이다. 일부분 어쩔 수 없는 부분이기도 했다.

| 배달을 하지 않은 이유

저자는 오프라인 음식점의 배달에 대해서 긍정적으로 평가하지 않는 한 사람이다. 몇 가지 이유가 있다. (물론 오프라인의 매출이 떨어지니 어쩔 수 없이 선택하는 업체 사장님들의 심정도 충분한 이해를 한다.) 그럼에도 불구하고 오프라인 음식점을 시작했던 이유를 생각해 보자. 직접 고객들에게 서비스하고 고객들과 관계를 맺어가고자 했던 이유가 가장 크다. 고객과 대화하고, 고객에게 서비스하고, 고객에게 맛있는 메뉴를 제공하는 방식의 음식점, 그게 바로 오프라인음식점이었다. 음식점의 존재 이유는 고객과의 관계를 맺어가는 과정이라고 생각했고, 음식점을 하는 이유였다. 배달은 이런 외식업을 했던 이유를 증명해주지 못하기 것이 첫번째 이유이다.

두 번째, 외식업의 가장 중요한 포인트는 QSC다. 아무리 메뉴가 발전하더라도 밀키트와 HMR의 퀄러티가 음식점에서 제공되어지는 메뉴를 따라가지 못한다. 배달도 마찬가지다. 피자와 치킨 등이 배달 메뉴로 인기가 있었던 것은 메뉴의 퀄러티가 현저히 떨어지지 않기 때문인 것도 하나의 요인이다. 그리고 배달, 밀키트, HMR은 서비스가 동반되지 않는다. 음식의 완성은 메뉴와 서비스의 결합에 있다. 그런 QSC를 고객들에게 전달하지 못해서 배달은 가급적 피하고 있다.

세 번째 고객들이 음식점을 찾는 이유는 허기를 달래기 위한 부분도 있지만 이 부분은 극히 일부분이라 생각한다. 사람과 만나서 대화를 나누고, 서로 교감하며 음악을 즐기고, 맛있는 음식을 먹고, 좋은 서비스를 받고, 좋은 인테리어를 보며 음식점에서의 경험을 완성하고 행복을 찾는다. 배달과 HMR과 밀키트는 이런 부분을 전달하지 못한다고 생각한다. 그래서 배달을 피하는 이유도 있다.

네번째 비용의 부분도 있다. 배달비, 포장비, 식자재 원가, 수수료 등을 제외하고 나면 남는 수익도 긍정적이지 않다. 또 매출에 따른 소득세 등도 내야 하니 좋은 수익률을 기대하기도 어렵다. 이 부분은 아주 작은 부분이지만 수익성에 대한 부분도 Question이다. 고객이 지불하는 배달 비용까지 합치면 비용은 생각보다 훨씬 높은 것이다. 배달해서 먹는 편리성은 있지만 오히려 경험은 적고, 비용은 높은 구조다. 그래서 배달을 반대하는 입장에 서게 된다.

팬데믹 상황이 너무 길어지고 있다. 이제 바이러스와 세상을 함께 살아야 한다. 예상하지 못했던 무기력으로 빠지기도 하고, 많은 음식점을 운영하는 사장님들이 '코로나 블루'와 '우울증'을 앓고 있다. 저자도 마찬가지다. 그럼에도 음식점을 했던 이유를 조금 고집스럽게 가지고 가려고 하고 있다. 이런 이유와 더불어 배달시장이 지속적인 성장을 할 것이라고 생각하지는 않는다. 전문가들의 의견도 동일하다. 배달 음식이라는 것이 코로나19 시대와 함께 하면서 어쩔 수 없는 선택이었기는 하다. 하지만 그 성장세는 정점을 지났다고 생각한다. 조만간 있을 '위드 코로나'의 선포와 더불어 각종 백신의 개발, 치료제의 개발 등에서도 그런 생각을 엿볼 수 있다. 또 사람들은 만남을 전제로 관계를 맺고, 관계에 의해서 사회를 형성해 가기에 더 이상의 성장세는 기대하기 어렵다는 전망이다. '배달'은 조건부의 해결 방식이었고, 결국 많은 사람들은 오프라인 식당으로 다시 찾아올 것이다. 그것이 사람이 사는 방식이기에 과감히 그런 결론을 내려 본다.

빠르게 이 시대의 과제가 해결되기를 바란다. 그리고 다시 고객들이 많이 찾아오실 날을 기다리며 문전성시를 기대해본다. 배달을 하기 위해서 음식점을 열지 않았다. 배달을 하려면 배달 전문점으로 음식점을 열었을 것이다. 배달은 배달 전문점에서 하고, 오프라인 음식점은 훌륭한 경험을 제공하는 공간이었으면 하고 바래본다.

음식점을 시작했던 초심에 대해서 생각해 본다. 그리고 지금 우리의 정치인들이, 우리의 정부가, 우리의 국가가 선한 리더십을 발휘하고 있는지도 아울러 물어보고 싶다.

제6장 골목식당 운영 Technic

아끼면 망한다. 마음도 음식도 팍팍 퍼주는 음식점

음식장사를 하면서, 음식을 만들어 팔면서 음식을 아끼면 안된다. 아끼는 거 우리보다 고객들이더 잘 안다. 아끼면 망한다. 넉넉하게 먹고, 넉넉한 마음으로 우리 매장을 퇴점할 수 있게 만들어 드려야 성공할 수 있다. 우리 음식점 하루 장사하다 말고 그만둘 거 아니니 긴 안목으로 장사를 했으면 한다.

아는 지인이 운영하는 돼지갈비집의 우픈 일화다. 지인의 사장 들려준 이야기다. 주방에 근무하던 직원들이 사장인 자신을 너무 미워해서 250g으로 제공되어야 할 돼지갈비를 직원들이 300g씩 제공을 했다는 것이다. 그 시간이 6개월을 넘었다고 했다. 한 몇 개월 장사를 하고 나니 장사가 더 잘되더라는 것이었다. 왠지 궁금해서 간혹 들려서 고객들에게 물어보니 "이 집 다른 집보다 훨씬 양을 많이 줘요."라는 멘트를 하더란다. 결국 주방에서 나오는 양을 체크해보니 당초 잡았던 그람수보다 50g이나 많이 제공되고 있었던 것이다. 결국 장사가 잘되고 하니 기분이 좋아 그 방식을 그대로 유지하고 있다고 했다. 음식점의 넉넉한 제공은 고객들을 반하게 한다는 논리로 지금도 갈비집을 운영하고 있다고 전했다.

동네 '백채김치찌개' 음식점에 가니 주방 벽면 위로 '고기를 아끼면 망한다.'라는 문구를 걸어 두었다. 실제 백채김치찌개집은 단 한가지 김치찌개만을 전문으로 하는 음식점이다. 메뉴 하나로 승부를 걸자면 그만큼 자신감이 있어야 한다. 김치찌개 보완 메뉴로 무조건 계란말이다. 이 집 계란말이도 잘한다. 물론 김치찌개를 전문으로 하지만 세트 메뉴도 있다. 가면 늘 세트를 시킨다. 프랜차이즈지만 맛집이다. 아무튼 김치찌개를 시키면 그 안에 고기 덩어리가(통고기다.) 250그람 정도로 큰 것이 들어가 있다. 시킬 때마다, 고기를 익혀서 자를 때면 늘 놀란다. 이 정도로 돼지고기를 많이 넣어주는 김치찌개집은 살면서 보지 못했다. 이런 연유로 김치찌개 생각하면 이 음식점이 절로 떠오른다. 인상도 강하고, 이 집만큼 푸짐하게 내어주고, 맛이 있는 집이 드물기 때문이다. 그래서 김치찌개를 먹고 싶으면 늘 이 음식점을 찾는다.

▲ '백채김치찌개' 매장에 걸려있는 프랜카드가 인상적이다.

| 고객에게 주는 것은 아끼지 말아야

과거의 내 경험도 그러했다. 매니저, 점장이던 시절 음식에 대한 하나의 철칙이었다. '음식, 절대 손님에게는 아끼지 말자.'고 생각했다. 음식이 조금 부족해 보이면 다가서서 음식을 더 내어드렸다. 스테이크를 먹던 학생들이 부족해 보이면 더 먹으라고 내어 주었다. 아이의 음식값은 받지 않는 경우도 많았다. 귀여움에, 부모님의 환심을 사려고도 했다. 간혹 새로운 메뉴가 나오면 테이블마다 제공해드렸다. 음식점을 하다 보면 넉넉하지 않지만 나누고 싶은 마음에 인근 양로원, 복지관과 제휴를 맺어 한달에 한번씩 어르신들을 초대해서 식사를 대접하기도 했다. 음식점을 하는 이유가 음식을 나누는 것이라 생각하고 노력했다. 그런 행위가 꼭 매출과 연관되지 않더라도 그런 노력을 기울였다. 음식을 아끼지 않고 드렸던 고객들, 아이의 음식값을 받지 않았던 고객들, 양로원과 복지관에서 초대한 어르신들을 보호하고 있던 주민센터, 구청의 직장들은 돌아와서 내 고객이 되어주고, 내 팬이 되어 주었다. 음식을 사랑으로 나누니, 다시 사랑으로 되돌려주었다.

음식 장사를 하면서, 음식을 만들어 팔면서 음식을 아끼면 안된다. 아끼는 거 우리보다 고객들이 더 잘 안다. 아끼면 망한다. 넉넉하게 먹고, 넉넉한 마음으로 우리 매장을 퇴점할 수 있게 만들어 드려야 성공할 수 있다. 우리 음식점, 하루 장사하다 말고 그만둘 거 아니니 긴 안목으로 장사를 했으면 한다. 길게 보자. 아주 길게. 퍼주다 보면 대박집이 되어 있을 것이라 생각한다.

아끼면 쫄딱 망한다.

제6장 골목식당 운영 Technic

아침조회는 반드시 하라

'좋은 아침'과 '좋은 메뉴'와 '좋은 서비스'를 제공하려고 하면 반드시 아침조회를 하라. 있었던 우리의 하루를 감동 있게 마무리하려면 '마감 조회'를 하라. 하루의 시간들이 모여서 음식점의 핵심역량이 된다. 조회를 통해서 얻을 수 있는 것들이 너무 많다.

음식점을 운영하다 보면 생각지도 못한 일들이 다반사로 생긴다. 즉 예측 하지 못한 것뿐만 아니라 이성적으로 판단하기 힘든 일도 생긴다. 고객들의 생각도 다르고, 고객들이 입맛도 다르다. 하나의 상황을 놓고도 판단하는 경우의 수가 너무 달라진다. 음식이 마음대로 되지 않을 경우도 있고, 레시피대로 잘 만들어진 음식도 고객의 입맛에 따라 평가가 변질될 수도 있다. 컴플레인, 클레임 등 다양한 경우도 생긴다. 그래서 음식점을 하는 우리에게 필요한 것은 결국 '마인드 컨트롤'이다. 대성한 스포츠 스타들을 보면 대부분 마인드 컨트롤이 뛰어나다는 공통 분모를 가지고 있다.

음식점을 운영하는 주인뿐만 아니라 모든 직원들이 가지고 가야할 자세이기도 하다. 마인드 컨트롤을 심어주는 방법이 바로 '아침 조회'와 '마감 조회'를 하는 것이다. 조회를 통해서 마음을 다잡는 것이다. 조회를 하는 진정한 이유는 마인드를 잡는 시간을 만들기 위함이다. 조회를 통해서 복장을 점검하고, 스마일 연습, 인사 연습, 오늘의 예약 상황, 이벤트 전달, 고객의 특이한 요구 조건, 오늘의 매출과 고객수 목표 등도 공유하면서 마음을 다 잡는 것이다. 이런 시간은 하루를 시작함에 있어서 시작함의 경건함을 공유하는 것이다. 그런 시간 10분이 하루의 영업을 좌지우지 한다. "우리 직원 겨우 3명인데 뭘 그런 걸 하냐"는 사장님들도 간혹 보게 되는데 그건 그렇지가 않다. 인원수의 문제가 아니다. 아침 조회를 진행하면 그날 하루 직원들의 마음과 태도가 달라진다. 그래서 조회를 하자고 권유를 한다.

'마감 조회'도 마찬가지다. 하루를 마감하고 '오늘 있었던 특별한 일', '고객의 소리', '내일 예약 현황과 내일 준비 사항', '오늘 부족했던 부분' 등을 공유하면서 하루를 잘 정리하는 모습도 필요하다. 스포츠 경기를 중계하는 해설자들은 "잘 지는 것도 필요하다."고 얘기한다. 경기에서 이기던 지던 잘 정리하는 모습은 다음을 기약할 수 있는 좋은 처방이다. 음식점의 하루도 이와 같다고 생각한다. 매출이 많이 나올 수도 있고, 작게 나올 수도 있다. 또 운영이 제대로 될 수도 있고, 운영이 안 좋았을 경우도 생긴다. 중요한 것은 마무리를 잘하는 데 있다. 그래서 마감 조회 역시 필요한 과정이다. 아침은 준비하느라 바쁘고, 저녁은 힘들어서 그럴 시간이 어디 있냐고 항변할 수도 있지만 정확히 딱 5분에서 10분이면 가능한 시간이다. 반드시 시작과 끝을 잘 정리했을 때 그리고 이 습관이 루틴이 되었을 때 우리 음식점은 많이 달라질 것이라 생각한다.

내가 근무했던 모든 레스토랑과 음식점은 반드시 아침과 저녁에 조회를 진행했다. 조회를 만들고 시작할 때는 불평, 불만이 많았으나 후에 직원들은 좋은 평가를 내렸다. 우리는 10minutes로 규정하고 미팅 시간을 10분을 넘기지 않았다. 10분이면 짧은 시간도, 결코 긴 시간도 아니다. 하지만 이 시간을 통해서 생각을 공유하고, 상황을 공유하는 아름다운 시간을 만들었다. 음식점은 직원들간의 팀웍, 또 고객과의 감정 공유가 활발히 일어나야 영업이 잘된다. 조회는 필요한 시간이다.

아침 조회, 마감 조회 이렇게 이런 이야기들을 공유하는 시간을 가져보자.

-오늘의 매출, 고객수 목표

-오늘의 예약 현황

-오늘의 준비해야 할 특이사항

-이벤트, 프로모션 사항

-인사, 스마일 연습

-고객의 소리 공유

-운영상의 문제점 공유

-잘한 직원 칭찬

-잘못된 부분에 대한 반성

이런 정도로 다양한 이야기들과 생각들을 공유하는 시간을 가지는 것, 마인드 컨트롤의 연습이고, 장사를 임하는 태도를 결정짓는 습관이 된다.

제6장 골목식당 운영 Technic

언제나 찾아올 수 있는 음식점을 생각하며

저자가 꿈꾸는 음식점은 언제 가더라도 환영받을 수 있고, 크로스타임과 정기휴일 때문에 고객들이 고뇌하지 않는 그런 음식점이다. 그게 우리 음식점에게도, 고객에게도 좋은 일이기 때문일 것이다.

우리가 마트의 2주, 4주 일요일 정기휴무를 머리속에 각인시키는데 1년~2년이 걸렸다. 자주 가는 동네 미용실의 정기휴일을 기억하는 데 제법이나 긴 시간을 보낸 것도 사실이다. 그런데도 한번씩 기억을 고씹으면서 이용하고 있다. 고객들은 다른 많은 생각과 일상으로 일일이 이런 일을 기억하지 않으면서 살고 있을 것이라 확신한다. 한번씩 어떤 음식점이 떠올라 가보면 크로스타임에 걸리거나 정기휴일에 걸려서 발걸음을 돌린 적이 몇 번이나 있다. 영업마감시간에 걸려서 허탕을 치기도 했다. 그렇듯이 다른 사람도 마찬가지일 거란 생각을 한다.

음식점의 크로스타임과 정기휴일에 대한 기억을 정확히 인지하는 사람은 드물다. 언제 쉬는 날인지, 몇 시부터 몇 시까지 크로스타임인지 잘 기억하지 못한다. 이걸 자치하고라도 언제나 방문해도 음식을 먹을 수 있는 음식점을 생각한다. 고객의 기억에 대한 생각도 그렇지만 아무 때나 언제나 와도 환영받을 수 있는 그런 음식점이 되었으면 하는 바람을 가지고 있고 실제 그렇게 운영을 하고 있다. 그러면 많은 이들이 이런 말을 해준다. “언제 쉬냐?” “휴무는 어떻게 운영하냐?”, 이런 질문들. 그래서 식사와 휴식은 교대로 하고, 휴무도 교대로 돌리고 있다고 답변을 한다. 충분히 가능하다고 생각이다. 3명이상 근무하는 음식점이면 충분히 가능한 상황이다. 다시 한번 생각해보시기 바란다.

크로스타임과 정기휴일을 기억나지 않고, 그런 시간이 있어서 우리 음식점의 방문을 꺼리거나 혹은 미방문으로 인해서 손실을 보는 음식점이 제법 있을 것이다. 이런 어려운 상황에서 다시 한번 우리의 크로스타임과 정기휴일에 대한 생각을 정리해보면 어떨지 생각해봤으면 한다.

저자가 꿈꾸는 음식점은 언제 가더라도 환영받을 수 있고, 크로스타임과 정기휴일때문에 고객들이 고뇌하지 않는 그런 음식점이다. 그게 우리 음식점에게도, 고객에게도 좋은 일이기 때문일 것이다.

제6장 골목식당 운영 Technic

영업 시간 고객과의 약속이다

영업시간, 고객과의 약속이다. 우리 음식점의 영업시간을 점검해봤으면 한다. 또 포털사이트에 정확히 기재가 되어 있는지, 가게 앞에 영업시간과 휴무일에 대한 공지가 되어 있는지, 가게 안에 고객이 인지할 수 있도록 충분히 커뮤니케이션하고 있는지 살펴볼 필요가 있다.

여행을 하면서 행하는 루틴이 있다. 여행지로 가면 꼭 독립 서점과 여행지의 골목길을 거닌다. 이 두가지는 꼭 행하는 여행의 루틴이다. 지난 여행에 제주도로 가서 느낀 바가 있다. 다른 여행과 별반 다르지 않게 독립서점 몇 곳을 다녔다. 영업시간과 휴무에 관한 이야기를 하려고 한다. 제주의 특성인지 모르겠지만 휴무일과 영업 시간이 제각각이다. 더러는 주인장의 마음이다. 그러다보니 어느 날, 어느 시간에 가야할 지 스케쥴 짜기가 여간 고민이 아니었다. 사이트를 검색해서 가기도 했는데 사이트에 기재된 휴무와 다르게 휴무를 해서 빈손으로 돌아온 사례도 두 차례나 있다. 손님이 없다면 일찍 닫아 버리기도 해서 허탕을 치는 등 여행의 피로함을 가중시켰다. 통화를 해보니 주인장들은 이런 얘기를 한다.

"아, 오늘 제가 일이 있어서 가게를 못 열었어요."

"갑자기 일이 생겼어요."

"OO사이트에 그렇게 기재가 되었던가요?"

고객중심적이어야 할 영업이 자기중심적이다. 고객을 향한 세심한 배려도 없다. 그래서 그 배려 없음은 고객이었던 저자의 피해로 돌아왔다. 이럴 경우 대부분의 피해는 고객이 고스란히 담당해야 할 몫이 된다.

동네에 시골 음식을 메뉴로 하는 음식점이 있다. 주말에 식사를 하러 갔더니 가게문이 닫혀 있었다. 주인장에게 전화를 걸어보니 이 주인장 역시 "오늘 손님이 없어서 일찍 닫고 들어왔어요."라고 천연덕스럽게 얘기를 한다. 사정이 급하면 그럴 수 있으나 '손님이 없어서 일찍 닫고 들어왔다.'는 그 말에 아연실색할 수 밖에 없다. 이렇게 영업하면 장사가 되나? 허탕치고 돌아간 고객들이 다시 방문할 때 시간에 대한 염려를 하기 때문이다. 고객의 기억은 한계가 있고, 영업시간에 대한 걱정은 방문을 꺼리게 한다.

동네 또 다른 김밥집은 아침 6시에 늘 문을 열고 저녁 10시에 문을 닫는다. 일요일에는 휴무다. 영업 시간에 대한 세팅이 아주 정확하다. 고객의 기억 속에도 명확히 정리되어 김밥이 먹고 싶거나, 분식이 먹고 싶어지면 이 집을 떠올린다. 영업시간과 휴무에 대한 명확한 시간정리가 고객을 혼동에 빠뜨리지 않는다. 동네에서 이 김밥집은 장사가 장되기로 소문이 무성하다. 새벽이라고 할 정도의 시간, 6시에도 손님들로 북쩍인다. 김밥 포장부터 테이블에 앉아서 국밥과 라면을 먹는 손님들, 아침 일찍 일을 하러 가는 사람들을 발길을 잡고 있다. 물론 장사가 잘 되는 이유가 영업 시간에만 있지 않겠지만 영업 시간과 휴무를 정확히 인지시킨 사실도 장사가 잘 되는 데에 충분한 기여를 했다고 생각한다.

대형마트 휴무일이 매달 2주와 4주라는 사실을 기억하기까지도 시간이 제법 오래 걸렸다. 이만큼 영업 시간의 인지에 대한 부분은 고객들이 인지하기까지 시간이 오래 걸린다. 영업 시간과 휴무 시간은 고객과의 약속이며, 고객의 인지 부분이다. 이런 인지에 영업 시간에 영향을 미치는 것은 당연하다. 나는 영업 시간과 휴무가 일정해야 한다고 생각하는 사람이다. 휴무는 없었으면 하고 생각하고, 크로스 타임도 없었으면 하고 생각하는 사람이다. 고객이 언제 찾아와도 넉넉한 식사를 할 수 있는 음식점이길 바란다. 고객의 머리를 복잡하게 만들고 싶지 않기 때문이다. 고객의 인지에 복잡함을 가하는 순간 선택에서 제외되어 버릴 수 있다.

다시 한번 우리 음식점의 영업 시간을 점검해봤으면 한다. 또 포털 사이트에 정확히 기재가 되어 있는지, 가게 앞에 영업 시간과 휴무일에 대한 공지가 되어 있는지, 가게 안에 고객이 인지할 수 있도록 충분히 커뮤니케이션하고 있는지 살펴볼 필요가 있다.

| 고객의 입장에서 생각한 영업 시간

영업 시간, 고객과의 약속이다. 세상에 지키지 말아야 할 약속은 없다. 이걸 기억하면서 음식점을 해야 한다.

우리 가게 영업 시간을 점검하자. 고객의 인지는 어떤지 점검하자. 그리고 가게 앞에 표시가 되었는지, 포털 사이트에 제대로 게시가 되었는지 점검하자. 가능하다면 휴무없이, 가능하다면 크로스 타임 없이 영업을 하는게 고객의 유입에 절대 도움이 된다.

제6장 골목식당 운영 Technic

음식점 공간의 기획 ; 공간설계 프로세스

공간기획에 대해서 많은 사람들이 다양한 의견을 낼 수 있다고 판단되나, 음식점의 공간기획은 '주방기획부터, 동선으로부터 시작해야한다'는 진리를 잊지 않았으면 한다. 잘 기획된 음식점의 공간은 직원만족, 고객만족 나아가 매출까지 담보해준다.

음식점 공간의 기능은 크게 생산 기능, 저장 기능, 서비스 기능의 3가지로 나눠볼 수 있다. 생산 기능은 메뉴를 생산하는 공간으로써의 기능이다. 그리고 메뉴를 생산하기 위해서 필요한 식자재와 서비스를 위한 소모품의 저장 공간으로써의 기능, 그리고 고객을 맞이하는 서비스 기능으로써의 공간이다. 음식점을 기획할 때 가장 우선적으로 결정해야 하는 것은 메뉴다. 메뉴에 따라서 인력, 공간 기획, 서비스 운영 등이 모두 달라지기 때문인데 특별한 경우가 아니라면 반드시 우선적으로 메뉴를 결정해야 한다.

| 공간을 기능 중심으로 기획해야

메뉴가 결정되고 입지가 결정되면 인테리어를 기획하게 되는데 인테리어 기획에서 우선적으로 할 것이 바로 주방 공간과 홀 공간의 분리이다. 이중 주방 공간에 대한 결정이 더 우선적이어야 한다. 많은 음식점 경영자들이 홀에 대한 애착과 인테리어에 대한 애착으로 주방보다 홀, 홀에서도 좌석을 더 두려고 하거나 미적인 감각만을 내세우곤 한다. 이건 잘못된 판단이다. 가장 먼저 주방에 대한 시스템과 주방 도면을 결정하는 것이 맞다. 메뉴생산에 대한 기획을 먼저 하고, 나머지를 결정하는 것이 원칙이다.

주방의 기능은 생산 기능 이외에도 세척 기능과 저장 기능을 겸하고 있다. 대형 레스토랑이 아니라면 대부분 생산, 저장, 세척의 기능을 포함하고 있다. 이 3가지의 기능이 적절하게 조화를 이루어야 음식점의 원활히 운영이 될 수 있다.

우선 생산 기능이다. 생산 기능은 메뉴를 생산하는 공간의 기획인데, 생산 공간을 기획할 때 직원들의 동선과 움직임이 최대한 작게 되도록 해야 한다. 5명 이상 근무하는 주방이라면 각자의 역할에 따라서 구획을 나누면 되지만 5명 이하의 주방은 최대한 움직임은 작게, 한 두 명이 서서 조리를 하면서 모든 것이 손에 닿을 수 있도록 동선과 배치를 해야 한다. 화구가 메인이라면 주변에 씽크대, 튀김기, 작업대, 냉장고가 한 두걸음에서 해결되도록 배치해야 한다. 그리고 메뉴를 만들어서 배식대로 바로 전달될 수 있도록 배식대와도 인접해서 동선을 디자인해야 한다. 두 번째는 저장 기능이다. 음식점이 50평 이상이 되면 별도의 저장공간을 두지만 50평 이하일 경우 식자재의 저장 공간은 바로 주방이 된다. 주방 공간 안에 저장 기능을 포함하되 3일 영업을 할 수 있는 최소한의 저장공간을 만들어야 한다. 너무 많은 저장 공간은 식자재의 로스와 수도 광열비의 증가만 가지고 온다. 최대 3일치 영업을 할 수 있는 저장공간을 두는 것이 좋다. 또 공산품의 저장 공간을 위한 작은 공간도 마련하는 것이 좋다. 가능하다면 공산품의 경우 홀에 배치하는 것도 고려해볼 수 있다. 세번째 세척 공간이다. 세척 공간 역시 주방의 기능이다. 대형 음식점은 별도의 세척 공간을 두지만 앞서 말한 것처럼 소형 음식점들은 세척 공간을 주방 내에 둔다. 세척 공간에 별도의 세척인력을 두지 않는 경우가 많으므로 홀에서 사용한 기물과 주방에서의 사용기물이 피크 타임 한 타임을 돌릴 수 있도록 하는 공간의 배정이 필요하다. 이 3가지의 기능이 완벽하게 맞물려 돌아갈 때 주방 기능의 효율성이 높아진다.

홀의 공간 배치다. 홀의 기능은 서비스 기능으로 설명할 수 있지만 저장의 기능도 포함하고, 간단하고 단순한 조리 작업을 수행해야하는 공간이기도 하다. 홀의 동선을 기획할 때는 고객의 동선과 직원의 동선에 대한 고려를 해야 한다. 테이블 사이즈의 경우 업종별로 상이하므로 이 부분에 대한 배치가 우선 시 되어야 하고, 계산기능과 고객의 입점을 맞이하는 고객이 분리되지 않는 것이 좋다. 계산, 안내, 퇴점이 한꺼번에 이뤄지는 공간이 되도록 기획하여야 한다. 또 배식대와 퇴식대의 동선이 겹치지 않도록 해야 한다. 두 공간이 부딪히면 업무의 혼란과 혼선이 옴으로 이 부분에 대한 고려가 선행되어야 한다. 또 간단한 조리와 데코레이션 업무, 포장과 배달에 대한 업무에 배식대 근처와 계산대 근처에서 행해져야 함으로 이 부분에 대한 고려도 해야 한다. 또 각종 소모품을 비축할 수 있는 공간에 대한 마련도 해야 한다. 홀의 공간이 부족하다면 테이블 좌석 아래에 소모품을 넣어 둘 수 있도록 의자를 기획하면 된다.

주방은 어느 정도가 적정한가에 대한 물음이 많은 편이다. 주방의 공간은 전체 공간에서 1/3이 넘지 않도록 기획하는 것이 이상적이다. 앞서 언급한 것처럼 저장, 세척의 공간을 마련하고 요리사들의 동선이 짧도록 기획하면서 1/3선을 넘지 않도록 하는 것이 기준이라 보면 된다. 홀에서도 가장 우선 시 할 것이 동선이다. 동선이 힘들면 직원들도, 고객들도 피로감을 느낀다. 피로감은 업무 효율을 떨어뜨리고, 떨어진 업무 효율과 피로감은 퇴사까지 이어진다. 따라서 홀의 공간을 기획할 때는 고객의 입점, 안내, 주문, 메뉴 제공, 서비스, 계산의 과정이 원활하게 이루어지도록 하고, 테이블을 치운 후 세척실까지의 이동이 어렵지 않도록 해야 한다.

| 메뉴 다음으로 중요한 요소, 공간 기획

음식점의 공간 기획은 메뉴 다음으로 중요한 요소이다. 직원 만족, 고객 만족의 첫걸음이다. 공간 기획이 잘못되면 직원들의 스트레스는 높아지고, 고객들의 불편도 초래한다. 초래된 불만은 퇴사와 재방문을 꺼리는 요소가 된다. 특히 인건비가 음식점의 중요 비용이 되고, 화두가 된 이상 인건비의 효율을 위해서도 동선에 대한 고려는 필수적이다.

저자의 경우 책상에 앉아서 공부를 하거나 책을 볼 때 책상에 모든 것을 다 두고 한다. 손에 모든 것이 잡혀야 한다. 노트북, 필기구, 안경, 각종 문구류, 먹거리까지 다 놓고 책상에 앉기를 한다. 글쓰기와 공부는 엉덩이로 한다는 말도 있다. 주방도 음식점도 마찬가지다. 한걸음으로 식자재, 조리도구, 저장고, 세척기 등 닿을 수 있도록 기획하는 것이 필요하다. 이런 기획이 직원들의 스트레스를 줄이고 일의 효율성의 높여주는 것이다.

공간 기획에 대해서 많은 사람들이 다양한 의견을 낼 수 있다고 판단되나, 음식점의 공간기획은 '주방 기획부터, 동선으로부터 시작해야한다.'는 진리를 잊지 않았으면 한다. 잘 기획된 음식점의 공간은 직원 만족, 고객 만족 나아가 매출까지 담보해준다.

제6장 골목식당 운영 Technic

음식점의 이모작 운영

음식점의 이모작은 쉽지 않은 선택이지만 음식점의 환경에 따라서 필요한 선택이다. 음식점의 이모작 운영은 2가지의 이점이 있다. 하나는 점심으로 만족한 고객은 저녁의 고객으로 반드시 돌아온다는 것이다. 저녁 매출 활성화에도 도움이 된다. 저녁고객이 점심 영업의 고객으로도 돌아온다. 또 하나는 임대료 등 고정비용의 비율을 줄여준다는 것이다. 비용적인 측면에서도 도움을 준다. 따라서 이런 영업 방식도 고려해야 한다. 이를 음식점의 이모작 운영이라 한다.

동네에 생선구이를 전문으로 하는 음식점이 있다. 이 음식점은 디너 영업이 활성화된 주점의 음식점이다. 저녁에 늘 손님이 많다. 식사를 위주로 하는 손님이라기 보다 술을 먹기 위한 안주의 개념으로 생선구이를 선택한다. 편히 말하면 술집인 것이다. 생선구이 전문점인 이 음식점의 특징이 있다. 술집이면서 점심 영업을 하는 것이다. 런치에는 반찬 다섯 가지 정도와 국을 내어 1만원 미만의 점식식사를 제공한다. 맛도 있고, 가격도 직장인들에게 적정한 편이다. 좋은 맛과 가격이 점심에 손님을 끌어들인다. 그래서 런치에 만석으로 1회전~1.5회전 정도, 정확한 매출은 모르겠지만 40~50만원 정도의 매출을 올린다. 저녁에는 런치 가격의 2배 정도되는 메뉴가 안주로 나온다. 당연지사 객단가가 틀려진다.

또 스시를 전문으로 하는 동네음식점도 마찬가지다. 낮에는 주로 대구탕, 알탕, 회덮밥, 런치 초밥 등 1만원 미만의 식사를 주로 제공하고, 디너에는 스시와 회를 주로 해서 술손님을 맞는다. 낮에도 늘 웨이팅, 저녁에도 늘 웨이팅이다. 운영방식은 생선구이 전문점과 흡사하다. 1만원 미만의 점심 메뉴와 2만원에서

15만원까지 호가하는 스시와 회를 저녁 메뉴로 구성해 뒀다. 고객이 지불할 수 있는 가격을 점심과 저녁으로 나누어서 차별화해서 운영하는 전략이다. 고객들의 사랑을 받고 있다.

| 이모작이 필요한 두 가지 이유

이 두 가게가 잘 하는 점은 2가지로 볼 수 있다.

첫번째, 점심 고객은 저녁 고객으로 돌아온다는 것이다. 점심식사로 만족한 고객은 저녁 고객이 될 확률이 높다. 따라서 점심을 통해서 고객들에게 만족감을 부여하고, 저녁에 술을 먹는 고객으로 모실 수 있는 것이다. 따라서 점심의 영업이 저녁의 영업으로 자연스럽게 이어지게 하는 기술을 음식점에서 구사하고 있는 것이다. 객단가도 분위기도 그렇다. 두번째가 임대료 측면이다. 대부분의 음식점들이 고정임대료를 내고 있다.(임대료 방식은 월 얼마로 측정한 고정 임대료와 매출에 따라서 변동하는 변동임대료의 2가지 방식이 있다.) 임대료가 고정이라면 매출을 무한정 올리는 것이 임대료 비율을 낮추는 방법이 된다. 술집이라고 해서 저녁에만 영업을 한다면 임대료로 감당해야 할 몫이 커진다. 따라서 점심 영업을 통해서 영업 시간을 늘리는 방법은 임대료비율을 낮추는 방법이 된다. 코로나19로 인한 영업 제한 시간은 방역 방침상 피할 수 없는 부분이다. 이런 시기 점심 영업을 통해서 매출을 확보하는 방법이 효과적이라 하겠다.

음식점에서 점심 영업과 저녁 영업을 상이하게 운영하는 것을 음식점의 이모작이라고 한다. 어려운 시기 선택할 수 있는 방법이고, 메뉴가 이질적이지 않고, 음식점이 컨셉이 흔들리지 않는다면 이모작을 추천해서 매출을 극복하는 것도 방법이다. 모든 음식점에 다 적용할 수 없지만 적극 권장하는 방법이다. 다만 우리 음식점과 전혀 상이한 컨셉의 메뉴와 운영방법을 선택하는 것은 하지 말아야 한다. 메뉴의 유사성과 컨셉의 일치는 버리지 않으면서 이모작 하는 방법을 선택하면 효율적이다.

| 이모작 운영 시 고려해야 할 요소들

또 고려해야 할 요소들이 있다. 가격적인 측면이다. 앞서 언급한 2개의 음식점이 잘하고 있는 부분이다. 점심과 저녁의 식사동기는 분명히 다르다. 생선구이전문점과 스시전문점도 마찬가지다. 점심은 간단히 식사 해결을 위한 동기로 방문하는 것이고, 저녁은 모임과 만남을 위한 동기로 방문한다. 따라서 동기도 다르고 고객들이 지불할 수 있는 객단가도 다르다. 낮에는 식사를 위해서 저렴한 가격으로 식사하기를 바라고, 저녁에는 좀 더 고단가의 식사를 선택한다. 점심은 필수고, 저녁은 선택이기 때문이고, 점심은 시간이 한정되어 있고, 저녁은 좀 여유롭기 때문이기도 하다. 음식점 입장에서 보면 객단가가 틀려진다. 동기에 따라 메뉴의 구성도 달라지게 만들어야 한다. 가격을 고려한 메뉴구성이 필요하다.

두번째, 음식점의 분위기, 공간이 주는 느낌과 이미지다. 술집으로 오픈한 음식점이라면 술집만이 가지고 있는 분위기와 조명, 음악 등도 술집에 맞춰서 만들어졌을 것이다. 하지만 점심 영업을 위해서라면 이런 분위기의 변화가 필요하다. 이모작을 위해서 점심은 좀 더 밝고 쾌활한 느낌으로 조명과 음악, 분위기에 변화를 주는 것이 필요하다. 이모작을 위해서는 점심과 저녁의 변화에 대한 준비를 미리 해 둬야 한다.

세번째, 메뉴가 이질적이면 안된다. 메뉴가 많아지면 식자재 종류가 많아지고, 서비스까지 복잡해지는 현상이 생긴다. 식자재가 많아지면 보관하고 관리해야 하는 노력이 필요하고, 식자재 원가도 따라서 우리 음식점에서 주로 하는 메뉴와 식자재에서 많이 벗어나지 않는 메뉴로 구성해서 운영을 해야 한다. 그래야 보관과 관리, 비용적인 측면이 관리가 된다.

네번째, 인력의 운영이다. 메뉴도 이질적이지 않고, 심플하게 운영이 되어야 많은 인원이 근무하지 않게 된다. 작은 음식점이면 2명 정도로 운영할 수 있는 메뉴와 서비스로 구성되어져야 한다. 인건비가 높은 시대다. 2명이서 인건비와 식자재비를 충분히 고려해서 이익이 나는 구조로 세팅되어져야 한다.

음식점의 이모작은 쉽지 않은 선택이지만 음식점의 환경에 따라서 필요한 선택이다. 다시 말하지만 2가지의 이점이 있다. 하나는 점심으로 만족한 고객은 저녁의 고객으로 반드시 돌아온다는 것이다. 저녁 매출 활성화에도 도움이 된다. 저녁 고객이 점심 영업의 고객으로도 돌아온다. 또 하나는 임대료 등 고정비용의 비율을 줄여준다는 것이다. 비용적인 측면에서도 도움을 준다. 따라서 이런 영업 방식도 고려해야 한다. 이를 음식점의 이모작 운영이라 한다.

지금과 같은 시기에는 더더욱 고려해볼 만한 선택이다.

제6장 골목식당 운영 Technic

저장고를 키우지 마라

일평균 매출액의 3일을 커버할 수 있는 식자재만 가지고 가면 된다. 적정재고를 잘 관리하는 것이 수익을 극대화하는 방법이다. 우리 음식점에 맞는 가장 이상적인 '재고관리 방법'을 찾아서 사용하는 식자재와 소모품에 대한 습관을 만들 필요성이 있다. 식자재 가격은 계속 오르지만, 메뉴가격을 올리는 것에 대해서는 고객들이 민감해 한다. 우리 내부에서 방법을 찾을 필요가 있다. 재고관리는 그 출발점이다.

'지갑이 넉넉하면 과하게 쓴다. 안 쓸 곳에도 쓰게 된다.' 이 말은 진리다. 내가 가진 게 많이 있으면 더 많이 쓰게 되고, 안 사도 될 물건들도 사게 된다. 자린고비가 아니라면 거의 비슷하게 생활하는 것이 사람들의 일반적인 태도다. 음식점도 마찬가지다. 식자재가 넉넉하니, 넉넉하게 쓴다. 주인이 아니면 더더욱 넉넉하게 식자재를 쌓아 놓고 쓰는 것을 원한다. 편하기 때문이다. 그래서 절대 식자재는 많이 쌓아 두면 안된다. 소모품도 마찬가지다.

어느 날 출장길에 서울역의 패스트푸드점에 아침식사를 위해서 들렀다. 음식을 주문하고 직원에게 냅킨을 요청했더니 냅킨을 손으로 덥썩 집어서 20장을 넘게 준다. 받는 내가 깜짝 놀랬다. 이건 서비스를 받는 느낌이 아니라, '이 냅킨 내 꺼 아니에요. 편하게 많이 쓰세요.'라는 느낌을 받았다. 햄버거 하나 먹는데 냅킨이 20장이나 필요했을까? 편한대로 집어서 그냥 준 것이다. 패스트푸드점 직원을 보면서 '참 내 마음 같지 않다.'고 생각했다. 주인 의식이 없거나, 냅킨이 넉넉했거나 둘 중 하나라 생각한다. 아니면 정말 아무 생각없이 일을 하는 것이거나.

프랜차이즈 음식점을 할 때였다. OO매장에 식자재 원가가 유독 많이 나와서 조사를 해보니 직원들의 습관에 문제가 많았다. 식자재 관리방법에도 문제가 많았다. 긁어서 쓸 수 있는 소스팩을(소스가 많이 남아 있음에도) 버리거나, 과일과 야채를 다듬으면서 대충 다듬고 쓰레기통으로 버리거나, 또는 고객용 식자재를 취식하는 등의 문제점들이 발견되었다. 그 로스율이 식자재 원가를 2.5% 정도 높였다. 넉넉하게 사용한 것이다. 편하게 사용한 것이다. 매장 식자재 사용실태 조사 이후로 워크인 냉장, 냉동고(걸어서 들어가는 대형 냉장고) 자물쇠를 채웠다. 저장 공간을 최소화하고, 식자재를 사용할 때는 사용한 식자재에 대한 검사를 받고 식자재를 내어 주었다. 소스팩은 긁개를 주문해서 사용하게 했다. 재고조사는 일주일에 한번씩 진행되었다. 재고를 최소한으로 운영했다. 일주일에 3번 배송이니 3일 정도의 매출을 커버할 수 있는 재고만을 가지고 갔다. 이런 다양한 액션을 한 후 OO매장의 원가는 약 2% 가량이 줄었다.

음식점에서 저장고는 크지 않는 것이 좋다. 물론 저장고에 많이 비축하고 사용하면 편리성에 있어서 좋고, 대량으로 구매하면 가격이 저렴하니 가격적인 이점이 있다. 하지만 결국 관리를 못하면 비슷한 원가 수준을 형성한다. 또 오래 저장된 식자재가 좋은 품질을 유지할 수 없으니 결국 메뉴의 품질과도 연결된다. 오래된 식자재가 좋은 메뉴를 만들어 줄 수 없다. 가장 좋은 메뉴의 시작은 가장 좋은 식자재로부터 출발한다. 따라서 적정한 재고를 유지하는 것이 좋은 품질을 관리하는 방법이고 식자재 원가를 관리하는 최선의 방법이다. 물론 매일 구입해서 당일 손질해서 당일 소진하는 방식이 가장 이상적이겠지만 물류비, 배송비 등을 감안하면 그 방법은 현실적인 방법은 못된다. 그래서 적정 재고를 잘 관리하는 방법을 선택해야 한다.

그러면 적정 재고는 어느 정도가 적합할까? 물론 저장고의 상태, 배송횟수에 따라서 다르겠지만 매주 3회 이상의 배송이 가능하다면 최대 3일 매출을 커버할 수 있는 식자재를 보유하는 것이 가장 이상적으로 보인다. 매주 월, 수, 금 3일 배송이 이루어진다면 일주일 평균 매출의 3일을 커버할 수 있는 적정 재고가 가장 합리적이라는 판단이다. 매출의 등락이 있으므로 3일 정도의 매출을 커버할 수 있는 식자재를 보관할 필요가 있다. 저장고 역시 3일 정도치만 보관할 수 있는 사이즈로 준비하도록 설계하는 게 필요하다. 아래와 같이 계산할 수 있다.

[표6-7] 식자재원가 계산 방법

구분	일평균매출	3,000,000
	식자재원가비율	30%
	필요 재고량	1) 3,000,000 * 03 = 900,000 2) 3일 * 700,000 = 2,700,000
3일 적정 재고	4,700,000	
공상품	재고기준 설정	
야채, 과일	재고기준 설정	
음료, 주료	재고기준 설정	

경험으로 쌓은 재고를 관리하는 방법이다. 일평균 매출액의 3일을 커버할 수 있는 식자재만 가지고 가면 된다. 적정 재고를 잘 관리하는 것이 수익을 극대화

하는 방법이다. 우리 음식점에 맞는 가장 이상적인 '재고 관리 방법'을 찾아서 사용하는 식자재와 소모품에 대한 습관을 만들 필요성이 있다. 식자재 가격은 계속 오르지만, 메뉴가격을 올리는 것에 대해 고객들은 민감해한다. 우리 내부에서 방법을 찾을 필요가 있다. 재고 관리는 그 출발점이다.

제6장 골목식당 운영 Technic

정확한 그람수를 제공하자

음식점은 진실해야 하고, 진실성을 가지고 고객을 대해야 한다. 간혹 세상의 유혹에 넘어가서 불신의 모습을 보이는 행위를 해서는 안된다. 사람과 늘 함께 하기에 음식점은 진실해야 한다고 생각하는 이유다. 진실로 고객들에게 승부를 걸어라. 길게 보면 성공한다.

진실성에 호응하고, 진실성에 반응하고 평가받는 세상에 살고 있다. MZ 세대의 가장 강력한 특징이고, 우리 사회의 사고구조가 그만큼 발전했다. 부정을 용납 못하고, 공정에 열광하는 그런 시대가 되었다. 정치, 사회, 경제, 문화 모든 면에서 시민적 성숙함을 이루었고, 소비자가 평가하는 제품과 서비스, 브랜드와 기업 역시 마찬가지다. 진실성과 공정성이 필요한 시대에 살고 있다.

여행 중에 식사를 위해 연탄돼지고기를 하는 고기집으로 향했다. 연탄과 고기의 궁합은 추억과 음식의 궁합이다. 맛으로 치자면 향기와 식자재의 결합이다. 근데 이 집 1인분씩 판매하는 집이 아니고 기본 400g을 기본으로 해서 5만원대의 가격으로 내어진다. 찬은 셀프로, 고기는 초벌을 통해서 내어온다. 초벌은 빨리 먹을 수 있는 장점은 있지만 내가 연탄에서 굽고 하는 경험을 최소화한다. 음식점은 고객들이 빠르게 먹으니 좌석회전율을 높일 수 있는 장점이 있다. 저자의 생각에는 연탄을 경험하게 하는 경험적 요소가 중요한데 그런 부분은 간과한 것 같다. 아무튼 저렴하지 않은 가격이다. 내어온 고기에서 문제가 생겼다. 눈대중으로 보더라도 절대 400g이 아닐 거란 생각이 들었다. 초벌이 되어서 나은 고기가 400g인지, 500g인지 구분할 방법은 없다. 음식점을 오래한 내가 보면 이 정도는 가늠한다. 구워진 고기를 저울에 측정하자고 진상을 떨 이유도 없었다. 앞으로 올 일이 없기 때문이다. 별 좋지 않은 경험이다. 추운 겨울, 연탄에 대한 추억과 연탄에 구워진 고기의 향기와 좋은 사람과의 만남은 고기 그람수로 일그러졌다.

일부 음식점들이 원산지와 그람수와 부위를 속이는 경우를 보게 된다. 불량식품을 팔다가 적발되는 경우도 방송을 통해서 보기도 한다. 조금의 이익을 더 볼 수 있을지 몰라도 이런 음식점은 영속하기 어렵다. 음식점은 고객들의 이런 불신을 해소해줘야 한다. 우리가 한 약속, 우리가 행하는 음식에 대한 행위의 진실성에 대해서 고객들에게 알려줘야 한다. 이를 잘 실천하는 음식점들도 많다.

'월화고기'라는 음식점은 창업 당시부터 다녔던 고기집이다. 이 음식점은 다양한 콘셉트를 전달하는 음식점이다. 식자재 커뮤니케이션, 고기숙성고, 비주얼포인트 등 배울 점들이 너무 많은 요소를 가진 음식점이다. 그럼 여러 가지 장점에도 불구하고 고기를 내어줄 때 그람수와 가격이 부착되어서 제공되어진다. 고객의 불신을 일소시켜 주는 전략이다. 지금은 다른 고기집들도 벤치마킹해서 적용하고 있으나 '월화고기'가 오픈했을 당시에 그런 고기집들이 거의 없었다. 주인장의 훌륭한 생각이 음식점에 그대로 적용된 사례다.

▲ '월화고기'는 정확한 그람수를 달아서 고객들에게 제공하고 있다.

언론 매체들을 통해서 보면 '원산지'를 속여서 팔다가 적발되는 경우를 간혹 보게 된다. 원산지에 대한 신과 불신은 고객들의 음식에 대한 평가잣대가 된지 오래 되었다. 이 곳, 제주뚝배기는 '제주산이 맞을까?'라는 의심을 한방에 지워 준다. 바로 오전에 비행기로 올라온 제주 해산물이 제주산이라며 제주 비행기 티켓을 고객이 보는 게시판에 부착을 해뒀다. 의심하지 말라는 얘기이고, 우리 음식점은 진실하다는 얘기를 비행기 티켓으로 불식시켜준다.

'명인등심'이라는 한우전문점도 같은 사례다. 명인등심은 '고기 등급 판정표'를 고객이 보는 게시판에 부착해 두었다. 이 역시 '고기 등급'에 대한 고객들의 불신을 일시에 해소시켜준다. 말이 필요가 없고, 설명이 필요 없는 조치다. 이렇게 생각과 의식이 명확한 음식점 경영주들이 있다. 음식점이 어떻게 행위해야 하는가를 명확히 보여주는 경영주이다.

음식은 사람이 건강하게 살아가는 데 가장 필요한 요소이다. 사람이 죽을 때까지 동고동락해야 할 동지적 요소가 강한 아이템이다. 그래서 사람에게 좋은 재료, 사람에게 좋은 음식이 꼭 필요하다. 그래서 음식점은 진실해야 하고, 진실성을 가지고 고객을 대해야 한다. 간혹 세상의 유혹에 넘어가서 불신의 모습을 보이는 행위를 해서는 안된다. 사람과 늘 함께 하기에 음식점은 진실해야 한다고 생각하는 이유다. 진정성으로 고객들에게 승부를 걸어라. 길게 보면 성공한다.

'정확한 그람수를 달아서 제공해 보자. 고객들은 웃음으로 보답하지 않을까 한다.'

제6장 골목식당 운영 Technic

좌석 회전율 높이기 전략

좌석회전율은 매출과 직접적인 연관을 가진다. 많은 고객들로 인해 붐비는 매장이라면 회전율을 극대화시키는 것이 매출을 올리는 전략이 된다. 고객의 식사시간, 재료준비, 직원동선, MST, 직원 행동 등의 변화를 통해서 좌석회전율을 극대화시켜야 한다.

너무 먼 옛날의 이야기가 아닌지 모르겠다. 대부분의 음식점들이 웨이팅(Waiting)이 걸리던 그런 시절말이다. 코로나19로 인해서 음식점의 웨이팅이라는 말이 다소 생소하게 느껴진다. 그래도 작년에 비해서 많이 회복되었고, 2019년 대비 100% 이상 회복했다는 음식점들도 속속 나오고 참으로 다행이라는 생각이 든다. 코로나19 이전의 긴 웨이팅이 있던 음식점을 생각하면서 글을 적어본다.

직장 인근의 음식점의 런치, 저녁 번화가의 음식점, 주말 동네의 음식점도 웨이팅이 길게 늘어선 곳들이 제법 있다. 웨이팅에서의 문제는 고객의 이탈율이다. 고객들은 긴 시간을 기다려주지 않는다. 그리고 긴 시간을 가지고 있지도 않다. 직장인들의 점심 시간은 한시간, 넉넉한 저녁도 주말도 30분 이상 기다리기에 고객들의 인내심도 한계가 있다. 그래서 이탈이 발생한다. 이탈을 줄여주고, 매출을 확보하려면 내부적으로 어떤 조치를 해야 한다. 그래야 매출을 확보할 수 있다. 운영상 문제로 많은 것들을 해결할 수 본다. 보조제를 활용해서도 문제점들을 해결할 수 있다.

오므라이스 전문점을 운영할 때의 이야기다. 당시 웨이팅이 길어도, 길어도 이렇게 길 수 있을까란 생각을 했는데 웨이팅을 조금이라도 해결하는 방법은 웨이팅 고객들에게 메뉴판을 나눠주고 미리 주문을 받는 것이었다. 고객들은 메뉴를 미리 선택했고 선택한 메뉴를 주방으로 건냈다. 메뉴는 고객의 착석과 동시에 나올 수 있도록 했다. 테이블에 앉아서 메뉴를 선택하는 시간을 줄여주고, 주방에서 메뉴 생산에 대한 준비와 조리 시간을 줄여줌으로써 테이블 회전율을 극대화한 것이다. 다만 고객의 식사 경험 시간을 너무 줄임으로써 부정적인 영향도 있었다고 판단한다. 하지만 회전율을 높이는데 혁혁한 공을 한 것이 웨이팅 시간에 메뉴를 선택하게 했던 아이디어였다.

이외에도 웨이팅을 해결하는 방법은 다양하다. 고객 만족을 해치지 않는 범위 내에서 식사 시간을 줄이고, 내부적으로 오퍼레이션을 간결하게 함으로써 웨이팅을 줄이는 노력은 당연히 해야 한다. 매출은 음식점 운영의 생명이다. 이탈이 없게 만드는 것이 매출을 확보하는 지름길이기 때문이다.

아래와 같은 사항을 점검해보면 어떨까 한다.

① 식사 시간이 한정된 직장인들이라면 런치 메뉴를 따로 정리해서 빠르게 결정할 수 있도록 도움을 주고, 주방에서는 한정된 메뉴로 빠르게 조리할 수 있도록 한다.

② 스탁(Stock)이 중요하다. 바쁜 시간 전에 미리 기물(포크, 나이프, 수저, 냅킨, 트레이 등)을 충분히 준비하고 스탁 해둔다. 음식점의 기물은 최소 2회전 정도는 무리없이 하도록 준비하는 것이 좋다. 테이블과 직원용 기물 비치 장소에 모든 기물과 장비들이 잘 스탁 되도록 준비한다.

③ MST(Menu Serving Time)는 앞서 언급했지만 최대 15분, 아주 길게는 20분이 넘지 않도록 초벌 내지 프렙하여 둔다. 초벌과 RTE(먹을 수 있도록 준비)처럼 사전 준비를 하는 것이 필요하다.

④ 고객 테이블의 정리다. 고객이 퇴점한 후 리세팅(Resetting)은 3분이 넘지 않도록 한다. 3분이 넘지 않게 하기 위해서는 사전에 테이블을 세팅할 수 있도록 트레이에 세팅기물들을 미리 준비해 둬야한다. 최소 2회전을 할 수 있도록 세팅기물들을 준비하는 것이 좋다.

⑤ 직원들의 걸음 속도를 챙긴다. 직원들의 걸음을 훈련시키고 바쁜 시간에 재촉하는 기술도 필요하다. 바쁜 시간 걸음 속도가 생명이다. 걸음 속도에 대한 긴장감을 주는 것은 회전율을 높여주는 방법이 된다.

⑥ 직원들의 동선을 짧게 만들어준다. 직원들이 일하기에 불필요한 동선이 많으면 결국 노동력의 로스가 생긴다. 가장 효율적인 동선이 되도록, 움직임을 최소화할 수 있도록 공간을 배치해준다.

⑦ FHIFHO(Full hand in, Full hand out)의 습관을 기르자. 주방으로 들어갈 때, 세척실로 들어갈 때 손에 가득 담아서 들어가고, 주방에서 세척실에서 나올 때 스탁할 물품이나 필요한 물품을 손에 가득 담아서 나오는 습관을 길러야 한다.

⑧ 음악은 2가지의 장르로 준비한다. 한가한 시간에는 느린 템포의 음악을, 바쁜 시간에는 빠른 템포의 음악을 틀 수 있도록 사전에 준비해 둔다.

⑨ 직원들의 멘트도 교육한다. 웨이팅이 생겼을 때, 직원들이 식사를 마친 고객들의 테이블을 빠르게 정리하도록 하며 "손님, 식사 다하셨는데 테이블 정리해드릴까요?", "식사 마치셨는데 계산해드릴까요?"등의 가벼운 멘트를 통해서 고객들이 조금이라도 일찍 일어나게 만든다.

이런 일들을 잘 하는 음식점들이 있다. 마포 직장인들의 맛집 식당 '천지'라는 곳은 백반을 점심 메뉴로 내어놓는다. 맛도 맛이지만 모든 메뉴를 5분 안에 내어 놓아 바쁜 직장인들의 사랑을 받는다. 그 해법은 초벌과 직원들의 음식을 만들어내는 속도에 있었다. 부암동의 치킨 맛집 '계열사'도 마찬가지다. 주말에는 늘 웨이팅이 걸리는데 웨이팅하는 고객들에게 사전 주문을 받아 테이블에서 주문 시간을 줄여준다. 우리가 잘 아는 패스트푸드점들도 메뉴 생산의 효율성을 위해서 런치 한정 세트 메뉴를 내어 놓는다. 저렴한 가격으로 수요를 창출함과 동시에 사전에 메뉴를 준비함으로써 주문 시간과 식사 시간을 줄이는 효과를 내어 주고 있다.

웨이팅하다가 3팀이 이탈을 했다고 생각해보자. '3팀, 평균 고객 2.5명, 객단가 1만원'이면 75,000원이다. 이를 30일로 다시 계산하면 2,250,00원이 된다. 정말 큰 매출이다. 어쩌면 마케팅 하는 것보다 이탈율을 줄이는 게 매출을 확보하는 데 더 도움이 될지 모르겠다. 내부적으로 효율성이 문제가 되는 것들을 점검해보고, 고객을 관리하는 관점에서 시간을 줄일 수 있는 방법도 찾아야 한다. 웨이팅이 긴 음식점이라면 이런 문제 해결의 실마리를 찾는 것이 우선이지 않을까 싶다. 항상 외부를 먼저 보는 것보다 내부를 먼저 보는 습관을 기를 필요가 있다.

제6장 골목식당 운영 Technic

Pre-Bussing(프리버싱, 중간 치우기)이 필요한 이유

고객의 식사도중 테이블을 정리해주거나, 접시를 치워주는 행위를 프리버싱(Pre-Bussing, 중간 치우기)라고 한다. 프리버싱을 잘 활용하여 고객만족과 테이블회전의 2마리 토끼를 다 잡아야 한다.

일반적으로 음식점에서의 서비스 사이클은 7단계를 거치게 된다. 가장 기본적인 단계라 할 수 있다. '환영-안내-주문-조리-제공-계산-퇴점'의 7단계를 거치는 것이 기본이다. 음식점에 들어오면 적어도 6번(조리 과정은 제외)은 고객과의 접점을 하게 된다는 의미인 것이다. 하지만 중간에 음식을 서빙하는 횟수와 고객들의 요구에 의해서 방문하는 경우가 생기게 되어 최소 6번이지만 7회~10회 정도는 접점이 발생한다고 할 수 있다.

[표6-8] 서비스 사이클

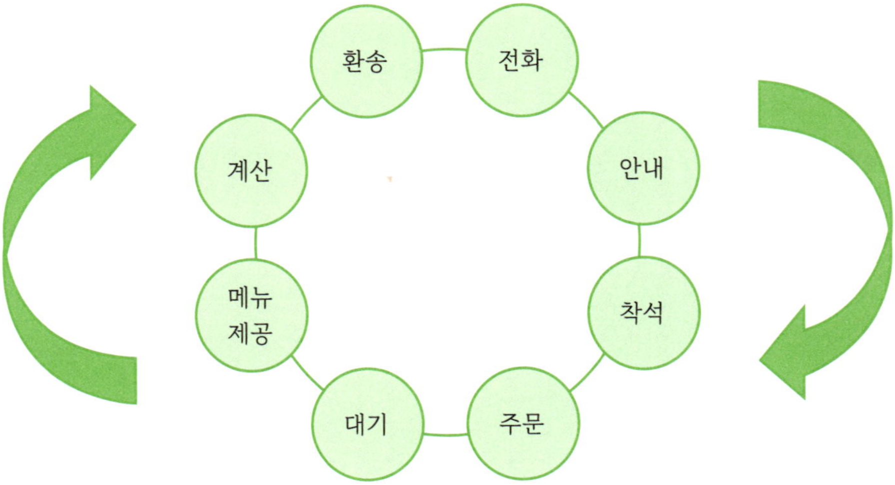

Service Cycle이란
고객의 입점부터 퇴점까지 이루어지는 서비스의 순환을 Service Cycle이라고 한다.
각 MOT(Monent Of Truth)별로 고객의 훌륭한 경험을 선사해야 한다.

| 서비스의 뉴노멀(New Normal)

과거에는 보다 적극적인 '테이블 컨텍'으로 고객과 소통하고 대화하는 것을 서비스의 미덕으로 생각했다. 가벼운 내용으로 가벼운 대화를 하는 것을 '스몰톡(Small Talk)'이라고 하며 이를 권장하기도 했다. 하지만 코로나19 사태 이후 직원들의 잦은 테이블 방문과 대화를 꺼리게 되었고 따라서 코로나19 이후 서비스의 방향은 테이블의 방문과 테이블에서의 대화를 최대한 자제하자는 분위기로 바뀌고 있는 현실이다. 특히 고객들은 가까이 다가와서 대화를 하는 것을 꺼리고 있다. 이에 그동안 음식점에서 행해왔던 서비스 표준을 재정비하여 새로운 서비스의 뉴노멀의 제시할 필요성이 있어 보인다. 단계를 최소화하고, 대화를 가급적 줄이며 컨텍을 최소화하는 방법이 필요하지 않을까 한다.

| 프리버싱의 이유

테이블에서의 서빙은 여러 단계를 거치는 데 메뉴의 개수에 따라, 고객의 요청에 따라 그 횟수가 정해진다고 보면 될 것 같다. 메뉴를 제공하다 보면 먼저 드신 접시를 치우는 과정이 필요한데 이를 Pre-Bsussing(프리버싱, 중간 치우기)라고 한다. 프리버싱은 3가지 의미로 해석할 수 있는데 그 첫번째 의미가 고객이 식사하기 편하게 테이블을 정리해주고 새로 제공되는 메뉴를 드시기 편하게끔 만드는데 프리버싱의 의미가 있다. 또 한편으로는 테이블을 중간 중간에 정리하면서 고객 만족도를 체크해서 고객의 니즈를 파악하는 의미도 있다. 세번째로 중간 중간에 테이블을 정리해 둬야 퇴점 이후 테이블을 빠르게 정리하고 다른 고객들을 모실 수 있다. 바쁜 시간의 경우 테이블 회전이 매출과 연동되므로 회전율에 신경을 써야 하는 경우라면 반드시 프리버싱의 과정은 필수가 된다. 물론 더 중요한 것은 고객 만족도 체크와 식사 시 필요한 고객의 니즈를 파악하는 것이다. 3가지 의미로 프리버싱은 중요한 의미를 가진다.

최근 음식점에서의 서비스가 최소화되고, 대화를 가급적 줄이고, 접촉을 최소화하는 것이 미덕이라고 생각하고 있다. 이건 고객의 입장에서도 직원의 입장에서도 마찬가지라고 생각할 수 있다. 그럼에도 불구하고 테이블 방문해서 고객의 만족도와 니즈를 체크하고, 테이블을 미리 미리 정리하는 프리버싱의 과정은 반드시 필요한 과정이다.

프리버싱의 과정을 잘 활용하여 고객 만족과 테이블 회전의 2마리 토끼를 다 잡아야 한다.

접시를 치워드리면서 "식사 맛있게 하셨는지?"에 대해서 물어도 보고, "불편한 것은 없으신가요?"라고도 여쭤 보면서 최소한의 대화는 해야 한다. 다시 한번 얘기하지만 프리버싱은 고객에게도, 음식점에도 도움이 된다. 고객들은 좀 더 넓은 자리에서 식사를 편히 하실 수 있고, 우리는 고객 퇴점 후 한번에 치우는 시간보다 빨라서 테이블 회전을 높일 수 있고 최소한의 서비스를 제공하는 요즘이라 하더라도 반드시 프리버싱은 필요한 과정으로 보인다. 그래서 프리버싱은 중요한 업무다.

memo

Epilogue

'기본과 본질'이라는 말과 단어를 이해하는데 30년이 걸렸다. 사람이 죽을 때 인생을 안다고 했으니 30년의 시간으로 이 말을 이해한 것은 참 다행이라는 생각이다. 기본과 본질은 모든 사물의 본성이고 사람의 본성이다. 음식점도 기본과 본성을 가지고 있다고 생각한다. '기본을 지키자', '본질에 충실하자'를 연발하면서 음식점을 운영하고 있다. 사물도 사람도 음식점도 모두 기본에 충실할 때, 본질에 충실할 때 자연스러운 성장이 일어난다. 본질을 잊고서 꾸밈에 열정을 쏟으면 안 된다. 본질에 집중하는 시간을 가져야 한다. 음식점의 본질은 QSC다. 맛있는 음식, 세련된 서비스 그리고 안심하고 먹을 수 있는 식자재와 위생적 환경이 그 기본이다. 우리가 여기에 집중을 해야 한다. 그 다음이 경영의 묘미를 갖추는 것이다.

이 책은 기본과 본질, 경영에 관해 짧은 식견을 담은 책이다. 기본을 갖추는 방법, 본질에 집중하는 방법 그리고 기본과 본질을 빛나게 하는 방법을 써내려 갔다. 긴 시간 음식점을 하면서 터득한 생각과 방법을 담으려고 했다. 책을 쓰면서 음식점을 하는 이유도, 내가 사는 이유도, 우리가 사는 이유에 대해서도 많은 고민을 했다. 해답은 명확했다. 꿈을 꾸고, 꿈을 이루기 위해서 실천하고, 꿈을 완성하는 과정을 음식점에 그대로 녹여내 보려고 한 것이다. 우리는 음식점을 하지만 '왜 음식점을 하고 있는지?', '목표는 무엇인지?'를 오랫동안 잊고 살았는지 모른다. 만약 꿈을 꾸지 않았다면 다시 꿈을 꾸었으면 한다. 꿈을 꾸는 것이 새로운 미래의 시작이다.

본질을 이해하고, 기본을 세우고, 꿈을 꾸는 작업이 완결되었을 때, 우리는 이길 수 있다. 이기는 방법도 꿈을 실현하는 방법도 모두가 기본과 본질에 대한 이해에 있다. 경영은 꾸밈이다. 집필 내용에 이야기되었지만 '본질이 있은 연후에 꾸밈이 의미가 있다.'는 말은 맞다. 기본과 본질은 초석이고, 경영은 꾸밈이다. 경영이 빛을 발하기 위해서는 기본을 먼저 세워야 한다.

브랜드는
'원칙을 세우고, 원칙을 지키는 것이다.'

음식점은
'기본을 지키고, 기본을 경영하는 것이다.'

아름다운 세상이 오고 있다. 아름다운 세상 빛날 우리의 골목식당을 한껏 기대한다.

저자 박진우 씀

골목식당 우문현답

초판 1쇄 인쇄 / 2022년 8월 5일
초판 1쇄 발행 / 2022년 8월 12일

저자 박진우
발행처 형설출판사
경기도 파주시 회동길 37-23 · 전화 (031) 955-2361~4 · 팩시밀리 (031) 955-2341
발행인 장진혁
등록 라-제9호 · 1962년 5월 1일
홈페이지 http://www.hyungseul.co.kr
e-mail hs@hyungseul.co.kr

정가 23,000원

ISBN 978-89-472-8615-2 93320

미래를 준비하는 사장님들을 위한

골목식당

우문현답

우리의 문제는 현장에 답이 있다

episode 90